Veröffentlichungen des
Instituts Wiener Kreis

Band 17

Hrsg. Friedrich Stadler

Anna Brożek

Kazimierz Twardowski

Die Wiener Jahre

SpringerWienNewYork

Anna Brożek, Institut für Philosophie,
Universität Warschau, Polen

SpringerWienNewYork ist ein Unternehmen von
Springer Science + Business Media
springer.at

Satz/Layout: Reproduktionsfertige Vorlage der Herausgeber

Gedruckt auf säurefreiem, chlorfrei gebleichtem Papier
SPIN 80062221

Bibliografische Information der Deutschen Nationalbibliothek
Die Deutsche Nationalbibliothek verzeichnet diese Publikation in der Deutschen Nationalbibliografie; detaillierte bibliografische Daten sind im Internet über
http://dnb.d-nb.de abrufbar.

ISBN 978-3-7091-0770-6 SpringerWienNewYork

Inhalt

Einleitung

Die Bedeutung von Kazimierz Twardowski für die polnische Kultur kann nicht hoch genug eingeschätzt werden. Nicht nur, dass er die – bis jetzt – größte polnische philosophische Schule gründete, legte er *de facto* sowohl institutionell wie auch intellektuell den Grundstein für die zeitgenössische polnische Philosophie. Diese Leistungen werden auch von jenen anerkannt, denen weder die Arbeitsweise noch die Anschauungen Twardowskis nahe stehen.

Twardowski ist jedoch nicht nur für die polnische Philosophie eine bedeutende Gestalt. Einerseits stellen seine Ideen ein bedeutendes Bindeglied für die österreichische Philosophie dar, besonders in der Brentano-Rezeption, als Quelle zahlreicher zeitgenössischer philosophischer Strömungen, andererseits beeinflussten die Ideen seiner polnischen Schüler nachhaltig die Philosophie des 20. Jahrhunderts. Nicht unerwähnt bleiben sollen hier die Errungenschaften der Logiker der ersten und zweiten Generation aus der Lemberger-Warschauer Schule wie Jan Łukasiewicz, Stanisław Leśniewski oder Alfred Tarski oder die Werke solcher Philosophen wie Tadeusz Kotarbiński, Władysław Tatarkiewicz, Kazimierz Ajdukiewicz oder Roman Ingarden (der in gewisser Hinsicht auch mit ihm in Verbindung stand).

Twardowski verbrachte in etwa seine ersten dreißig Lebensjahre in Wien. Hier wurde er geboren, wuchs er auf und erhielt eine umfassende Ausbildung. In dieser Wiener Periode traf er auf Personen, die auf seine charakterliche und intellektuelle Entwicklung Einfluss hatten. Zweifellos war Twardowski bei seinem Amtsantritt an der Philosophischen Fakultät Lemberg 1895 bereits ein reifer Mensch und Gelehrter.

Obwohl die Wiener Periode in seiner Biographie eine bedeutende Rolle gespielt hatte, wurde sie bis jetzt nicht eingehender untersucht und beschrieben. Ungleich genauer ist seine Lemberger Zeit dokumentiert. Die vorliegende Arbeit möchte diese Lücke schließen.

Sie gliedert sich in eine historische und eine analytische Ebene. Dokumentiert werden (und soweit dies möglich ist, mit Bildmaterial ergänzt) die Daten aus der Wiener Periode 1866–1895. Die Leben Twardowskis wird für diesen Abschnitt in einen breiten historischen Kontext eingebettet. Versucht wurde, die kulturelle und intellektuelle Atmosphäre der Jugendjahre widerzuspiegeln, sowie jene Orte und Institutionen, mit denen er in Verbindung stand, zu charakterisieren. Viel Aufmerksamkeit habe ich auf jene Personen verwandt, mit denen Twardowski in Wien zusammengetroffen ist und die eine wichtige Rolle in seinem Leben spielten: Familienangehörige, Freunde und Lehrer. Als spezifische Ergänzung erfolgt die Beschreibung der Rektoratstätigkeit für die Universität Lemberg in Wien; der letzten österreichischen Episode in seinem Leben. Das Studienjahr 1914/1915 verbrachte er während der russischen Besetzung der Stadt als Magnifizenz der Universität Lemberg in Wien.

Auf analytischer Ebene behandle ich die ersten Arbeiten bzw. versuche jene Charakteristika in der reifen Philosophie von Twardowski festzumachen, die dezidiert auf die Wiener Zeit verweisen.

Die Gliederung:

Die Basiskapitel 1-6 rekonstruieren Twardowskis Werdegang von der Geburt bis zur Übersiedlung nach Lemberg (1895). Das Kapitel 7 gibt einen Überblick der Lemberger Periode, in welcher die Wiener Erfahrungen zum Tragen kommen. Kapitel 8 behandelt die zweijährige Rückkehr nach Wien unter den dramatischen Umständen des Ersten Weltkrieges. In Kapitel 9 werden die philosophischen Ansichten Twardowskis aus den Wiener Jahren sowie jene Elemente seines späteren Schaffens vorgestellt, die in der österreichischen Philosophie ihren Ausgangspunkt hatten.

Sämtlichen Personen und Institutionen, die mich mit Informationen und Materialien zu diesem Buch unterstützt haben und die zu dessen abschließender Form beigetragen haben, gilt mein spezieller Dank. Ganz besonders erwähnen möchte ich:

– Fr. Dr. Maria Darlewska-Turnat, die Urenkelin von Kazimierz Twardowski;

– Hrn. Dr. Franz Gschwandtner, Bibliothek am Theresianum Wien;

– Hrn. Prof. Jacek Jadacki, den Besitzer der reichen, mit der Lemberger-Warschauer Schule verbundenen, Sammlung;

– Hrn. Prof. Andrzej Tomczak, der Enkel von Kazimierz Twardowski;

– Msgr. Franz Wilfinger, Pfarre Zu den hl. Schutzengeln, Wien;

– das Kazimierz-Twardowski-Archiv in Warschau (Połączone Biblioteki WFiS UW IFiS PAN i PTF);

– das Archiv der Polnischen Akademie der Wissenschaften;

– das Museum in Przeworsk;

– die Österreichische Nationalbibliothek;

– das Österreichische Staatsarchiv;

- das Universitätsarchiv Wien;
- Wienbibliothek in Rathaus;
- das Wiener Stadt- und Landesarchiv.

Abschließend gilt mein Dank der *Stiftung für die polnische Wissenschaft*, deren Stipendium mir den Rechercheaufenthalt in Österreich – in Wien und Salzburg – ermöglichte. Ohne die Forschungen während dieses Aufenthalts hätte das vorliegende Buch nie entstehen können.

Salzburg, am 22. Juni 2009   *Anna Brožek*

Kapitel 1

Das Umfeld

1. Die Polen in Wien

„Meine Wiege stand in Wien" – mit diesen Worten beginnt Kazimierz Twardowski seine 1927 verfasste wissenschaftliche Autobiographie.[1] Es scheint daher angebracht, einleitend mit Wien, das auch im übertragenen Sinn als geistige und intellektuelle Wiege diente, zu beginnen.

Wien erlebte in der zweiten Hälfte des 19. Jhs. als Hauptstadt des Habsburgerreiches seine Blütezeit. In dieser Zeit entstanden jene Bauwerke, die bis heute als Visitenkarte der Stadt dienen. Die Bevölkerungszahl stieg aufgrund der Zuwanderung aus der gesamten Monarchie sprunghaft an. Wien wurde auf europäischer Ebene zu einem politischen und kulturellen Zentrum.

Die tolerante Politik eröffnete den zahlreichen Nationalitäten, darunter den Polen, die Möglichkeit, aktiv am politischen, intellektuellen und kulturellen Leben des Landes teilzunehmen, ohne auf die eigene nationale Identität verzichten zu müssen. Die Freiheiten, wie sie die Polen unter den Habsburgern genossen (und besonders nach dem Ausgleich 1867 in Österreich-Ungarn) waren, vor dem Hintergrund der repressiven Politik der beiden anderen Teilungsmächte (Preußen und Rußland) relativ groß. Auf dem österreichischen Teilgebiet begann die Ära der sogenannten Galizischen Freiheiten (zu den wichtigsten Auswirkungen zählte die Möglichkeit des Unterrichts in polnischer Sprache an den Universitäten Lemberg und Krakau) und die in Wien lebenden Polen konnten aktiv am öffentlichen Leben der Hauptstadt teilnehmen. Ein paar hundert arbeiteten in der staatlichen Verwaltung, Dutzende waren Parlamentsabgeordnete und einige übernahmen Regierungsämter. Das schnelle Entstehen des polnischen Parlamentarismus nach über einhundert Jahren fehlender Eigenstaatlichkeit im 20. Jh. war wahrscheinlich nur aufgrund der im österreichischen Parlament gesammelten Erfahrungen möglich.

Eine genaue Anzahl der im 19. Jh. in Wien lebenden Polen ist schwer zu schätzen, zumal die Zuordnung zur Nationalität *sensu stricto* nicht ein-

---

1   Twardowski (1926), S. 1.

deutig ist: kein Kriterium (Familienname, Abstammung, Alltagssprache)
wäre endgültig bzw. unanfechtbar. Einerseits, im deutschsprachigen Teil der
k.u.k. Monarchie assimilierten sich zahlreiche gebürtige Tschechen, Polen,
Ungarn usw. und erachteten die Monarchie als ihr wahres Vaterland, andererseits polonisierten sich viele Personen mit tschechischen und deutschen
Wurzeln: sie fühlten sich als in Galizien (bzw. sogar in Gebieten, in denen
Polen nicht die Mehrheit stellten) lebende Polen. (Als Beispiel mag hier die
polonisierte Familie Kuhn dienen, von der Twardowski mütterlicherseits
abstammt.)

Einer der ersten, die das „polnische" Wien erforschten, war Jakub Franciszek Kluczycki, der 1835 vermerkte:[2]

Die Zahl der in Wien lebenden Polen, sowohl aus Galizien, wie aus den
anderen Teilen des ehemaligen Polens ist äußerst ungewiss; hängt sie
doch von den persönlichen Gegebenheiten und Beziehungen ab, die sie
hierher geführt haben. Soweit ich im Polizeibüro für Ausländer in Erfahrung bringen konnte […], beträgt sie eben zu diesem Zeitpunkt, da
ich diese Zeilen schreibe, fast zweitausend beiderlei Geschlechts, unter-
schiedlichsten Standes, verschiedener Arbeits- oder Lebensverhältnisse.

Bis 1873 wuchs die Zahl der Polen auf etwa 20.000 an und betrug
1886 bereits 30.000. 1900 benutzen etwa 30.000 in Wien lebende Personen
täglich Polnisch. Damit war die Sprache nach Deutsch und Tschechisch an
dritter Stelle.

Das Panorama Wiens (19. Jh.)

2   Kluczycki (1935), S. 310.

1871 wurde in der österreichischen Regierung das Amt eines Ministers ohne Portefeuille eingerichtet, der sich mit den galizischen Angelegenheiten beschäftigte und das später als „Galizienminister" bezeichnet wurde. Der Galizienminister war üblicherweise ein Pole, der die parlamentarische Unterstützung des Koło Polskie (Polenkreises) hatte. Zwei Personen aus dem Umfeld von Twardowski hatten dieses Amt: Wojciech Dzieduszycki und Juliusz Twardowski.

Zu den einflussreichen Polen, die zu Ende des 19. Jhs. in der Habsburgermonarchie eine bedeutende politische Rolle spielten, zählten u.a. auch Dawid Abrahamowicz, Leon Biliński, Julian Dunajewski (Finanzminister), Agenor Gołuchowski (sen. und jun.), Edward Rittner und Franciszek Smolka (Parlamentsvorsitzender). Im September 1895 wurde der Pole Kazimierz Badeni zum Ministerpräsidenten der k.u.k. Monarchie berufen und behielt diese Funktion für 26 Monate. Damit begann die „polnische Ära" in der Politik der Monarchie: Fünf Polen besetzten gleichzeitig fünf der höchsten Staatsämter: Abrahamowicz (zuerst Vizevorsitzender, später Vorsitzender der Abgeordnetenkammer), Badeni (Innenminister), Biliński (Finanzminister), Gołuchowski jun. (Außenminister) und Rittner (Galizienminister).

Die Wiener Kultur wurde von der polnischen Aristokratie mitgestaltet. So etwa begann Józef Maksymilian Ossoliński zu Beginn des Jahrhunderts hier seine enorme Bibliothek mit Unterstützung von Samuel Bogumił Linde aufzubauen, die sich als *Ossolineum* rasch zu einem Zentrum nicht nur der polnischen, sondern im weiteren Sinne der slawischen Kultur entwickelte. (1817 wurde die Bibliothek schließlich nach Lemberg überführt). In Wien lebten und wirkten Konstanty Adam Jerzy Aleksander Czartoryski und dessen Söhne Konstanty Maria und Jerzy Konstanty. Die Czartoryskis waren bekannte Mäzene für die Kunst: Theater, Bühne, Musik und Malerei. Die Straßenbezeichnung in unmittelbarer Nähe der ehemaligen Residenz der Czartoryskis (das *Weinhaus*), lautet nicht von ungefähr „Czartoryskigasse".

Besondere Erwähnung verdienen auch die „Wiener" Lanckoronskis, die über Generationen mit dem Kaiserhaus verbunden waren. Noch im 18. Jh. erhielt Maciej Lanckoroński von Kaiser Josef II. den Grafentitel. Maciejs Sohn, Antoni Józef, war österreichischer Kammerherr, Geheimrat und Ritter des Ordens vom Goldenen Vließ. Sein Sohn Kazimierz wiederum war ebenfalls Kammerherr und darüber hinaus erbliches Mitglied des Herrenhauses. Das herausragendste und verdienstvollste Familienmitglied für Wien war jedoch Karol, der außer den geerbten Titeln mit einer der höchsten Auszeichnungen des Hofes honoriert wurde: der Funktion des Oberstkämmerers.

Polen bildeten auch eine zahlenmäßig bedeutende Gruppe innerhalb der Wiener Studentenschaft. So studierten hier beispielsweise im Studienjahr 1876/1877 405 Polen; hiervon 284 an der Universität (119 Recht, 83 Medizin, 26 Theologie, 6 Philosophie) bzw. 121 an der Polytechnischen Hochschule (46 Chemie, 43 Architektur und Ingenieurwesen, 27 Mechanik, 5 Schiffsbau). Zum Vergleich: zu dieser Zeit hatte die Jagiellonen-Universität insgesamt 500 Hörer.

Die Polen in Wien organisierten sich in diversen Vereinigungen, die Menschen unterschiedlicher Stände und Berufe zusammentreffen ließen. Erwähnt seien die bedeutendsten, bzw. jene, die mit Twardowski in Zusammenhang stehen. Seit 1864 gab es den Polnischen Akademischen Verein (Polskie Stowarzyszenie Akademickie) *Ognisko* (Herd). Unter Schirmherrschaft des Parlamentspräsidenten Franciszek Smolka entstanden die Polnische Vereinigung *Zgoda* (Eintracht) und später *Lutnia* (Laute), die 1894 mit dem Verband *Strzecha* (Dach) zusammenging. Sie existiert bis heute unter der Bezeichnung Verband der Polen in Österreich *Strzecha*. Daneben gab es den caritativen Verein *Przytulisko* (Zuflucht) und die Bildungseinrichtung *Towarzystwo Biblioteki Polskiej*.

Eine Institution, die als Treffpunkt für Polen fungierte, war auch die Kirche. Seit den 1840er Jahren wurden in der Ruprechtskirche, der ältesten Kirche in Wien, Gottesdienste in polnischer Sprache abgehalten. Zu Ende des Jahrhunderts vermehrten sich die Bemühungen, eine eigene polnische Kirche zu installieren. 1897 kam nach der Niederschlagung des Novemberaufstandes der polnische Resurrektionistenorden in die Hauptstadt, dem die Gardekirche am Rennweg 5a überlassen wurde. Schrittweise bildete sich auch die Josephskirche am Kahlenberg, aufgrund des Entsatzes von Wien 1683 durch Jan III. Sobieski, als polnisches Zentrum heraus. Diese Kirche wurde schließlich 1906 den Resurrektionisten zugewiesen. Der Orden hat bis heute beide Gotteshäuser über und in beiden werden regelmäßig Gottesdienste in polnischer Sprache gehalten.

Malwina und Pius Twardowski

2. Die Familie Twardowski und Kuhn

Kazimierz Adolf Jerzy von Skrzypna Ogończyk Twardowski wurde am
20. Oktober 1866 – als der Sohn von Pius Twardowski und Malwina, geb.
Kuhn – in Wien geboren. Die offizielle Bestätigung dieser Tatsache finden
wir im Wiener Stadt- und Landesarchiv, wo der Name Twardowski mit der
entsprechenden Notiz im Verzeichnis der im 19. Jahrhundert in Wien ge-
borenen Männer steht. Aus dieser Aufstellung geht auch hervor, dass er in
der Pfarre *Zu den Heiligen Schutzengeln* in der Favoritenstraße 2 getauft wurde.
Im Register dieser Kirche, die gegenwärtig von den Paulanern geführt wird,
findet sich auch die Taufmatrikel. Die Taufe fand am 1. November 1866
statt, wurde von Pfarrer Alexander Hoff gespendet und Pate war Adolf R.
v. Skrzeszewski.

Die Taufurkunde von Kazimierz Twardowski

Die Familie, in der Kazimierz geboren wurde, war ein Pfeiler der polnische Diaspora im Wien des 19. Jhs. und ihre Mitglieder spielten nicht nur in Österreich, sondern auch in Polen eine bedeutende Rolle im intellektuellen und politischen Leben.

Die Geschichte der Twardowskis, Ritter von Ogończyk reicht bis zu den letzten Jagiellonen zurück. So war einer der Vorfahren, Jan Twardowski, Alchemist am Hofe von König Sigismund August (wie u.a. Juliusz Twardowski in seinem Autobiogramm festhält).[3] Es gibt die These, dieser Twardowski sei tatsächlich Deutscher gewesen, der in Wittenberg studiert hätte und die Schreibung wäre bloß die polonisierte Form seines wahren Familiennamens „Dhur" (lat. *durentius* = poln. *twardy*). Da es sich naturgemäß um eine geheimnisumwitterte Figur handelt, rankten sich im Laufe der Zeit zahlreiche Legenden um sie. Eine davon wurde vom Nationaldichter Adam Mickiewicz in der Ballade *Pani Twardowska* verewigt.

Malwina Twardowska, geb. Kuhn (1865)   Pius Twardowski (1881)

Die Kuhns spielten seit Beginn des 17. Jhs. eine wichtige Rolle im polnischen öffentlichen Leben; damals wirkte der jesuitische Schriftsteller Paweł Kuhn; im 18. Jh. der Mathematiker und Naturforscher Henryk Kuhn, und

---

3   Vgl. *Jahrbuch* (1929).

im 19. Jh. übernahmen Familienmitglieder wichtige Ämter in Krakau, Lemberg, Przeworsk und anderen galizischen Städten. Auch brachte die Familie zahlreiche Freiberufler hervor, so etwa den Buchhändler und Verleger Ignacy Kuhn, mit Jan Milikowski der Mitinhaber der Firma *Kuhn & Milikowski*. Die Firma wurde 1822 in Lemberg gegründet und hatte Filialen in Tarnów (seit 1824) und Stanisławów (seit 1828). Die Buchhandlung verlegte einheimische Autoren (u.a. *Dykcjonarz uczonych Polaków* von Ignacy Chodniecki, 1833) und Emigranten (u.a. die *Sonetten* von Adam Mickiewicz mit der Musik von Karol Lipiński, 1827).

Die Kuhns hatten auch ihren Anteil an der Unabhängigkeitsbewegung. Edward Kuhn (1835–1908) nahm am Januaraufstand teil und die Dichterin Maria Józefa Kuhn vertrieb mit Apolinary Stokowski patriotische Broschüren an der juristischen Fakultät der Universität Lemberg.

Der Vater von Malwina, der Mutter von Kazimierz Twardowski, war Apotheker in Przeworsk. Nach seinem Tod 1865 verkauften die Erben – Malwina und ihre beiden Brüder – Apotheke und (das bis dato erhaltene) Haus an Feliks Szczęsny Świtalski, mit dem die Twardowskis anschließend in gutem Kontakt standen (so verbrachte Malwina bei ihm in Przeworsk einen Teil der Ferien 1882).

Das Gebäude der Apotheke Kuhns aus dem 17. Jh. in Przeworsk

3. Pius Twardowski

Pius Twardowski, der Vater von Kazimierz, wurde am 10. Juli 1828 in Porchowa (Podolien) als Sohn von Leon Jan und Maria, geb. Lewińska, geboren. Die Eltern wünschten sich, dass er Geistlicher würde; dieser Wunsch ist jedoch nicht in Erfüllung gegangen. Pius maturierte bei den Basilanern in Buczacz.

Pius Twardowski kam 1851 nach Wien, um sein in Lemberg begonnenes Jurastudium abzuschließen. Das Licht der Welt erblickte er im Dorf Porchowa am Dnjestr im Bezirk Buczacz. Die Familie wohnte später in Niżborg Nowy, im Bezirk Kopyczyńce (als Wohnort des Vaters gab Pius in den Universitätsformularen diesen Ort an). Seine adelige Abstammung derer von Twardowski Ritter von Ogończyk belegte Pius offiziell erst 1895.[4] Kazimierz Twardowski berichtet in den *Tagebüchern* von früheren Versuchen des Vaters:[5]

(15. Januar 1883.) Am Abend waren Hr. Prof. [Adolf] Prossnitz vom hiesigen Konservatorium und Hr. [?] Rozenberg aus Rzepińce [bei Kamieniec Podolski] (Rußland) bei uns. Letzterer kam zu uns, um sich mit Vater wegen der Suche nach irgendeiner Urkunde, die seinen und meinen Adel nachweisen soll, zu besprechen. Die bisherigen Nachweise wurden von der Regierung als nicht ausreichend eingestuft; daher sucht der liebe Papa nach umfangreicheren.

Pius studierte zwei Jahre an der Universität Wien und begann danach seine Karriere im Staatsdienst, wo er bis zum Hofrat aufstieg. 1854 trat er als Oberrat eine Arbeit in der Generaldirektion der Tabakfabriken und im k.u.k. Finanzministerium an.

1863 heiratete Pius die um 14 Jahre jüngere Malwina Adela, geb. Kuhn (1844–1932), eine Tochter von Franciszek Ksawery und Franciszka, geb. von Burger. Vier Kinder erreichten das Erwachsenenalter: Zofia (geb. 1865), Kazimierz (geb. 1866), Juliusz (geb. 1874) und Malwina (geb. 1876). Die beiden anderen Töchter, jeweils Maria, starben kurz nach der Geburt.

---

4   Hueck (Hrsg.) (2004), S. 8.
5   Die Tagebücher von Kazimierz Twardowski, aus denen die angeführten Fragmente stammen, werden im Archiv der Polnischen Akademie der Wissenschaften aufbewahrt.

Pius Twardowski (1865)

Pius Twardowski war ein großer Patriot und in der zweiten Hälfte des 19. Jhs. als Begründer, Mitbegründer oder Aktiver zahlreicher polnischer Organisationen einer der Hauptfunktionäre der polnischen Diaspora in Wien. Den Patriotismus verstand er dabei mit einem loyalen Dienst an Österreich-Ungarn zu verbinden.

1864 engagierte er sich aktiv für die Gründung des ersten legalen Stowarzyszenie Polskiej Młodzieży Akademickiej w Wiedniu (Verein der Akademischen Polnischen Jugend in Wien) *Ognisko* (Herd). Ab 1873 war er Ehrenmitglied. Über 20 Jahre war er gleichfalls Vertrauensmann des *Ognisko*, indem er den sogenannten eisernen Fonds des Vereins verwaltete. Dem *Ognisko* spendete er zahlreiche Bücher aus seiner Privatbibliothek. Darüber hinaus beteiligte er sich an der Gründung der philanthropischen Organisation *Przytulisko Polskie* (Polnisches Asyl) sowie der Gesellschaft *Biblioteka Polska* (Polnische Bibliothek). 1894 vereinigten sich auf seine Initiative mehrere auslandspolnische Organisation in einen Verband, dem Związek Polaków w Wiedniu *Strzecha* (Verband der Polen in Wien – *Dach*), dessen erster Obmann er wurde.

Am meisten tat Pius Twardowski für das Gedenken an den Entsatz von Wien und die Rolle von Jan III. Sobieski beim Aufhalten der Expansion des osmanischen Imperiums in Europa sowie für die Umwandlung des Klosters auf dem Kahlenberg in ein polnisches patriotisch-religiöses Zentrum. Des Weiteren hatte er Anteil an der alljährlichen Begehung des Jahrestages des Entsatzes von Wien und bei der Gründung des polnisch-

österreichischen *Kahlenberger Kirchen-Vereins*. Seine Leistungen wurden in der
Wiener polnischsprachigen Presse gewürdigt:

> In letzter Zeit brachte das bekannte Mitglied der polnischen Kolonie,
> Oberrat Pius Graf Twardowski, diese durch die Erinnerung an das 210-
> Jahr Jubiläum des Entsatzes von Wien durch den unvergesslichen Kö-
> nig Jan III. Sobieski in Bewegung (*Gazeta Polska* 1893).

> Die Teilnehmer [der Feier] konnten Hrn. Twardowski für seine Mühen
> und Bemühungen um die Feierlichkeit, die glänzend verlief und bei
> den Anwesenden lange in Erinnerung bleiben wird, nicht ausreichend
> Tribut zollen. (*Głos Wiedeński* 1899).

Auf Grund seines offen zur Schau getragenen Polentums musste er
manche Unannehmlichkeit in Kauf nehmen. Als er bei der Volkszählung
1880 das Polnische als Mutter- und Konversationssprache angab, wurde
er gezwungen, von der Funktion des Obmannes des Schulrates im vier-
ten Wiener Gemeindebezirk zurückzutreten. Die polnischsprachige Presse
kommentierte dies:

> Herr Twardowski kann seinen Landsleuten als Vorbild dienen, die, wie
> es oft vorkommt, vom Schicksal in die Fremde getrieben, allzu leicht
> ihre Nationalität vergessen und dem Schicksal des Vaterlandes gleich-
> gültig gegenüberstehen. Als gewissenhafter Mensch konnte er das For-
> mular der Volkszählung nicht anders ausfüllen, als er es tat. (*Dziennik
> Polski* 1881).

Pius Twardowski verbrachte beinahe ein halbes Jahrhundert in Wien.
Als er 1899 die Pensionsberechtigung erreichte, beschloss er, nach Lem-
berg zu übersiedeln, wo sein Sohn Kazimierz bereits seit einigen Jahren den
Lehrstuhl für Philosophie inne hatte.

Er starb am 1. August 1906 und wurde am Łyczakowski-Friedhof beigesetzt. Auf seinen Wunsch hin nahm nur der engste Familienkreis an der
Bestattung teil. Seine polnische Grabinschrift wählte er selbst:

„Gib, oh Herr und Schöpfer
Frieden dem guten Willens Menschkind
Den Selbstgefälligen Erleuchtung
dass das Land bessere Tage find."

Als Anerkennung für die Verdienste um die katholische Kirche erhielt er das Komturkreuz des St. Georgsorden.

4. Berühmte Urahnen

Die Ahnentafel der Twardowskis Ritter von Ogończyk – aus Skrzypna bei Pleszew – hat ihren Ursprung in Großpolen. Der ursprüngliche Familienname „Skrzypieński" wurde zu Anfang des 16. Jhs. durch einen Vertreter der Familie auf den Namen „Twardowski" geändert, als dieser die Erbin von Twardowo bei Kalisz heiratete. Der „östliche" Zweig (Polesien und Podolien) dem auch Kazimierz Twardowski angehörte, spaltete sich vermutlich erst gegen Ende des 18. Jhs. ab. Anfang des 19. Jhs. entwickelte sich eine dritte, preußische, Linie. Sie besteht bis heute und ihr Ahnherr war Konstanty Twardowski (1760–1830), der nach den Teilungen Polens nach Königsberg übersiedelte und sich dort „von Twardowski" schrieb.

Die hervorragendsten Gestalten der großpolnischen und polesienischen Linie waren Samuel Twardowski, einer der bedeutendsten Barockdichter, und Józef Twardowski, ein angesehener Mathematiker.

4.1. Samuel Twardowski

Samuel von Skrzypna Twardowski wurde in Lutynia bei Kalisz als Sohn von Mikołaj und Katarzyna – geb. Ponętowska – vermutlich 1595 geboren. Katarzyna Twardowska starb 1612 und Mikołaj heiratete erneut: 1620 Anna Magnuska. Dieses Skrzypna war bereits drei Generationen früher verloren gegangen. Lutynia wurde 1593 von Samuels Großmutter, Dorota geb. Gniazdowska, also der Ur-ur-ur-ur-urgroßmutter von Kazimierz Twardowski gekauft; der Besitz fiel auf Mikołaj, der seine Brüder und Neffen auszahlte. Die Wirtschaft warf seinerzeit großen Gewinn ab, sodass Samuel das jesuitische Kolegium Karnowskoego (Karnkowski-Kollegium) in Kalisz besuchen konnte. Es war damals eine der größten und bestgeführten Schulen im damaligen Polen; dort erhielt Samuel Twardowski eine solide Ausbildung. Erwähnt sei, dass die Mitglieder der Familie Twardowski in jenen Tagen unterschiedlichen Konfessionen anhingen. Der Cousin Zygmunt, ein Sohn des Onkels von Samuel, Sekretär von König Władysław IV, gehörte zur Gemeinschaft der Böhmischen Brüder (wie das Gymnasium in Leszno) und konvertierte später zum Calvinismus.

Samuel Twardowski (ein imaginiertes Porträt)

1621 nahm Samuel an der Schlacht bei Chocim teil. Danach war er Sekretär des Abgeordneten Krzysztof Zbaraski während dessen berühmter Reise in die Türkei (1622–1623). Seine genauen Chroniknotizen flossen in das epische Gedicht *Przeważna legacyja Jaśnie Oświeconego Książęcia Krzysztofa Zbaraskiego* [...] *do* [...] *Cesarza Tureckiego Mustafy w 1621r.* (Die aufwendige Reise des hocherlauchten Fürsten Krzysztof Zbaraski zum türkischen Sultan Mustafa; im Jahre 1621) ein; dies war die erste seiner zahlreichen gereimten Chroniken.

1624 bekam Twardowski finanzielle Probleme und musste, um seine Schulden begleichen zu können, den Familienbesitz in Lutynia an Kasper Skrzypiński verpfänden. Über Twardowskis Schicksal ist von 1624 bis 1633 wenig bekannt. Vermutlich stand er eine gewisse Zeit lang in Kontakt mit dem Płcker Bischof Stanisław Łubieński, der sich selbst literarisch versuchte (Łubieński wurden von Twardowski 1631 zwei Gratulationsoden gewidmet).

Dank der früheren Bekanntschaft mit Krzysztof Zbaraski kam Twardowski 1633 mit Fürst Wiśniowiecki in Kontakt, dem Besitzer der Zbaraż-Güter nach dem Tod der zwei Vertreter der Familie von Janusz Wiśniowiecki Krzysztof und Jerzy. Wiśniowiecki sponserte den Druck von *Przeważa legacyja* ... und verpachtete Twardowski Grund in Zarubieńce bei Zbaraż. So hatte Twardowski in Wiśniowiecki gleichzeitig einen Mäzen und schnell auch einen Freund gefunden. 1635 verkauft Twardowski schließlich die

Ländereien in Lutynia, da er sich vermutlich in Podolien ansiedeln wollte. Der plötzliche Tod von Fürst Janusz 1636 vereitelte diese Pläne jedoch.

Twardowski kehrte dann in heimatliche Gefilde zurück und pachtete das Schulzenamt im Dorf Wola Pleszewska. Er erhielt auch von einem neuen Gönner, Piotr Sieniuta, das lebenslange Nutzungsrecht für das Dorf und Vorwerk Starogard (auch: Strarygród). Ein weiterer Förderer war Bolesław Leszczyński, dem er den Panegyrikus *Pałac Leszczyński* (Lesznerpalast) widmete. Mit Leszczyńskis Hilfe konnte Twardowski in Leszno seine Werke veröffentlichen. Zu dieser Zeit war er politisch aktiv, berührte in seinen Schriften gesellschaftliche Fragen und trat als Vermittler und Revisor in Gerichtssachen auf.

1646 erhielt Twardowski von Fürst Jeremi Wiśniowiecki Zarubieńce als Pfand (für 5.000 zlotys), welches er zehn Jahre zuvor verlassen hatte. So landete er wieder in der Ukraine; es kann nicht ausgeschlossen werden, dass das Wohlwollen des Fürsten mit einer Publikation aus dieser Zeit in Zusammenhang steht: dem Gedicht *Książę Wiśniowiecki Janusz* (Fürst Janusz Wiśniowiecki) über das Schicksal eines Verwandten von Fürst Jeremy. Twardowski blieb jedoch nur zwei Jahre in Podolien, da er bereits 1648 vor den Kosaken fliehen musste. Er kehrte ins heimatliche Großpolen zurück, wo er bis zu seinem Lebensende blieb. Ab 1650 war er Verwalter von Gut Sienutas in Zalesie Wielkie (bei Kobyliniec) und von Zduny. Mit der Verwaltung Sienutas war er bis zu seinem Tode beschäftigt.

Twardowski nahm wahrscheinlich an Expeditionen gegen die Kosaken teil, von denen er in *Wojna domowa z Kozaki i Tatary* (Bürgerkrieg mit Kosaken und Tataren) berichtet. Während der Schwedenkriege fand er Unterstützung bei den Anhängern von Krzysztof Opaliński, also den Gegnern von König Jan Kazimierz. Er gehörte zu den Unterzeichnern der Kapitulationsurkunde im Juli 1655, die dem schwedischen König Karl Gustav die Macht über die Wojwodschaften Posen und Kalisz sicherte. Später wechselte er jedoch auf die Seite des polnischen Königs.

Er starb 1661, vermutlich im Juli, und wurde im Bernhardinerkloster in Kobylin beigesetzt.

Den zentralen Platz im literarischen Schaffen von Twardowski, der als einer der wichtigsten polnischen Barockdichter angesehen wird, nehmen die epischen Gedichte ein, die ein Bild jener zeitgenössischen Geschehenisse und Personen wiedergeben, mit denen er persönlich Kontakt hatte. Dazu zählen die bereits erwähnten *Przeważna legacyja …* (1633), *Władysław IV* (1649), *Książę Wiśniowiecki Janusz* (1646) sowie *Wojna domowa …* (T. II – 1651–1655, T. I –1660; Gesamt nochmals – 1681) das auch als „Nationalepos" bezeichnet wird. Moralische und Liebesfragen behandeln die Epen *Dafnis drzewem bobkowym* (Daphne als Lorbeerbaum) (1636) sowie *Nadobna Paskwalina* (Die anmutige Pasqualina) (1655). Die *Dafnis* wurde vermutlich von einer Opernaufführung der *Daphne* von Vergilio Puccitelli inspiriert, die Twardowski am Hoftheater von König Władysław IV. 1635 gesehen haben könnte. Der Inhalt bezieht sich auf Ovids *Metamorphosen* und den Daphne-Mythos. Demnach verwandelte sich Daphne, die Göttin der Tugend, auf der Flucht vor dem zudringlichen Apollo in einen Lorbeerstrauch. Die *Nadobna Paskwalina* hat ein spanisches Vorbild und gilt als sein bestes Epos. Sie erzählt die Geschichte eines unglücklich verliebten Mädchens, das sich auf den Weg ins Heiligtum der Junona macht, um dort Buße zu tun und „von Neuem zu leben".

Twardowski verfasste auch Panegyriken (z. B. den erwähnten *Pałac Leszczyński*), Schriften politischen Inhalts (z. B. *Satyr na twarz Rzeczypospolitej* (Satire im Angesicht der Republik)) und ist auch Autor der *Treny* (Klagelieder), nach dem Vorbild von Jan Kochanowski. Er übersetzte auch Horaz und Kazimierz Sarbiewski.

Wie kaum ein anderer Schriftsteller seiner Zeit kümmerte er sich um die Herausgabe seiner Werke. Einige erschienen zu seinen Lebzeiten sogar mehrfach. Er verspürte das Bedürfnis, sich mittels seiner Werke, ein „Denkmal" zu setzen.

Man muss noch anmerken, dass es in der großpolnischen Linie Twardowskis noch einen hervorragenden Dichter gab: den zeitgenössischen Lyriker (und katholischen Priester) Jan Twardowski.[6]

4.2. Józef Twardowski

Aus der polesienischen Linie Twardowskich stammt Józef Twardowski. Er wurde 1786 als Sohn des Generals Piotr Twardowski und Felicja Ordzianko geboren. General Twardowski erwarb gegen Ende des 18. Jhs. Wieleśnica, ein Gut 20 km nordwestlich von Pińsk. Er stammte aus dem Haus Ogończyk, das wiederum von der gemeinsamen großpolnischen Linie kommt. Ein Zweig dieser Linie war die podolische, zu der Pius Twardowski, der Vater von Kazimierz, zählte. Wieleśnica blieb der Stammsitz dieses Zweiges bis zum 2. Weltkrieg. Die Twardowskis hatten des Weiteren Besitz in der Umgebung von Chołodżyn, Twardówka und Merczyce. Der letzte Besitzer von Wieleśnica (Kazimierz oder Stefan Twardowski) wurde 1939 von benachbarten weißrussischen Bauern ermordet.

---

6   Vgl. J. Twardowski (2006), S. 11.

Józef Twardowski

Józefs Vater errichtete in Wieleśnica, innerhalb eines Landschaftsparkes an der Jasiołda, eine Villa im polnischen Landhausstil, die vermutlich von italienischen Architekten Carlo Spampani entworfen wurde und zu den größten in Polesien zählte. Leider ist die Villa im Zweiten Weltkrieg komplett abgebrannt.

Józef ging in Wilna zur Schule und studierte anschließend dort Mathematik. 1806 schloss er das Studium ab und wurde im Jahr darauf zum Doktor der Philosophie dieser Universität. Trotz seiner wissenschaftlichen Erfolge kehrte er nach Wieleśnica zurück, wo er den geerbten Besitz verwaltete sowie eine Schule für die örtlichen Bauern organisierte. 1819 wurde er von Fürst Adam Czartoryski, dem damaligen Kurator für die Westgouvernements des Zarenreiches, als Schulinspektor für den Bezirk Minsk berufen. 1822 erhielt er den Lehrstuhl für höhere Mathematik an der Universität Wilna und wurde im Jahr darauf kurzzeitig Rektor. Ein Jahr später legte er aus Protest gegen die Einschränkung der akademischen Freiheit seitens Graf Nikolai Nowosiltzows, der 1824 nach der Entlassung Czartoryskis Kurator von Wilna geworden war, seine Funktionen zurück und kehrte nach Wieleśnica zurück. Es ist nicht unwahrscheinlich, dass, wäre es nicht zu dem tragischen Prozess gegen die Filareten und Filomaten gekommen, er eine ähnliche Rolle in Wilna hätte spielen können wie einige Jahrzehnte später sein entfernter Verwandter Kazimierz Twardowski in Lemberg.

Nach der Rückkehr nach Wieleśnica gründete er eine Kommissions-Handelsgesellschaft und eröffnete in Pińsk ein Warenhaus. Er wurde von den zaristischen Behörden auf Grund von Kontakten zu Emigranten verhaftet.

1839 fiel er einer Lähmung zum Opfer und starb am 2. Juni 1840. Am Friedhof neben der alten Franziskanerkirche (1758) in Ochowa, die erst der Griechisch-Katholischen Gemeinde überlassen und später zwangsweise in eine russisch-orthodoxe Kirche umgewandelt wurde (1867), haben sich Fragmente seines Grabdenkmals erhalten.

Er veröffentlicht unter anderem eine mathematische Abhandlungen und Rezensionen („Ogólne uwagi nad porządkiem prawd matematycznych szczególnej algebry und nad sposobami ich wykładania" *Tygodnik Wileński*, 1806; „Jędrzej Śniadecki, *Trygonometria kulista*" *Pamiętnik Warszawski*, 1817; „Franciszek Sapalski, *Rozprawa o teorii stereotomii czyli geometrii wykreślnej*" *Pamiętnik Warszawski*, 1819) sowie Arbeiten über das Schulwesen (*O teraźniejszym stanie oświecenia pospólstwa, tudzież o szkołach parafialnych i o funduszach*, Wilno 1820).

5. Am häuslichen Herd

Die Wiener des 19. Jhs. beschreibt der oben erwähnte Kluczycki wie folgt:[7]

> In [...] Wien leben an die 330.000 Seelen [...] von unterschiedlicher Lebensart und Gesinnung, wie in der Hauptstadt eines Staates üblich. Wien unterscheidet sich als einzige Hauptstadt Europas jedoch dadurch, dass soviel Unterschiedliches in einer einheitlichen Regierung der Nationen vereint und Vielfältiges einheitlich präsentiert wird [...].
> Der Wiener jeglicher Couleur [ist] wohlgesonnen, arbeitsam, durchschnittlich [hier: gemäßigt], fröhlich und in einem gewissen Maße humorvoll, der Obrigkeit treu und ergeben [...].
> Der Ausländer [...], obwohl er sich oftmals dem Wiener anpasst, behält allerdings immer eine nationale Eigenart.

---

7   Kluczycki (1835), S. 8-11.

Der letzte Satz trifft ganz und gar auf die Familie Twardowski zu, die in Wien wie die Wiener lebten und dabei Polen blieben. Am treffendsten charakterisierte Kazimierz Twardowski sein Elternhaus in der Autobiographie: „Die Grundstimmung meines Elternhauses läßt sich kurz als eine gemäßigt religiöse und glühend patriotische charakterisieren".[8]

Kazimierz Twardowski als Kind

Die Twardowskis führten also ein *polnisches* Haus. Sowohl Malwina als auch Pius waren aufrechte Patrioten und gaben diese Geisteshaltung an die Kinder weiter. Elemente dieses Polentums waren: der sonntägliche Kirchgang in die polnische Messe in der Ruprechtskirche, die polnischen Feiertagsbräuche und die regelmäßigen Feiern des Jahrestages Sobieskis Sieg von Wien. Man las die polnischsprachige Presse und Literatur, organisierte Lyriklesungen und Theatervorstellungen. Pius besuchte mit seinen Söhnen historische Plätze, die mit der polnischen Geschichte in Verbindung stehen und Ausstellungen polnischer bildender Künstler. In diesem Zusammenhang ein typischer Tagebuchauszug:

(12. Oktober 1881.) Am Morgen waren wir alle mit der Bahn am Kahlenberg, weil heute Messe aus Anlass des Sieges von Sobieski von Wien war.
(1. November 1882.) Am Nachmittag mit dem Papa in der Ausstellung von Matejkos Bild „Hołd pruski" [Die preußische Huldigung].

---

8   Twardowski (1926), S. 1.

(22. Dezember 1882.) Da der 24. auf einen Sonntag fällt, haben wir erst morgen Bescherung, so wie es in polnischen Häusern üblich ist.
(23. Januar 1883.) Am Abend gingen Mama, Papa und Zosia ins Hotel auf einen Mazurka-Abend.
(11. März 1883.) Bei uns gab es am Nachmittag die Probe des Laientheaters. Die Aufführung ist für 18. geplant (Papa hat die Leitung inne).
(24. Dezember 1883, Heilig Abend.) Heilig Abend waren die Czaplickis zu Gast. Herr [Władysław] Czaplicki war 1869 aus Sibirien zurückgekommen, wo er in Verbannung war.

Der Patriotismus der Familie beschränkte sich jedoch nicht auf symbolische Gesten bzw. das Hochhalten nationaler Traditionen in den eigenen vier Wänden. Elementar war die *Arbeit* für Volk und Land. Anfangs war Pius für Organisationen der polnischen Diaspora aktiv. Später übernahmen die Söhne diese Rolle: Kazimierz hauptsächlich nach der Übersiedlung nach Lemberg und Juliusz direkt in Wien.

Das Wohnhaus der Familie Twardowski in der Favoritenstraße 20

Zumindest für die Zeit von 1866 bis 1890 ist der Wohnsitz der Familie in der Favoritenstraße 20, neben der Paulanerkirche, nachzuweisen. Das Haus existiert bis heute. Die Familie Twardowski mietete die Wohnung von John [Johann] und Hermine Schiff. Sie war weitläufig und beherbergte neben den zahlreichen Familienangehörigen ständig Gäste aus dem Verwandten- oder Freundeskreis. Sie musste also Dutzenden Bewohnern gleichzeitig dienen. Daher gab es einen riesigen Salon für die zahlreichen Gäste.

Kazimierz erachtete den Fleiß der Wiener, und vor allem der Hausbewohner, als vorbildlich. Die Hauptstädter – und somit die Twardowskis – waren allerdings in puncto Vergnügungen und Geselligkeit auch keine Kostverächter:[9]

Die Affinität zu Vergnügungen jedweder Art ist bei den Wienern recht ausgeprägt. Deshalb werden die Wiener bereits seit Albrecht als *genußliebend* [solche Fassung tritt urschriftlich auf] bezeichnet. Sie streiten das auch nicht ab. […] Dieses Streben schimmert bei jedem Einheimischen, selbst bei jedem länger hier ansässigem Ausländer, durch; wenn auch in unterschiedlicher Intensität und auf verschieden Arten. […] Im Sommer […], verstärkt Ende Mai, […] fahren sie aufs […] Land, ans Wasser usw.; die in der Stadt Zurückgebliebenen fahren täglich in die nähere idyllische Umgebung; sonn- und feiertags ganz eigen in speziellen oder besonderen Gemeinschaftswagen, den sogenannten Gesellschafts-Stell-Zeiselwagen [urschriftlich] […]. Und wenn nicht, dann bleiben glasy [im Wiener Jargon: Bier], der Prater [ein Wiener Park] oder andere Vergnügungsparks in der Nähe. Im Herbst allerdings, ab Skt. Michael, zieht es alle in die Stadt und hier verlaufen die kürzeren Tage und längeren Nächte bei häuslichen oder öffentlichen Vergnügungen unterschiedlicher Art und Ausformung; im Umgang gibt es nichts Gekünsteltes und die hohen Unterschiede ruhen.

Von links: Malwina (Mutter), Zofia, Malwina (Tochter), Kazimierz,
Pius und Juliusz Twardowski (etwa 1885)

9   Kluczycki (1835), S. 9-10.

Das Haus Twardowskis war ein polnisches und zugleich *offenes*. Hier trafen sich vor allem, wenn auch nicht ausschließlich, Polen. Täglich gab es Gäste, die mit Mittag- oder Abendessen oder zumindest Kaffee bewirtet wurden. Sonntags war in der Familie Twardowski *jour fixe*. Zu bestimmten Anlässen organisierten die Twardowskis polnische Hausbälle. Der Freundeskreis traf sich zu Silvester und im Fasching. Kazimierz, er war kein schlechter Pianist, spielte am Klavier oder Harmonium auf.

Ein eiserner Bestandteil des gesellschaftlichen Lebens waren natürlich die Retourbesuche. Kazimierz besuchte als Teenager an einem Tag oftmals mehrere befreundete Häuser; entweder allein oder samt Schwester und Eltern. Da diese Besuche oftmals unangekündigt waren, kam es vor, dass niemand zu Hause angetroffen wurde. Außer den Visiten bei befreundeten Familien gab es noch gemeinsame Theater-, Konzert-, Ausstellungsbesuche und Treffen der Auslandspolen (u.a. im Wiener Hotel „Victoria"). In gewissen Abständen unternahm die Familie in Begleitung von Freunden Ausflüge in die nähere Umgebung von Wien.

Der ständige Kontakt mit der engeren und weiteren Familie und zu den Bekannten wurde per Korrespondenz aufrecht erhalten. Hier soll nicht unerwähnt bleiben, dass die damalige Post innerhalb eines oder zweier Tage über mehrere hundert Kilometer zustellte. Briefe und Karten innerhalb Wiens wurden in der Regel via Boten übermittelt, was gewöhnlich in ein paar Minuten bis zu einer Stunde geschah.

Im Sommer fuhr Malwina Twardowska mit den Kindern entweder zur Familie nach Galizien bzw. in späteren Jahren ins steirische Neumarkt. Pius konnte aus beruflichen Verpflichtungen nur einen Teil der Ferien mit der Familie verbringen.

Madame Cuervan, die Gouvernante   Das Kindermädchen von
von Kazimierz Twardowski   Kazimierz Twardowski

Die Ausbildung der Kinder war ein Grundanliegen der Familie. Die ersten Lehrerinnen für die Kinder waren die Mutter, eine Kinderfrau aus Bochnia und eine französische Gouvernante, „Madame Cuervan". Beide Söhne, Kazimierz und Juliusz, besuchten dank der intensiven väterlichen Bemühungen das Theresianum. Die Kinder erhielten auch Musikunterricht: Zofia spielte Klavier, Juliusz Geige und Kazimierz neben Klavier zusätzlich Orgel und Harmonium.

Die Twardowskis wurden hauptsächlich von zwei Problemen geplagt: gesundheitlicher und finanzieller Natur. Krankheiten bereiteten der gesamten Familie großen Kummer. Die größte Sorge galten hier, als Stütze der Familie, dem Vater. Aber in gewissen Abständen erkrankten alle. Ein beispielhafter Ausschnitt aus den *Tagebüchern*:

(17. Januar 1883.) Bei uns daheim das reinste Krankenhaus: Winusia laboriert seit Sonntag am Magen; Zosia und Julcio husten fürchterlich, Ryszard hat sich den Magen verdorben; Papa und ich halten uns auf den Beinen, obschon ich vom Studieren sehr müde bin.

Kazimierz hatte in früher Kindheit Diphterie, Windpocken, Thyphus und eine Gehirnerschütterung. Während der Jahre im Gymnasium litt er oft an Magen- und Kopfschmerzen.

In gewissen Phasen durchlebte die Familie finanzielle Engpässe. Einerseits wollten Pius und Malwina ihrer Familie einen hohen Lebensstandard garantieren und andererseits war Pius' Freizügigkeit, mit welcher er polnische Organisation, aber auch Einzelpersonen, die sich mit der Bitte um Hilfe an ihn wandten, materiell unterstützte, dafür mitverantwortlich. Kazimierz greift dieses Thema in den *Tagebüchern* auf:

(1. Februar 1885.) Die finanzielle Lage ist schlecht und mein Vater zu gutherzig um die Ausgaben für Spielzeug usw. einzuschränken. Trotz meiner 18 Jahre fühle ich mich zu energischem Auftreten und das zu tun, was Papa nicht kann, berufen – nämlich Mama und meine Schwester dazu anzuhalten bei der Toilette usw. sparsamer zu sein. Außerdem gilt es noch andere Mittel anzuwenden, um Papas Sorgen zu verringern.

Ein Beweis für die Großherzigkeit und Güte von Pius war etwa die Aufnahme des Waisen Ryszard (er wird in der angeführten Notiz vom 17. Jänner 1883 erwähnt). Er hatte seine Eltern während des Ringtheaterbrandes am 6. Dezember 1881 verloren.

6. Die Lieblingsorte

Der durchschnittliche Europäer verbindet Wien heute mit drei Dingen: der „blauen" Donau, dem Stephansdom und dem Prater. Die Twardowskis hatten drei Lieblingsorte in Wien: die Paulanerkirche, die Ruprechtskirche und den Kahlenberg.

6.1. Paulanerkiche

Die Paulanerkirche, Pfarrkirche zu den heiligen Schutzengeln, liegt an der Ecke Favoritenstraße und Wiedner Hauptstraße. Vorher gab es auf der Wieden die Hl. Geist Kirche vom Beginn des 13. Jhs., diese wurde jedoch von den Türken 1529 vollkommen zerstört.

Auf Betreiben von Kaiser Ferdinand II. wurde 1627 mit dem Bau einer neuen Kirche begonnen. Zur gleichen Zeit brachte er die Ordensbrüder des Franz von Paola (Ordo minimorum St. Franciscini de Paula) nach Wien, denen die Kirche übertragen wurde. An die Kirche wurde das Kloster mit weitläufigem Garten angebaut, der Kirchenbau 1651 abgeschlossen und von Bischof Philipp Friedrich Graf von Breuner als *Zu den heiligen Schutzengeln* geweiht.

Paulanerkirche, Zu den hl. Schutzengeln.
Kolorierte Lithographie von Carl Varquez (1835)

Als 1683 die Türken erneut gegen Wien zogen, wurden Kirche und
Kloster vorsorglich von Feldmarschall Maximilian Lorenz von Starhemberg
abgerissen, um der Armee von Kara Mustafa keinen Beobachtungspunkt
bzw. keine Artilleriestellung zu bieten. Nach Abzug der Türken wurde die
Kirche frühbarock wiedererrichtet. 1717 entstand der neue Turm (1823 mit
neuem Turmhelm). 1796 wurde das Paulanerkloster aufgehoben, aber die
Kirche und Anbauten ausgegliedert und erst danach das restliche Ensemble
mit dem Garten demoliert und für den Wohnungsbau bestimmt.

Die dreiteilige Fassade ist frühbarock im Toskanastil, die Inneneintei-
lung der römischen Kirche Santa Maria del Popolo nachempfunden. In den
Fassadennischen stehen die Figuren des Franz von Paola (links) sowie des
Franz von Assisi (rechts), und oben befindet sich ein Schutzengel. Das Kir-
cheninnere ist eine Basilika mit sechs Seitenaltären.

Der dreiteilige Flügelaltar (1718) wurde von der Laienbruderschaft
Wien gestiftet. Das Hochaltarbild mit der Darstellung der Schutzengel wurde 1844 von Josef von Hempel geschaffen. Das Vorsatzbild ist das älteste
Kunstwerk der Kirche, eine Madonna mit dem Kinde (etwa 1550). Das De-
ckenfresko im Chorraum „Die hl. Dreifaltigkeit" (etwa 1735) ist vermutlich
von Carlo Carlone.

Die Seitenkapellen haben der Reihe nach (von rechts) folgende Altar-
bilder: „Die hl. Familie" (etwa 1760, unbekannter Meister), „Kreuzaufrichtung I" (etwa 1730, unbekannter Meister), „Franz Sales" (1706, eine Spende
der Savoy'schen Landsmannschaft in Wien), „Franz von Paola" (etwa 1700)
von Ignaz Johann Bendel sowie „Kreuzaufrichtung II" (1696) von Johann
Michael Rottmayer. In der letzten Kapelle befindet sich an Stelle der ursprünglichen „Immaculata" (1844) von Eduard Friedrich Leybold das Bild
„Anna lehrt Maria" (ursprünglich vor dem Tabernakel); am Altar dieser
Kapelle stehen zwei Porträts: der Heilige Aloisius von Gonzaga und der
Heilige Stanislaus Kostka; vielleicht fand sich der polnische Heilige dort auf
Initiative der Twardowskis. Die Kanzel ist von 1690, aus dunklem Holz und
mit vergoldeten Figuren und Reliefs versehen.

In dieser Kirche heirateten Malwina und Pius Twardowski und hier
wurden ihre Kinder (auch Kazimierz und Juliusz) getauft.

6.2. Ruprechtskirche

Die Ruprechtkirche ist die älteste Wiens und befindet sich im antiken Teil
des römischen Vindobona. Der Legende nach wurde sie bereits 740 von
Cunald und Gisalrich, zwei Gefährten des Kirchenpatrons gegründet. Der

hl. Ruprecht war um etwa 715 Bischof von Salzburg. Er ist Patron der Stadt und der Salzschiffer. Eine andere Version weiß von Bischof Vergil aus Salzburg als Gründer der Kirche an der Stelle eines unterirdischen Oratoriums zu berichten. Wahrscheinlich entstand die Kirche jedoch erst zwischen 796 und 829. In dieser Zeit entwickelte sich nämlich Wien unter dem Einfluss der Salzburger Bischöfe; später gehörte die Stadt zum Bistum Passau.

Erste Erwähnungen der Ruprechtkirche tauchen um das Jahr 1200 auf. Hier ist die Rede von der ältesten Kirche Wiens, aber ohne genaue Stiftungsangabe. Hauptschiff und Teile des Turms sind die bis heute die ältesten erhaltenen Mauern in Wien: sie wurden 1130 errichtet. 1276 fiel die Kirche einem Brand zum Opfer. Beim Wiederaufbau wurde der Turm erweitert und eine Apsis angebaut. Viele Jahrhunderte lang war die Kirche von dichter Bebauung umrahmt und darüber hinaus mit dem sogenannten Praghaus verbunden, das Nebensitz der Herzöge war und später als Salzamt diente. 1562 war sogar geplant, die Kirche in ein Salzdepot umzuwandeln. 1832 wurde das Praghaus abgerissen und die Kirche erhielt eine neugotische Fassade. Sie erlitt erhebliche Zerstörungen während des zweiten Weltkrieges.

Ruprechtskirche

Am besten lässt sich die Geschichte an der Nordseite beobachten: hier schichten sich die römische Antike, das 12. Jahrhundert, Romanik (14.–15. Jahrhundert), Spuren der Rekonstruktion aus dem 19. Jahrhundert. Auf der

Nordseite des Turms befindet sich ein Flachrelief mit dem hl. Ruprecht mit dem Salzfass, im Turm die ältesten erhaltenen Glocken Wiens von 1280 (Joch ohne Schrauben).

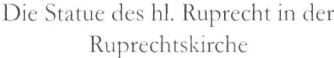

Die Statue des hl. Ruprecht in der   Die Statue des hl. Ruprecht
Ruprechtskirche

Im Inneren sind einige wertvolle Kunstwerke erhalten geblieben. Dazu zählen die zwei ältesten Glasfenster der Stadt (etwa 1370): eine Kreuzigung mit Maria und Johannes bzw. eine Madonna mit dem Kinde. Beim romanischen Altar befindet sich eine Sandsteinplatte mit der Inschrift „AEIOV 1439", der Devise Friedrichs III. – als: *Austria erit in orbe vltimum* (Österreich *wird ewig dauern*), oder: *Aller Ehren ist Österreich voll*. Die Inschrift erinnert an den Einzug von Friedrich III. in Wien im Dezember 1439. In der Kirche befinden sich außerdem die Denkmalskulpturen des hl. Ruprecht (etwa 1370), eine Madonna mit dem Kinde (etwa 1510), hier untypisch mit dem Antlitz der Mutter zugewandt, sowie Joachim und Anna (1703), die Eltern Mariens, aus dem ehemaligen Altar. Zu erwähnen sind noch das Kruzifix aus dem 18. Jh. und der Sarkophag des hl. Vitalis.

Die Ruprechtskirche war ein wichtiges Zentrum für die polnische Kolonie in Wien. Im 19. Jh. wurden regelmäßig Messen in Polnisch gelesen, bis die Kirche am Rennweg der polnischen Gemeinde zugeteilt wurde.

6.3. Kahlenberg

Der Kahlenberg (auch „Kalkberg", „Josefsberg" oder „Schweinsberg", polnisch „Łysa Góra") ist eine 438 m hohe Erhebung im nordöstlichen Wienerwald. Erste Erwähnungen des Kahlenbergs datieren auf den Anfang des 12. Jhs. Vier Jahrhunderte lang hatten dort die Augustiner Chorherren aus Klosterneuburg ihren Sitz. 1627 brachte Kaiser Ferdinand II. die Kamedulen nach Österreich, die über ein Tauschgeschäft den Kahlenberg als Bauplatz für Kloster und Kirche erhielten. Dies geschah auf Initiative des polnischen Großen Marschalls Mikołaj Wolski, des Schutzherrn der Kamedulen in Polen. Der Klosterbau wurde 1639 vollendet.

Das Kloster wurde im Dreißigjährigen Krieg 1643 von den Schweden geplündert, und die Einsiedlermönche waren gezwungen, den Kahlenberg zu verlassen.

Kahlenbergkirche

Vierzig Jahre darauf suchte das nächste Unheil das Kloster heim – dieses Mal seitens der Türken. Im 17. Jh. verleibte sich das osmanische Imperium immer größere europäische Gebiete ein: in den Kriegen und Feldzügen von 1645 bis 1669 besiegten die Türken Venedig und eroberten Kreta, 1662–1664 einen Teil von Ungarn und zwei Jahre darauf Siebenbürgen.

1672 gingen sie gegen Polen vor, eroberten Kamieniec Podolski sowie Podolien, und der Kosakenhetman Piotr Doroschenko ordnete die Ukraine der Türkei unter. 1682 nutzten die Türken eine Erhebung gegen die Habsburger in Ungarn (auf dem heutigen Gebiet der Slowakei) und nahmen den Rest von Ungarn ein. Angesichts der drohenden Gefahr unterzeichnete Kaiser Leopold I. am 1. April 1683 einen Vertrag mit Polen zur gegenseitigen Hilfe: beide Länder waren durch das osmanische Reich gefährdet, und Jan III. Sobieski war mit seinen Husaren als schlagkräftiger Gegner der Türken bekannt. Garant einer jeweiligen Unterstützung war Papst Innocent XI.

Im Frühjahr 1683 mobilisierte die Hohe Pforte eine riesige Armee unter dem Kommando des Wesirs Kara Mustafa. Am 31. März fiel die Entscheidung zum Angriff auf Wien. Die Türken erreichten die Stadt am 14. Juli, drängten die kaiserliche Armee zurück und umzingelten sie. Eine zweimonatige Belagerung begann; die Verteidigung Wiens oblag Graf Ernst Rüdiger Stahremberg. In diesen zwei Monaten schrumpfte die Armee der Belagerten von 18.000 auf 5.000. Der nahe Kahlenberg wurde von den türkischen Truppen genommen und das Kloster zerstört.

Gleichzeitig stellte Jan III. Sobieski seine Expeditionsarmee zusammen (27.000 Soldaten, darunter 25 Escadronen Husaren) und zog am 29. Juli über Schlesien, Mähren und Böhmen zum Entsatz der belagerten Stadt. Am 3. September übernahm er bei Tulln das Oberkommando über die vereinigten österreichischen, deutschen und polnischen Streitkräfte, deren Gesamtstärke 67.000 Mann betrug.

Am 11. September wurde der Kahlenberg zurückerobert. Sobieski verbrachte dort die Nacht vom 11. auf den 12. September und nahm am 12. frühmorgens an einer Messe teil, die der päpstliche Legat Innocent Marco d'Aviano in der Ruine der Kamedulenkirche las. Auf diese dramatische Weise verband sich die Geschichte des Kahlenberges mit jener Polens.

Am nächsten Tag wurde eine der größten Schlachten in der europäischen Geschichte geschlagen. Der großartige Sieg der alliierten Truppen unter dem Kommando von Sobieski wurde im Brief an den Papst mit den berühmten Worten: „Beatissimo Padre! Venimus, vidimus, Deus vincit" zusammengefasst. Dem Brief war die Fahne des Sultans beigefügt.

Wien vom Kahlenberg

Der Kahlenberg ging verwüstet aus der Belagerung von Wien hervor. Etappenweise wurden Kloster und Kirche wieder aufgebaut, in welche die Kamedulen für weitere 100 Jahre zurückkehrten. 1782 hob Kaiser Josef II. alle kontemplativen Orden in Österreich auf, und die Kamedulen verließen den Kahlenberg. Die Kirche wurde für eine weltliche Verwendung bestimmt und schließlich versteigert. Die Besitzer waren nacheinander der Rat Edler Leopold von Kriegl, Fürst Charles-Joseph de Ligne und Fürst Johannes von Liechtenstein. Von ihm kauften 1849 Josefine und Johannes Finsterle das Gebäude und beschlossen, dem Ort seinen sakralen Charakter zurückzugeben. Zwei Jahre darauf kam Pius Twardowski zum Jusstudium nach Wien. 1895 schrieb er:

In meiner Erinnerung greife ich auf jene Tage zurück, als ich, nach Wien gekommen, um mein Studium der Rechte abzuschließen, erfuhr, dass die ehemaligen Klosterkirche der Kamedulen […], auf Bemühen des Schlossermeisters Johann Finsterle, dem Kahlenbergbesitzer, restauriert wird und im Jahr darauf, am Jahrestag des Entsatzes, am 12. September 1852, eingeweiht wird. […]
Und als daher dieser zweihundertste Jahrestag jener vor Wien geschlagenen Schlacht sich näherte, die letztlich der muslimischen Macht in Europa Einhalt gebot, bemühte ich mich intensiv darum, dass auf diesem Berge zur Erinnerung an diesen epochalen Bruch ein Denkmal

stünde, das für alle Zeiten Zeugnis dafür ablegen würde, dass die österreichische Hauptstadt hauptsächlich mit der überwiegenden polnischen Hilfe gerettet wurde, ohne deren Entsatz die Stadt vollkommen hilflos geblieben wäre, und sie voll Dankbarkeit an denjenigen denkt, der aus seinem fernen Lande zum Schutze des Christentums heraneilte.

Pius Twardowski machte es sich zur Aufgabe, die Erinnerung an den Kahlenberg und die damit verbundene Episode zu pflegen. Zum zweihundertsten Jahrestag des Entsatzes wurde auf sein Betreiben an der Kirchenmauer eine Tafel mit folgender Inschrift angebracht:

Von diesen Anhöhen zogen am Morgen des 12. September 1683 Johann Sobieski, König von Polen, Der kais. General-Leutnant Herzog Karl V. von Lothringen, Die Kurfürsten Joh. Georg III. von Sachsen und Max Emanuel von Bayern, Fürst Georg Friedrich von Waldeck, Die Markgrafen Hermann und Ludwig Wilhelm von Baden und andere Heerführer mit den Truppen des Kaisers Leopold I. sowie mit deutschen und polnischen Hilfsvölkern in den Kampf zur Befreiung der von der türkischen Kriegsmacht durch einundsechzigtägige Belagerung schwer bedrängten Stadt Wien. In dankbarer Erinnerung an den ruhmvollen Sieg des Entsatzheeres. Die Stadt Wien, 12 September 1883.

Einen Verbündeten in diesen Bestrebungen, den Kahlenberg zu einem Erinnerungsort des Entsatzes von Wien zu machen, fand Pius Twardowski in Urban Loritz (1807–1881), über den er vermerkte:

[Er war] Pfarrer im Wiener Bezirk Schottenfeld, der über eine lange Reihe von Jahren hinweg zum Jahrestag des Entsatzes in Begleitung zahlreicher Pfarrangehöriger von ihm auf den Kahlenberg ging und dort in der Kirche einen feierlichen Gottesdienst abhielt, Gott zum Dank für die Errettung der Christenheit vor dem türkischen Joch, worauf er geruhte in der Sakristei, seinen frommen Gefährten dieses alljährlichen Ausflugs die Wichtigkeit dieses Tages für Wien im Besonderen und für ganz Europa im Allgemeinen auseinanderzusetzen.

Nach dem Tod von Priester Urban wurden die Jahrestage vernachlässigt. Einen weiteren Verbündeten fand Twardowski zufällig:

Als ich schließlich 1892, am 12. September, vierzig Jahre nach der Wiedereinweihung der Kirche deren Schwelle überschritt war da nur eine einzige Person, ein Kaplan, im Gebet vertieft. Als wir beide nach einer Weile in Stille die Kirche verließen und ich mich ihm vorstellte, erkannte ich in ihm den neuen Kaplan von St. Josef, mit Namen Josef Hemberger, der mit ehrlicher priesterlicher Freude meinen Vorschlag annahm, im nächsten, also im ersten Jahrzehnt des dritten Jahrhunderts des Entsatzes von Wien, könnte die polnische Wiener Kolonie mit einem feierlichen Dankgottesdienst in dieser Kirche diesem gedenken.

Twardowski verständigte sich anschließend mit Priester Franz Sales Neumayer, dem Pfarrer des Kahlenbergerdorfs, und mit Dr. Gustav Benischko, dem damaligen Besitzer und Patron der Josefskirche; wie er schrieb, zeigten sich beide der Initiative von Twardowski gegenüber aufgeschlossen und hilfsbereit:

Weg auf den Kahlenberg (Ende des 19. Jh.)

[Dank dessen] feierten [wir] Polen, nämlich die Mitglieder der polnischen Vereine in Wien: *Biblioteka Polska*, *Ognisko*, *Przytulisko Polskie*, schließlich *Zgoda* [Einklang] und *Lutnia* [Laute], die heute in der Vereinigung *Strzecha* verbunden sind, zahlreich mit über einhundert Gästen das Gedenken mit einem feierlichen Gottesdienst und einer polnischen Predigt am 10. September 1893, am Sonntag Mariä Namen, und den Gedenkgottesdienst auf Betreiben und Kosten von Pfarrer Neumayer, sehr feierlich zwei Tage später genau am Jahrestag, unter zahlreicher Teilnahme der Gläubigen.

Auf das Betreiben von Twardowski konnte anschließend der *Kahlenberger Kirchenverein* gegründet werden „mit dem Ziel, einen Fonds zur Deckung der Kosten einer solchen Messe und zur Sicherung desselben für alle Zeiten einzurichten, und eventuell, um nach Maßgabe des Eingangs von Spenden der ordentlichen Mitglieder, Gründungsmitglieder oder unterstützenden Mitglieder, ein entsprechendes historisches Denkmal auf dem Kahlenberg zu errichten". Dem Verein war es jedoch nicht vergönnt, diesen Plan zu realisieren.

Kurz darauf kam die Kirche in polnische Hände. 1905 übergab Benischko die Josefskirche dem Resurrektionistenorden, der 1836 zu Ehren der Teilnehmer am Novemberaufstend in Paris gegründet worden war. Bis heute wird die Kirche von den Resurrektionisten geleitet.

Erinnerungsort des Entsatzes wurde eine Kapelle, die König Jan III. Sobieski und Papst Innocent IX gewidmet wurde. Ursprünglich sollte die Kapelle von den bildenden Künstlern der polnischen Moderne Józef Mehoffer und Karol Frycz umgestaltet werden. Es entstanden sogar entsprechende Entwürfe (u.a. für Mosaike mit den Familienwappen jener Adelsfamilien, die am Entsatz teilgenommen hatten). Der Ausbruch des Ersten Weltkrieges vereitelte jedoch diese Pläne. Schließlich nahm sich 1930 Professor Jan Henryk Rosen vom Polytechnikum Lemberg der Gestaltung des Innenraumes an.

Am 250. Jahrestag des Entsatzes von Wien nahm Juliusz Twardowski als Gesandter der polnischen Regierung an den Feierlichkeiten am Kahlenberg teil, und am 13. September 1983, zum 300. Jahrestag, kam Papst Johannes Paul II. auf den Kahlenberg.

Nicht unerwähnt bleiben soll, dass auf dem kleinen Friedhof auf dem Weg nach Grinzing sich die Grabstätte von Fürstin Sydonie de Ligne (1787–1827), errichtet von ihrem Mann, Fürst Franciszek Potocki (1788–1853), sowie die Gräber einiger polnischer Resurrektionisten befinden.

7. Die Familie Twardowski in den *Tagebüchern* und Briefen von Kazimierz

In Kazimierz' *Tagebüchern* und Briefen finden sich zahlreiche Informationen zu den Familienangehörigen und deren Verhältnis zueinander. Den Eltern brachte er viel Liebe und Verehrung entgegen. Er zeigte sich gehorsam und vertrauensvoll, obwohl er nicht immer mit ihren Entscheidungen übereinstimmte. So belastete ihn der Aufenthalt und die von der Schulleitung exekutierte Disziplin im Theresianum sehr. Der Besuch dort war allerdings ausdrücklicher Wunsch der Eltern, zudem erleichterte er durch ein Stipendium die finanzielle Situation der Familie.

Malwina und Pius Twardowski (1864)

Seiner Liebe zu den Eltern verleiht Kazimierz in den *Tagebüchern* Ausdruck

[…] von den Eltern getrennt sein kann, ohne Sehnsucht zu verspüren. Dabei liebe ich sie doch – ja, ich liebe sie. Sollte es jemand nicht glauben, so mag er sich in Erinnerung rufen, dass ich nur aus Liebe zu den Eltern so ruhig in der Anstalt sitze, weil es ihnen eine große Erleichterung ist, dass ich das Stipendium habe. Wäre mein Vater aber vermögend, so würde ich keineswegs länger in der Anstalt bleiben.

Das kindliche Vertrauen zu den Eltern, das sich in Gehorsam äußerte, wandelte sich mit der Zeit zu einer reifen Liebe, die sich vor allem in Dankbarkeit und Verantwortungsbewusstsein für deren Schicksal ausdrückte. Zwei Tage nach seinem 24. Geburtstag, am 22. Oktober 1890, schrieb Kazimierz in einem Brief an seinen Vater:

Was aber anderen schwierig erscheinen mag, ist mir ein Leichtes, verdankt doch niemand Vater und Mutter ein so großes geistiges Reservoir für ein selbständiges Leben, wie ich. Ab diesem Moment, in dem ich formell (ließen doch praktisch keine Eltern ihrem Sohn soviel Freiheiten wie mir) volljährig geworden bin, hat sich das Verhältnis zwischen

Eltern und Sohn umgekehrt. Was bis jetzt die lieben Eltern nicht alles für mich geleistet haben, nun für sie zu tun, zwingt mich nicht die Pflicht sondern Dankbarkeit. Es ist mein Vorsatz, den teuren Eltern, denen ich alles verdanke, was ich habe, wer ich bin und sein werde, soweit es meine Kräfte zulassen, einen ruhigen Lebensabend zu bereiten.

Das Verhältnis der Eltern zu Kazimierz war ebenfalls herzlich. Man gewinnt den Eindruck, dass sie ihn mit großem Ernst behandelten. Sie widmeten ihm während der Jahre im Theresianum jeden freien Ausgangssonntag, schrieben (bisweilen mehrmals pro Woche) Briefe und suchten ihn, wenn ein Besuch zu Hause nicht möglich war, in der Schule auf.

In drei Belangen zog sich der Zögling dabei das elterlichen Missfallen zu. Der erste war der Wunsch, das Theresianum zu verlassen, während die Eltern der Meinung waren, er solle dort die Ausbildung zu Ende bringen; zweitens der vertraute Umgang mit den Töchtern der Familie Gattinger, da die Eltern befürchteten, dass sich diese Vertrautheit in ein näheres Verhältnis mit einer deutschen Familie wandeln könnte; drittens, der Wunsch in Lemberg zu studieren, wobei die Eltern überzeugt waren, dass es der Karriere dienlicher wäre, wenn er einen Abschluss aus Wien hätte. (Alle Punkte werden detailliert in weiterer Folge behandelt.)

Pius Twardowski

Die wichtigste Gestalt im Hause war zweifelsfrei Vater Pius. So verwundert nicht, dass Kazimierz in den Tagebüchern jedes bedeutendere Detail in Zusammenhang mit dem Vater notiert: die Abwesenheiten von Wien, die jeweilige Rückkehr, seine Treffen, Krankheiten und die Gespräche mit ihm. Kazimierz bekennt, dass der Vater mit seinem Beispiel und Rat den stärksten Einfluss auf ihn hatte: „[seine] Ratschläge und Belehrungen hatten, auch während meiner Anstaltsjahre, zur Ferienzeit und an den freien, im Elternhaus verbrachten Sonntagen auf meine fernere Entwicklung bestimmend einwirkten" – heißt es in der Autobiographie.[10] In einem Brief an den Bruder Juliusz vom 22. August 1936 fügte er hinzu: „Die Bande zu unserem Vater waren […] überaus eng und so bleiben sie über den Tod hinaus!".

Im Vater hatte Twardowski allerdings nicht nur ein Vorbild zum Nacheifern und einen Führer in Lebensfragen, sondern auch einen Freund. In den Tagebüchern (4. November 1883) nennt er ihn „den einzigen Freund unter den Polen". Wenn Kazimierz, wie man es damals nannte, *melancholisch* wurde (heute hieße das wohl depressiv), half der ernsthaft besorgte Vater, dies zu überwinden. Die Gespräche mit dem Vater hatten stets einen beruhigenden Einfluss auf ihn. Erinnerungen aus Gesprächen und der Korrespondenz fanden Niederschlag in den *Tagebüchern*:

(23. Oktober 1882.) Gestern zeigte mir Papa einen meiner früheren Briefe an ihn, der mit folgenden Worten begann: „Papa, ich verspreche Dir, nicht mehr melancholisch zu werden …!". Ich hatte nämlich die Angewohnheit, mich über alles zu beschweren; nach verschiedenen Überlegungen habe ich, besonders in den letzten Wochen allerdings erkannt, dass es keinerlei Grund für Mißmut gibt; natürlich, eigentlich sollte ich frohen Mutes sein.
(29. November 1882.) Erhielt heute einen Brief von Papa: es tröstete mich, dass er über die Verbesserung meines Zustands nachdenkt; er schrieb mir zurück, ich möge unbekümmert sein und mir „nichts draus machen".
(1. Dezember 1882.) Heute Mittag bekam ich einen und am Abend einen zweiten Brief von Papa. Mein guter Vater hat mich getröstet; er hat versprochen, sich mit mir am Sonntag zu besprechen.
(3. Dezember 1882.) Lange und viel mit meinem lieben Papa besprochen. Ich weiß nicht, ob es auf dieser Welt einen besseren Vater als mei-

---

10   Twardowski (1926), S. 2.

nen geben kann. Er hat mir geraten, mir zugesprochen. Mein Gott! Was würde ich nicht alles tun, um ihm das Leben möglichst zu verschönern. (9. März 1883.) Am Abend habe ich Papa in der Stadt versprochen, mich in meiner Situation so zu benehmen, dass ich seine Pläne nicht durchkreuze, die sich nicht nur auf meine Zukunft beziehen; sie sind weitaus wichtiger. Die Pflicht, der ich mich heute unterworfen habe, wird viel Arbeit und viele unangenehme Augenblicke mit sich bringen.

Pius unterstützte den Sohn in allen Angelegenheiten: er bemühte sich, wie bereits erwähnt, um einen Stipendienplatz im Theresianum, half später, die ersten Arbeiten herauszugeben und eine Verdienstmöglichkeit zu finden. Mit dem Vater wurden die Pläne für die nähere und weitere Zukunft abgesprochen.

Zweifellos war Kazimierz der ganze Stolz des Vaters. Bereits im Theresianum tat er sich als Musterschüler hervor; umso stolzer war der Vater, als Kazimierz Professor an der Universität Lemberg wurde und Philosophie in Polnisch, was für beide unvorstellbar wichtig war, unterrichtete.

Über den gegenseitigen großen Stolz schrieb Kazimierz in einem Brief vom 8. Juli 1886, dem Namenstag von Pius:

[Werfen] Sie sich, Papa, [...] nicht Schwäche gegenüber den Kindern vor, weil es nicht lohnt, an Kleinigkeiten Aufmerksamkeit zu verschwenden und Sie eingestehen müssen, dass Sie in den wesentlichen Dingen ihre Söhne nach den besten Vorsätzen geleitet haben. Ist es doch wahr, worüber ich schon einmal geschrieben habe, das alle Sie, Papa, um solche Söhne beneiden. Ich brüste mich nicht damit, ist es ja nicht mein, sondern Ihr Verdienst. Aber dafür bin ich stolz, einen solchen Vater zu haben, der einzigartig auf der Welt ist. Der Herrgott lohnt es Ihnen und wird es weiterhin lohnen; und dass dies weiterhin geschieht, darum werde ich ihn bitten und das wünsche ich meinem geliebten Vater, küsse Ihre Hand und bleibe Ihr dankbarer Sohn.

Kazimierz revanchierte sich für die Unterstützung, die er in Kindheit und Jugend vom Vater erhielt, in späteren Jahren. Als Pius, gesundheitlich und psychisch angeschlagen auf Erholungsurlaub nach Kampanien gefahren war, schickte Kazimierz (zu diesem Zeitpunkt bereits auch im Namen von Frau und kleiner Tochter), im Bemühen, diesen emotionell zu unterstützen, jeden zweiten Tag einen Brief an den Vater. Zwei Ausschnitte aus diesen Briefen:

(23. April 1893.) Teuerster Vater! [...] Wir wollen Gott bitten, er möge Ihnen, Papa, bestes Wetter und Sonnenschein bescheren und dies aus zweierlei Gründen. Erstens erscheint einem das Leben irgendwie weniger schwer, wenn die Sonne die Welt erhellt. Je schöner sich die Welt präsentiert, desto lebendiger spürt der Mensch die Gegenwart Gottes. Daher schwinden auch die Sorgen angesichts solch glückseligen Bewußtseins, dass es einen Gott im Himmel und auf Erden – überall – gibt, und dass er nicht nur unser aller Vater, sondern ein liebender Vater ist: Gott ist die Liebe. Und zweitens, stärken Sie, je schöner Sie die Zeit verbringen, umso mehr Ihre Gesundheit und die Lebensgeister erwachen. Jedoch haben Sie, Papa, gänzlich Unrecht, wenn sie Ihre Schwäche dem geistigem Alter zuschreiben wollen.

(25. April 1893.) Wie haben wir uns über Ihre Postkarte aus Sacco vom letzten Samstag gefreut; weniger allerdings über ihren Inhalt, dem wir entnehmen konnten, dass unserem Papa die Reise nicht bekommen ist. Wir hoffen allerdings, dass es Ihnen heute mit Gottes Hilfe wieder besser geht, Sie sich nach der sicher ermüdenden Reise wieder erholen.

Zofia und Kazimierz Twardowski   Malwina und Juliusz Twardowski

Kazimierz pflegte mit der Mutter einen ähnlich herzlichen Kontakt, und ihr Einfluss auf die Persönlichkeit des Sohnes war ebenfalls kein geringer. Auf der Rückseite einer Photographie der Mutter, die er vom Vater zugesandt bekam, vermerkte Pius Twardowski:

(20. Oktober 1900.) Geliebter Kazimierz, bewahre Dir diese Photographie zur dankbaren Erinnerung an Deine Mutter, Deiner ersten Lehrerin. Mit ihrer Muttermilch und unter ihrer Leitung hast Du jene Willens- und Charakterstärke entwickelt, die Dich, so Gott will, zu großen Taten zum Wohle Polens befähigt. Amen.

Als Jugendlicher teilte Kazimierz seiner Mutter seine Freuden und Leiden mit:

(1. Oktober 1882.) Ich schickte ihr am Nachmittag einige Ausschnitte aus diesem Tagebuch, um ihr meinen seelischen Zustand zu zeigen. Mein Gott! Hätte ich den Eltern nur nicht solche Sorgen bereitet.

Der enge Kontakt und das herzliche Verhältnis zwischen Kazimierz und seiner Mutter wurden nur selten durch Missverständnisse getrübt. Einige Notizen darüber sind erhalten geblieben. Eine betrifft einen geheimnisvollen Vorfall mit dem Schulpräfekten, den Kazimierz in den *Tagebüchern* erwähnt:

(15. November 1882.) Es gab eine ungute Geschichte mit einem Präfekten, an der allerdings nicht ich Schuld trage. Vielleicht glaubst Du [Kazimierz wendet sich hier an Maria Gąsowska, vgl. Kapitel 5] mir ja, denn Mama tut es nicht. Oh, was für unglücklicher Tag für mich. Mama machte mir Vorwürfe und ich konnte mich nicht von meiner „Schuld" reinwaschen, weil Mama mir nicht glauben wollte.

Der ausdrückliche Wunsch der Mutter (wie des Vaters) war, dass der Sohn im Theresianum seinen Abschluss machen solle. Als Kazimierz mit dem Gedanken an einen Austritt spielt, verleiht sie ihrem Anliegen noch bestimmter als Pius Ausdruck:

(1. November 1882.) Mama und Zosia [Kazimierz' ältere Schwester] waren heute bei mir. Ich sprach mit ihnen über meinen Austritt aus der Anstalt, aber Mama erklärte mir, dass das ausgeschlossen sei. Ich verstehe, ach ich verstehe nur zu gut, was für eine große Erleichterung es für sie ist, wenn sie sich um einen Sohn weniger konkrete Sorgen machen muss.

(2. November 1882.) Heute habe ich einen Brief von Mama erhalten,
der mich zu Tränen rührte. Nein, soviel Kummer werde ich Mama niemals bereiten!

Mit dem Eintritt ins Erwachsenenleben erteilte die Mutter ihrem Sohn
in Gesellschaftsfragen Ratschläge und Ermahnungen. Ein versteckter Hinweis findet sich in den Wünschen zum 17. Geburtstag:

(20. Oktober 1883.) Heute bin ich 17 geworden. Den Tag habe ich wie
andere auch verbracht; höchstens dass ich mehr gelernt hätte. Mama
hat mich schon gestern abgratuliert, aber auf eine Art, die mir zu Denken gegeben hat. Mama wünscht mir allgemein Glück, Erfolg und dass
ich nachsichtiger gegenüber fremden Fehlern sein soll. Ich habe keine
Ahnung, was diesen Vorwurf wieder bewirkte? Sollte ich wieder in dieser Richtung gefehlt haben? Wer weiß, was die liebe Mama im Sinn hatte und worüber sie sich Gedanken machte, als sie diese Zeilen schrieb.

Unter den Geschwistern stand Kazimierz die um ein Jahr ältere Schwester Zofia am nächsten. Da die anderen Kinder der Twardowskis bedeutend
später zur Welt kamen (1874 und 1875), verbrachten Zofia und Kazimierz,
genauso wie später Juliusz und Malwina, die meiste Zeit miteinander. Sie
hatte gemeinsame Freunde und besuchten die gleichen gesellschaftlichen
Veranstaltungen. Auf Grundlage der Tagebücher lassen sich jedoch kaum
Rückschlüsse auf den Charakter oder die Interessen der Schwester ziehen.
Sicher ist, dass sie in ihrer Jugend recht krankheitsanfällig war. Vgl. folgende
Tagebuchfragmente:

(29. November 1882.) Zosia war gestern mit Mama und Papa am Polnischen Abend. Heute Nacht bekam sie so schlimme Zahnschmerzen,
dass Papa in der Nacht los musste, um den Zahnarzt zu wecken.
(31. November 1882.) Wieder einen Brief von Mama bekommen. Sie
schreibt, das es Zosia schlechter geht. Die Schmerzen im Gesicht sind
wieder da. Sie leidet sehr. Die Ärmste! Oh, wenn ich ihr doch nur meine
Gesundheit abtreten könnte. Sie als Mädchen hat nicht soviel Kraft, wie
wir!
(4. Oktober 1882.) Heute habe ich einen Brief von Mama bekommen,
aus dem hervorgeht, das die arme Zosieńka nach kurzer Besserung,
solche Schmerzen bekam, dass Mama Angst bekam, ob sie den An-

fall überstehen würde. Sie hatte am ganzen Körper Krämpfe – es war furchtbar.

(24. Dezember 1882.) Zosia hat sich mit nervösen Schmerzen niedergelegt. Am Nachmittag schlief sie; gegen Abend ist sie aufgestanden, ist aber gleich wieder ins Bett. Sie hat keine Schmerzen, aber Nervenzittern und ähnlich ungute Dinge.

(3. Mai 1883.) Zosia den ganzen Tag über gelegen. Am Abend kam Dr. Ganster. Mama ging mit ihm zu Zosia. Verändert und erschrocken kam sie heraus: Zofia hat eine Lungenentzündung. Vater und Mutter verzweifelt!

(21. Juni 1885.) Zofia liegt. Sie hat Knochenhautentzündung im Gesicht.

Zofia Krypiakiewicz, geb. Twardowska (1882)

Zosia spielte auch eine gewichtige Rolle im Verhältnis von Kazimierz zu seiner großen Jugendliebe Maria („Misia") Gąsowska. Weil Kazimierz und Maria nicht offen korrespondieren durften, fügte Maria die für Kazimierz bestimmten Abschnitte an die Briefe für Zosia an. Kazimierz verfuhr umgekehrt ebenso – ein Beweis für das enorme Vertrauen zwischen den Geschwistern.

Eine andere Jugendliebe, Elisa Albrecht, findet aber bei Zofia keine Gnade. In den *Tagebüchern* erinnert sich Kazimierz an schmerzliche Bemerkungen seiner Schwester bezüglich seiner Besuche bei der damals bereits todkranken, geliebten Person.

(3. November 1885.) Ein äußerst unangenehmes Gespräch mit Zosia, wegen meiner Besuche bei Eliza. Zofias Worte zeugten von einer fehlenden Sicht auf die heutige Welt und die Dummheit dieser Welt. Es hat mich sehr besorgt.

Auf der anderen Seite spielte Kazimierz eine gewisse Rolle bei der „Verkupplung" von Zofia und seinem engen Freund Józef Krypiakiewicz, damals ein Medizinstudent. Nachfolgend ein Fragment des Briefes von Twardowski an Krypiakiewicz vom 14. April 1885,[11] geschrieben kurz nachdem Krypiakiewicz Twardowski beichtete, dass er in Zofia verliebt ist:

Die Person, um die es Dir geht, hat bisher im eigentlichen Sinne dieses Wortes noch nicht geliebt. Wie Dir sicher bewusst ist, ist die erste Liebe immer die stärkste und dauerhafteste; wenn es Dir also gelingt, ihre Gefühle zu wecken, dann hast Du schon fast gewonnen! Diese Person gehört nicht zu jenen, die bei jeder Gelegenheit Feuer und Flamme sind, es muss in ihnen vielmehr ein Funke gezündet werden. Aber Dir wird das nicht allzu schwer fallen. […] Es ist [dieser Person] klar, wie Deine Lage [ist], dass Du alles nur Dir selbst verdankst, wie Du Dich auf dem Wege zum gewählten Ziel trotz aller Hindernisse selbst unterhalten hast, und das alles stellt Dich in ihren Augen höher als andere Jünglinge, die ihre Zeit mit Freunden und Festen vergeuden. Die oben angeführten Umstände Deines Lebens weckten in ihr ein gewisses Mitleid für Dich, welches Du (vorsichtig!) nutzen solltest. […] Mein Vater mag Dich sehr; wovon Du vielleicht selbst nichts weißt; meiner Mutter gefällst Du auch ganz gut, was brauchst Du mehr? Nur eine Sache: Geduld!

Zofia am Maskenball

11   Die Briefe von K. Twardowski an J. Krypiakiewicz werden im Museum in Przeworsk aufbewahrt.

Zosia zeigte lange kein Verlangen nach einer Heirat; im Brief an Krypiakiewicz vom 28. April 1885 führt Kazimierz folgende Aussage seiner Mutter an:

Mama sagte, dass sie sich um die Zukunft von mir, Julek und Winusia keine Sorgen macht. Die Jungs finden irgendwie eine Existenz. Winusia hat ein Sprachtalent und versteht es, ihr Brot zu verdienen. Aber Zosia?! Sie hat zu keiner vernünftigen Beschäftigung Lust, und Mama zweifelt sehr daran, dass irgendjemand sich irgendwann um sie bemühen wird, denn sie ermuntert keinen dazu.

Darüber, dass es Krypiakiewicz gelungen war, bei Zofia schon recht zeitig Gefühle zu wecken, zeugt ein anderes Fragment dieses Briefes:

[Zosia] sagte nur einmal bei einer gewissen Gelegenheit, dass wenn es schon einmal sein müsste, sie am liebsten Krypiakiewicz nehmen würde, denn der ist der vernünftigste und gefällt ihr am besten unter all denen, die bei uns verweilen.

Die Verlobung von Zofia und Józef fand im Herbst 1886 statt, Twardowski war damals in Jezupol. Zur Heirat kam es zwei Jahre später, als Krypiakiewicz bereits diplomierter Arzt war. Krypiakiewicz starb 1893, wenige Jahre nach der Hochzeit also, und hinterließ eine Tochter: Anna (genannt „Niunia") (s. „Stammbaum von Kazimierz Twardowski").

Zofia und Józef Krypiakiewicz

Zofia Krypiakiewicz und   Anna Krypiakiewicz
    ihre Tochter Anna

Auf die Persönlichkeit von Zofia werfen ihre Erinnerungen vom Beginn des Ersten Weltkrieges ein gewisses Licht.[12] Als Zofia im August 1914
nach Wien kam und eine Rückkehr nach Lemberg, wo sie wohnte und als
Lehrerin im Pensionat Maria Bielska arbeitete, wegen des Krieges unmöglich wurde, übertrug ihr die lokale Marianische Kongregation (Sodalicjia
Mariańska) die Leitung der Schneiderei, in der jenen Polinnen, die vom
Krieg in Wien überrascht wurden, die Möglichkeit geboten werden sollte,
einer bezahlten Tätigkeit nachzugehen. Sie arbeitete dort vom 15. November 1914 bis zum 5. Januar 1915, als sie die Einladung zur Leitung einer
Vorschule (damals „freblówka" genannt) und eines Kinderhortes für 100
zwei- bis siebenjährige polnische Kinder annahm, der vom Wiener Hilfskomitee für Flüchtlinge aus Galizien und der Bukowina (von ihrem Bruder Juliusz geleitet) ins Leben gerufen worden war. Sie ging ihrer Aufgabe
mit Begeisterung nach, wovon folgender Ausschnitt aus den Erinnerungen
Zeugnis geben soll:

> In den großen Zimmern im 2. Stock in der Wallnerstraße [wo sich das
> *Dom Polski* befand] wimmelt [...] es! Die Rasselbande füllte sie mit ih-
> rem Geschrei, Lachen und Gesang aus. Dabei haben sie auf Anhieb
> ausnahmslos alle Herzen im Sturm erobert! Sie lösten sogar bei den
> deutschen Gästen, welche die Schule besuchten, allgemein Bewunde-

---

12   Die Erinnerungen werden im Museum in Przeworsk aufbewahrt.

rung aus; und wie ihnen diese Sympathie vergolten wurde! Es kamen Schachteln mit Puppen, Soldaten, Schokolade …

Die jüngeren Geschwister, Juliusz und Malwina, werden vom Teenager Kazimierz distanziert als „Kinder" bezeichnet. Der Altersunterschied betrug bei Juliusz acht und bei Malwina neun Jahre. Die Vermutung liegt nahe, dass Juliusz aufhörte für Kazimierz ein „Kind" zu sein, als er in seine Fußstapfen trat und das Theresianum besuchte. Höchstwahrscheinlich nahm Juliusz bereits 1883 an bestimmten Veranstaltungen im Theresianum teil (eventuell in der sogenannten Eingangsklasse). Im Schuljahr 1884/1885 war er bereits Zögling in der ersten Klasse. Ein Theresianer im eigentlichen Sinn wurde Juliusz allerdings erst auf Intervention des Vaters, als Juliusz mit einem Regierungsstipendium den Platz seines Bruders einnahm. Diese Lösung wurde seitens der Twardowskis bereits lange im Voraus angestrebt und 1885 realisiert. Eine gewisse Zeit über war Kazimierz gegen diesen „Wechsel". So zumindest lassen sich seine Einwände aus einem Brief an den Vater vom 26. Mai 1885 interpretieren:

Fragen Sie mich bitte nicht, was den Wechsel von Julek auf meinen Stipendienplatz betrifft. Sie werden niemals mit mir einer Meinung sein und ich werde sie nicht aufgeben.

Juliusz Twardowski (etwa 1900)

Die genauen Gründe für Kazimierz' Einstellung sind unbekannt. Ausgeschlossen ist nicht, dass Kazimierz einige Aspekte des Theresianums, vor allem das Reglement im Internat, negativ einschätzte und seinen jüngeren Bruder schützen wollte.

Kazimierz verstand sich bis zu einem gewissen Zeitpunkt und Grad als Mentor von Juliusz. In den *Tagebüchern* wird erwähnt, wie er Juliusz zurechtwies, als dieser in einem Gespräch auf Polnisch deutsche Idiome einflocht. Die anschließende Kritik der Mutter an diesem Verhalten wiederum schmerzte ihn.

Unter den Brüdern herrschte wahrscheinlich so etwas wie „gesunde" Rivalität. Kazimierz war etwa sehr daran gelegen, Klassenbester zu sein. Einmal notiert er, vielleicht aus Stolz oder auch aus einem gewissen Überlegenheitsgefühl heraus in den *Tagebüchern*:

(14. Februar 1885.) Heute haben wir die Zeugnisse erhalten. Ich bin Klassenbester; mein Bruder (in der 1. [Klasse] Gym.) Zweiter.

Einige Jahre später wird er sich zufrieden erinnern, dass Juliusz, ähnlich wie er selbst einige Jahre zuvor, die Goldmedaillie für seinen Lernerfolg einheimsen konnte. 1891 nahm er Juliusz über den Sommer nach Jezupol mit, um ihn im Hause des Grafen Dzieduszycki, in die Gesellschaft einzuführen.

Malwina und Zofia Twardowska (etwa 1895)

Die jüngere Schwester, nach der Mutter „Malwina" getauft, wurde „Winka" oder „Winulka" gerufen. In den Tagebüchern aus der Schulzeit wird sie, mit Ausnahme jener Momente, da er sich um ihre Gesundheit sorgt, selten erwähnt.

Malwina erkrankte im Frühjahr 1892 schwer. Twardowski war mit seiner Frau in Leipzig und später in München. Hier ein längerer Ausschnitt aus einem Brief vom 15. Mai d. J., der Kazimierz' Einstellung zum gesunden Lebensstil und dessen besonderer Beziehung zur Medizin illustriert:

Wenn es von mir abhinge, und wenn ich erwarten könnte, dass mein Rat, der aus tiefstem Herzen kommt, berücksichtigt wird, würde ich Winulka raten – aber meine Ratschläge erfordern einen starken Willen, Strenge gegenüber der Kranken und Konsequenz – […] sich vom Einfluss der Ärzte zu emanzipieren. Aber das macht da der Józef [Józef Krypiakiewicz – der Ehemann von Zofia] als allverständiger Doktor der Medizin und menschlichen Heilkunst unmöglich. […] Dass Winka zwölf Tropfen Morphium genommen hat, da konnte ich vor Schreck ich gar nicht weiterdenken,. Keinen einzigen hätte sie nehmen dürfen! Das ist ein Gift, für das man nur deshalb nicht ins Gefängnis kommt, weil die Ärzte die ganze Welt verrückt gemacht und den Menschen hinsichtlich der einfachsten Hygieneregeln die Köpfe verdreht haben. Wie sehr muss man mit Blödheit gestraft sein, um einem Geschöpf wie Winusia Morphin zu verschreiben! […] Es ist ein Wunder Gottes, dass Winka am nächsten Tag überhaupt aufgewacht ist.

Im Jahr darauf in den *Tagebüchern*:

(29. September 1893.) Heute erhielt ich einen Brief, dass meine jüngere Schwester Winusia mit ihren acht Jahren an *Difteritis* erkrankte. Aber Gott sei Dank besteht keine Gefahr.

Malwina heiratete Władysław Spanbauer. Ein Zeichen der Verbundenheit zur Familie Twardowski war die Annahme des Familiennamens seiner Frau. Seine Söhne Spanbauer-Twardowski erhielten die Vornamen „Juliusz" und „Kazimierz".

8. Wien in den Augen Twardowskis

Einige Tatsachen weisen darauf hin, wie eng Kazimierz mit seiner Geburtsstadt und dem Ort seiner Kindheit und Jugend verbunden war. Erstens beschloss der Sechzehnjährige Materialien über Wien zu sammeln:

(13. Oktober 1882.) Ich beginne jetzt mit der Sammlung unterschiedlicher Aufzeichnungen, die Wien und seine Umgebung betreffen. Es ist dies eine mühselige Arbeit und zudem habe ich zu wenig Zeit; aber mit gutem Willen soll auch das gelingen.

Diese Arbeit wurde leider nie fertig gestellt.

Zweitens erwähnte er mehrfach, dass er nach der Rückkehr aus den Ferien ausgedehnte Spaziergänge durch die Stadt unternehmen würde, um herauszufinden, was es Neues gäbe. Er konnte seiner Geburtsstadt also nicht gleichgültig gegenüberstehen.

Drittens wusste es Kazimierz zu schätzen, dass die k.u.k. Metropole zu den bedeutendsten Kulturzentren im Europa des 19. Jhs. zählte und dass er mit vollen Händen aus dem Wiener Kulturangebot schöpfen konnte.

In den *Tagebüchern* findet sich folgendes Zeugnis aus den Jahren 1882–1885:

Das Wiener Burgtheater in der Jugendzeit Twardowskis (1880).
Aquarell von Rudolf Schima

Theateraufführungen:
(1. Januar 1883.) Am Nachmittag war ich mit Zosia und zwei anderen Fräulein im Theater […]; man gab das schöne Stück: *Le monde ou l'on s'ennuie* [Komödie in einem Akt von Édouard Pailleron].
(5. Januar 1883.) War heute im Stadttheater. Sie gaben *Die Sorglosen* von [Adolph] L'Arronge.

(1. Januar 1884.) Am Abend war ich im Burgtheater: Shakespeare *Antonius und Cleopatra* in der Bearbeitung von [Franz von] Dingelstedt. Über deren Originalität gäbe es viel zu berichten; das heißt, dass sie auf tönernen Füßen steht. Das Spiel der [Charlotte] Wolter, die ich erstmals auf einer Bühne sah, war umwerfend. Gleichfalls gefiel mir Herr [Adolf von] Sonnenthal als Antonius.

(29. März 1885.) Am Abend war ich mit der Schwester im *Manfred* in der Oper [Libretto George Byron, Musik Robert Schumann]. Herr [Hans] Robert spielte die Hauptrolle. Diese Aufführung hat einen tiefen Eindruck auf mich gemacht.

Konzerte:

(26. Dezember 1883.) Am Nachmittag war ich mit Hrn. Ganster und seinen Töchtern (Lucrecia und Constanza) im Musikverein beim Straußkonzert.

(30. März 1885.) Gestern nachmittag war ich im Konzert der Philharmoniker. Zum ersten Mal habe ich eine Komposition von Berlioz gehört.

(12. Juni 1885.) Am Nachmittag um vier entließ man uns für zwei Tage aus der Anstalt. Ich war mit Krypiakiewicz in der Oper: *Götterdämmerung*. Es sangen [Rosa] Sucher, [Martin] Klein, Herr [Heinrich] Vogl, [Heinrich] Wiegand, [Hans von] Rokitansky.

(13. Juni 1885.) Am Abend war ich mit Józef im Balett *Excelsior* [Choreographie Luigi Manzotti, Musik Romuald Marenc].

(15. Juni 1885.) [Um] Halb Eins [war ich] im Konzert: Berlioz' Ouverture zu *Benvenuto Cellini*, Mozarts *Serenade No 7*, Beethovens *7. Symphonie*.

(16. November 1885.) Am Abend [war ich] im Rubinstein-Konzert. Ich war begeistert und erstaunt.

Ausstellungen:

(1. November 1882.) Am Nachmittag war ich mit Papa in der Ausstellung von Matejkos „Preußischer Huldigung". Ich bin kein Experte, kann nicht sagen, ob es nach den Regeln der Kunst ausgeführt ist, aber der Eindruck ist unglaublich, majestätisch, großartig.

(13. September 1883.) Ich besuchte die historische Ausstellung über Elektrizität, Ausstellung von Matejkos Gemälde („Sobieski vor Wien").

(14. November 1883.) Wir waren heute in einer Ausstellung bildender Kunst im Künstlerhaus [urschriftlich]. Doktor [Albert] Ilg führte uns (die Camerata I und II mit den Prefekten).

(31. Mai 1885.) Um Zwölf wurden wir in die Feiertage entlassen. Am Nachmittag war ich im Künstlerhaus [urschriftlich] zu einer Ausstellung von Originalskizzen von Franz Panzinger, mit den Thema: die Reisen des Thronfolgers in den Osten.

Ausflüge:
(17. September 1882.) Mit Juliusz und Vater nach Schwechat.
(24. Mai 1885.) In der Früh ist Wanda angekommen. Wir – das heißt Mama, die Geschwister, ich, Wanda, Krypiakiewicz, Bodyński, [Mieczysław oder Emanuel] Borkowski – machten einen Ganztagesausflug über Nussdorf auf den Kahlenberg und dann nach Weidling; dort haben wir zu Mittag gegessen und sind dann spazieren gegangen.
(1. Juni 1885.) Heute machten wir einen Ausflug – Papa, Mama, Zosia, ich, Julek, Winusia, und die Herrschaften [Maksymilian oder Józef] Bodyński, Krypiakiewicz, Mandybur (Eugen) – über Klosterneuburg, Weidling, Weidling am Bach.

Kapitel 2

Das Theresianum

1. Eine vorbildliche Schule

In der Favoritenstraße, wo in Nr. 20 die Twardowskis wohnten, befindet sich bis heute die Theresianische Akademie. Die Akademie wurde von Kaiserin Maria Theresia eingerichtet.

Maria Theresia war die älteste Tochter von Karl VI., dessen einziger Sohn noch als Kind starb. Noch vor seinem Tod sicherte Karl VI. mittels der „pragmatischen Sanktion" der Tochter die Thronfolge und deren Anerkennung durch andere europäische Mächte. Maria Theresia regierte mit ihrem 1736 angetrauten Mann Franz Stephan von Lothringen. Er akzeptierte die Rolle als offizieller Mitregent, blieb aber im Schatten seiner Frau. Maria Theresia umgab sich mit zahlreichen fähigen Beratern und führte viele Reformen in den Bereichen Verwaltung, Gerichts- und Schulwesen und Finanzen durch. Während ihrer Herrschaft wurde Österreich zur europäischen Großmacht und Wien zu einem der wichtigsten kulturellen Zentren der westlichen Welt.

Die Favorita. Kolorierte Lithographie

Als Sitz des Theresianums wählte sie das Lieblingspalais ihres Vaters, die Favorita. Während ihrer Kindheit verbrachte die künftige Kaiserin dort viel Zeit, kehrte aber nach dem Tod des geliebten Vaters nicht mehr dorthin zurück. Am 24. Februar 1746 übereignete sie das Gebäude den Jesuiten. Vertraglich wurde die Gründung einer Jesuitenschule unter der Schirmherr-schaft der Monarchin vereinbart. Die Jesuiten hatten sich große Verdienste um das Schulwesen in Österreich erworben: seit 1553 existierte in Wien das *Collegium Nobilium*, in dem auch Polen ihre Ausbildung erhielten, so zum Beispiel der Bibelübersetzer ins Polnische Jakub Wujek (1562–1564) und (der spätere Heilige) Stanisław Kostka (1564–1567).

Zum Zeitpunkt der Übergabe hatte die Favorita bereits eine fast ein-hundertjährige Geschichte als Sommerresidenz der Kaiserfamilie. In der zweiten Hälfte das 17. Jahrhunderts wurde sie ausgebaut, so wurde ein Aufführungssaal für Konzerte, Opern und Schauspiel installiert. 1683 wur-de der Komplex jedoch aus Furcht, die heranziehenden Türken könnten ihn für militärische Zwecke gebrauchen, geschleift. 1690 wiederaufgebaut, diente er ab diesem Zeitpunkt den Kaisern Leopold I., Josef I. und Karl VI. als Sitz.

Die neu eröffnete Schule hieß „Collegium Theresianum" oder kurz „Theresianum". Das Ziel dieser Akademie war die Ausbildung junger klu-ger Köpfe zu soliden Beamten, Diplomaten und Offizieren. Daher um-fasste das Lehrprogramm der Akademie Wirtschaft, Recht und Ingenieur-wesen. Zur gleichen Zeit entstand etwa in Warschau die Szkoła Rycerska (Ritterschule), die bis zur dritten polnischen Teilung eine ähnliche Rolle spielen sollte. Danach wurde sie von der Preußischen Regierung, der dieser Teil Polens samt Hauptstadt zufiel, geschlossen.

1773 hob Papst Clemens XIV. auf Druck der spanischen und französi-schen Monarchen den Jesuitenorden auf. Das war ein schwerer Schlag für das Theresianum; fünf Jahre später löste Joseph II. die Akademie auf und beließ lediglich die Ingenieurschule. 1797 reaktivierte Kaiser Franz I. die Institution und übergab die Leitung den Piaristen. 1807 wurde der Schulsitz umgebaut: er erhielt die klassizistische Fassade und einen großen Garten für die Schüler. Der spätere polnische Philosoph Józef Gołuchowski wurde kurz darauf (1809–1817) Zögling des Theresianums.

Eine treffliche Beschreibung der Institution aus diesen Tagen findet sich bei Jakub Franciszek Kluczycki in den *Pamiątki polskie w Wiedniu i jego okolicach* (Polnische Erinnerungen in Wien und Umgebung) (Krakau 1835, S. 198-199):

In einer Vorstadt von Wieden, in der Favoritengaße wurde 1746 unter 156 von Maria Theresia eine Akademie gegründet und für die Erziehung der adeligen Jugend aus allen österreichischen Landen zur Ausbildung für die zivilen Dienste des Landes bestimmt. Nach der Einnahme eines Teiles von Polen, kam dieses unter österreichische Führung und so fand auch die galizische adelige Jugend dort Platz. Unter Kaiser Joseph II. wurde sie aufgehoben, jedoch unter dem seligen Kaiser Franz wieder geführt. Ihre Inschrift ist diese:

Institutioni Nobilis Juventutis D.M. Theresia primum condidit 1746. Impr. Caesar Franciscus II Aug. restitut 1797.

Unter den 147 Jünglingen, die im Hause ein Gymnasium, eine philosophische Fakultät und eine des Rechts, nach dem im ganzen Staate verbreiteten System, aber des Weiteren auch andere schöne Künste haben, finden sich 18 adelige Jünglinge aus Galizien auf Kosten des Königs; die ersten acht haben ein altes Stipendium, die anderen ein neues. Der Kurator dieses Hauses ist derzeit Graf [Ludwig] Taaffe, der Präsident des höchsten Gerechtigkeitstribunals; die häusliche Ordnung und das Unterrichten obliegen den Priestern böhmischen Piaristen und weltlichen Lehrern. Unter diesen Jünglingen werden die Pagen für den Hof gewählt. Die galizischen Stände, haben wie jedes Land, das Auswahls- und Annahmerecht; frei gewordene Plätze und Aufnahmebedingungen annonciert für unser Land die *Gazeta Lwowska* [Lemberger Zeitung]. Zu den Freiheiten, die den Absolventen dort nach Abschluss der Juristerei gewährt werden, zählt unter anderem auch diese, dass jene, die sich durch Talent und Fleiß auszuzeichnen verstanden, ohne die sogenannten Rigorosen zu den Rechtsdisputen zugelassen werden und den Titel eines Doktors des Rechts erhalten usw.

Außer der mit einem Stipendium bedachten adeligen Jugend werden auch andere aufgenommen, für eine Jahresgebühr von 500 [bis] 600 Fl. C.M.

Die Galatracht der Zöglinge: entsprechender Hut, dunkelblauer Frack mit Goldepauletten und scharlachroten Aufschlägen, gelbe Hosen zu Stiefel oder Strümpfen mit Schuhen, Degen an der Seite. Die ungarischen Jünglinge tragen Nationaltracht.

Vorsicht. Vor kurzem hat die Ordnung Epauletten aufgenommen und seitdem sind weiße oder schwarze Hosen vorgeschrieben.

Ein weiterer wichtiger Einschnitt in der Geschichte des Theresianums war das Jahr 1848 und die Reformen nach der gescheiterten Revolution.

Die Theresianische Akademie wurde in der zweiten Hälfte des 19. Jhs. für das Bürgertum geöffnet. Einer dieser ersten Schüler war der spätere Wiener Bürgermeister Karl Lueger. Die Schule wurde zu einem achtjährigen Gymnasium mit Matura als Abschluss. Die ethnische Zusammensetzung spiegelte zu einem Gutteil den Vielvölkerstaat der Habsburgermonarchie wider. So gab es beispielsweise 1885 unter den 336 Zöglingen folgende Nationalitäten: 225 Deutsche,[1] 59 Ungarn, 25 Polen und außerdem Bulgaren, Kroaten, Tschechen, Griechen, Slowenen, Serben, Türken, Italiener sowie Franzosen und Spanier.

Nach dem Anschluss an das Deutsche Reich wurde die Theresianische Akademie für fast 20 Jahre geschlossen. Die Wiedereröffnung erfolgte 1955. Die Schule hat weiterhin ein klassisches und neusprachliches Profil und erfreut sich noch immer eines großen Renommees. Nur eine Tradition wurde gestürzt: 1998 wurde die erste Schülerin im Theresianum aufgenommen.

2. Das Schicksal von Twardowski im Theresianum

1877–1885 war Kazimierz Twardowski Theresianumszögling; 1883–1892 sein Bruder Juliusz. In Twardowskis Zeit waren die Direktoren der Akademie und des Gymnasiums: Dr. Aleksander Ritter von Pawłowski (Direktor der Akademie 1866–1880), Dr. Alois Egger Ritter von Möllwald (Gymnasiumsdirektor 1878–1893), Dr. Adam Wolf (Direktor der Akademie 1880–1881) sowie Dr. Paul Gautsch von Frankenthurn (Direktor der Akademie 1881–1885).

---

1   Offizielle Diktion für die deutschsprachige Bevölkerung.

Dr. Gautsch, der spätere Kultur- und Erziehungsminister, führte 1883 die Goldmedaille für in jeder Hinsicht ausgezeichnete Theresianer ein, unabhängig von – wie betont wurde – „Geburt, Nationalität und Bekenntnis". Auf dieser Medaille prangte die Inschrift: *Regiae Academiae Theresianae alumnis optime merentibus A. 1883.* Sowohl Kazimierz Twardowski als auch sein Bruder Juliusz wurden mit ihr ausgezeichnet.

Theresianer

Der Schule war ein Internat angeschlossen. Das hohe Unterrichtsniveau wurde durch den sorgsam ausgewählten Lehrkörper und strikte Disziplin sichergestellt. Die Zöglinge genossen allgemein Ansehen, und das

Abschlusszeugnis erleichterte den Start ins Leben wesentlich. Doch waren nicht alle vom Erziehungssystem im Theresianum angetan. Kazimierz Chłędowski, polnischer Minister in der österreichischen Regierung und nebenbei Historiker, Erzähler und Satiriker, erinnert sich:[2]

> In den beinah zwanzig Jahren hatte ich stets junge Theresianum-Zöglinge, die sonntags zu mir zum Mittagessen kamen. Das waren die unangenehmsten Gäste für mich. Wie wenig mochte ich doch diese Anstalt und ihre Erziehungsmethoden. Den Buben wurde dort ein bürokratisch-militärisches Verhalten beigebracht, etwas Unnatürliches in den Bewegungen und eine Altklugheit, die ihrer Jugend nicht anstand. So ein Theresianer war der Meinung, dass er zumindest *Jockey Club* Mitglied sei und Kavalier von weiß was, den alle bewundern müssten. Die würden um Gottes Willen nie mit einem Einspänner fahren oder gar mit dem Omnibus, da sie sonst die Kollegen auslachen könnten. Davon konnte gar keine Rede sein; man könnte ja seinen sozialen Status gefährden. Verwandte, Bekannte, Eltern baten mich jedoch, ihren Sohn, der im *Theresianum* war, sonntags einzuladen. Und ich musste mich dieser gesellschaftlichen Notwendigkeit beugen. Dies war in der Tat ein Opfer; zu sehr gingen mir diese kleinen Hofräte auf die Nerven. Sie waren recht stolz darauf, dass aus ihrer Mitte die Pagen für das Hofzeremoniell ausgewählt wurden. Aber dieser Pagendienst stiegt ihnen noch mehr zu Kopf.

Kazimierz Twardowski zählte sicherlich nicht zu den Sonntagsgästen von Chłędowski. Den Sonntag verbrachte er bei Freunden oder der nur einige hundert Meter entfernten Familie.

---

2   Chłędowski (1957/II), S. 63.

Kazimierz Twardowski als Zögling des Theresianums

Twardowski trat 1877 dank eines Stipendiums aus dem Fonds der galizischen Wydział Krajowy (Landesabteilung) als Eleve ein. Zuvor genoss er Hausunterricht bzw. besuchte eine allgemeine Schule. (Im *Curriculum vitae* von 1892 erwähnt er bloß den Hausunterricht.) In einem wissenschaftlichen Biogramm von 1927 findet sich jedoch ein Hinweis auf den Besuch einer anderen Schule vor dem Besuch des Theresianums. Er lebte in der „Anstalt" (wie er das Internat beharrlich bezeichnete), was ihn zu einem „echten" Theresianer machte. Das Elternhaus in der Favoritenstraße 20 konnte er während der Ausgänge sonn- und feiertags von 13:30 bis 19:30 bzw. 13:30 bis 17:00 besuchen. Die Anzahl der Ausgänge bzw. anderer Freiheiten war von der Klassenstufe und den Lernergebnissen abhängig. Für die oberen Klassen gab es mehr und längere Ausgänge. Als Vorzugsschüler genoss Twardowski zusätzliche Privilegien. Das Schuljahr dauerte von September bis Anfang Juli, aber auch in den anschließenden zweimonatigen Ferien waren die Schüler nicht von bestimmten Aufgaben befreit. Das Schuljahr teilte sich in zwei „Kurse", die im Februar und Juni mit Prüfungen abgeschlossen wurden. Die Schüler erhielten weiters Vierteljahreszeugnisse jeweils zur Semestermitte.

Mit einem gewissen Abstand schätzte Twardowski seinen Aufenthalt in der Akademie wie folgt ein:[3]

> Die Anstalt vermittelte mir nicht nur eine gründliche Bildung und Schulung in den Fächern des klassischen Gymnasiums, sondern ermöglichte mir auch die Aneignung ausgedehnter Sprachkenntnisse, trug durch Turn-, Schwimm-, Exerzier-, Reit- und Fechtunterricht zu meiner körperlichen Ertüchtigung bei und erzog mich zu systematischer ausdauernder Arbeit.

Theresianer

In der Tat scheint die Ausbildung im Theresianum auf entscheidende Weise das spätere intellektuelle Profil Twardowskis bestimmt zu haben. Die hervorragenden Lehrer, das ausgewogene Lehrprogramm sowie der variierte aber fixe Tagesablauf formten Twardowski zu einer arbeitsamen und verantwortungsvollen Persönlichkeit und erweckten in ihm das Interesse an der Wissenschaft.

---

3   Twardowski (1926), S. 1-2.

Theresianer

Der Tagesrhythmus im Theresianum lässt sich gut an den Tagebuchnotizen von 1882 rekonstruieren. Der arbeitsintensive Tagesplan sah folgendermaßen aus:

4.30-8.00 – Lernen vor der Frühstückspause um 6.30 (Dauer 9 Minuten);
8.00-12.00 – Unterricht;
12.00-13.30 – Leibeserziehung;
13.30-14.30 – Freizeit im Garten;
14.30-15.30 – Lernen;
15.30-16.30 – Unterricht;
16.30-17.00 – Zeit im Garten;
17.00-18.00 – Klavierüben;
18.00-19.00 – Englischstunde;
20.00-21.00 – Freizeit;
21.00-22.00 – Zeit zum Lernen, Tagebuchschreiben und fürs Gebet.

Dieser Ablauf wurde durch die Schulordnung vorgegeben, einzig das frühe Lernen scheint (nach den Aufzeichnungen) freiwillig gewesen zu sein. Auf Basis der *Jahres-Berichte der Theresianischen Akademie* lässt sich das Lehrprogramm für die fortlaufenden Jahre im Gymnasium rekonstruieren. Für Twardowski waren die Pflichtfächer:

I Klasse: Religion, Latein, Deutsch, Geographie, Mathematik, Naturgeschichte.
II Klasse: Religion, Latein, Deutsch, Geographie und Geschichte, Mathematik, Naturgeschichte.

III Klasse: Religion, Latein, Griechisch, Deutsch, Geographie und Geschichte, Mathematik, Naturwissenschaft.

IV Klasse: Religion, Latein, Griechisch, Deutsch, Geographie und Geschichte, Mathematik, Physik (Mechanik).

V-VI Klasse: Religion, Latein, Griechisch, Deutsch, Geschichte und
Geographie, Mathematik, Naturgeschichte.

VII Klasse: Religion, Latein, Griechisch, Deutsch, Geschichte und
Geographie, Mathematik, Physik, Propädeutikum Philosophie (Logik und
Elemente aus Psychologie).

VIII Klasse: Religion, Latein, Griechisch, Deutsch, Geschichte und
Geographie, Mathematik, Physik, Propädeutikum Philosophie (empirische
Psychologie).

Kazimierz Twardowski (stehend, zweiter von links)
mit Schulkollegen des Theresianums

Zusätzlich hatten die Schüler wählbare Freifächer. Höchstwahrschein-
lich gehörte für Twardowski Polnisch dazu, das damals von Stanisław
Nowiński (1837–1911) unterrichtet wurde. Außerdem hatte Kazimierz
Englisch- und Französischstunden.

In der Autobiographie vermerkt er folgende Lehrer:[4]

Der eine von ihnen, ein Piaristen-Ordenspriester, Franz Wurzner, unterrichtete mich durch fünf Jahre im Griechischen. Er verstand es, in
seinen Schülern Liebe und Verständnis für die Antike zu wecken, in

4   Twardowski (1926), S. 2.

deren Bann ich seither stehe. Als besonders wertvoll erwies sich hierbei für meine späteren philosophischen Studien die im Gymnasium erworbene Beherrschung der alten Sprachen. Der andere, Friedrich Berndt, war mein Lehrer in der deutschen Geschichte, Sprache und philosophischen Propädeutik. Ich glaube, dass seine Bemühungen, uns an eine bündige, sachliche, schlichte Ausdrucksweise zu gewöhnen, bei mir nicht ohne Erfolg waren.

Die restlichen Professoren, mit denen Twardowski vermutlich zu tun hatte, waren Prof. Leopold Becker (Geschichte und Deutsch), Prof. Eduard Hermann (Latein und Deutsch), Prof. Georg Kotek (Latein und Griechisch), Prof. Isidor Kukutsch (Latein und Griechisch), Prof. Johann Leinkauf (Religion: Katholisch), Dr. Alois Egger Ritter von Möllwald (Deutsch und Geschichte), Prof. Robert Christian Riedl (Latein und Griechisch), Dr. Jakob Rumpf (Latein und Deutsch), Prof. Franz Then (Naturgeschichte und Mathematik) und Prof. Franz Zöchbauer (Latein und Deutsch).

Im Theresianum gab es zu jener Zeit zwei Lehrer für Philosophie: Alois Höfler, ein Schüler Franz Brentanos und Alexius Meinong, Philosoph, Psychologe, Physiker und Mathematiker sowie der bereits oben erwähnte Friedrich Berndt. Der Gymnasiast Twardowski traf nicht auf Höfler (er lernte ihn erst später, während des Hochschulstudiums kennen). Er bedauerte dies sehr, da er von Kollegen viel Gutes über dessen Unterricht gehört hatte. Obwohl Twardowski Berndt schätzte, gefiel ihm dessen Propädeutikum Philosophie weniger. Viele Jahre später vermutete er den Grund im damaligen Standardwerk *Philosophische Propädeutik* von Robert Zimmermann, das ganz im Geiste Herbarts geschrieben war, mit dem sich Berndt nicht anfreunden konnte. Twardowski blieb nicht verborgen, dass Berndt eigene Untersuchungen zur Geschichte der Logik anstellte.[5]

Twardowski war ab seinem Eintritt ein ausgezeichneter Schüler, was er selbst bestätigte: „Ich [wurde] gleich vom ersten Schuljahr an primus der Klasse".[6] Im Schularchiv figuriert er im ersten Jahr zwar noch als Zweiter, ab dem zweiten war er jedoch ununterbrochen Klassenbester. 1884 erhielt er die Goldmedaille für seine Lernergebnisse, und die Matura bestand er mit Vorzug. Einzig in Mathematik hatte er Schwierigkeiten, in der sechsten Klasse erreichte er da bloß ein Genügend. Daher organisierten die Eltern Nachhilfeunterricht in diesem Fach.

---

5   Berndt (1881).
6   Twardowski (1926), S. 1.

Twardowski tat sich in der Schule nicht nur als ausgezeichneter Schüler, sondern auch als begabter Musiker hervor. Sein Klavierlehrer im Theresianum war Anton Ciol, ein Absolvent des Wiener Konservatoriums. Twardowski trat in den Konzertabenden der Schule als Pianist auf und spielte während der Gottesdienste Orgel. In den *Jahres-Berichten der Theresianischen Akademie* und seinen *Tagebüchern* finden sich Hinweise auf diese schulischen Auftritte. Am 13. Mai 1880 führte er mit einem Kollegen aus Anlass des Geburtstages von Kaiserin Maria Theresia den dritten Satz von Mozarts *D-Dur Sonate* für zwei Klaviere auf. Am 22. Dezember 1882 spielte er die Klavierfassung der Ouvertüre zu Mendelssohns *Sommernachtstraum* und während eines Konzerts am 20. Dezember 1883, zum Geburtstag der Kaiserin, Chopins *As-Dur Polonaise* sowie den Klavierteil im Orchester (aus der Ouvertüre der *Lustigen Weiber von Windsor* und eine Romanza von Robaudi: *Alla stella confidente*).[7] Wie wichtig für die Schulleitung diese Aufführungen waren, mag die Tatsache belegen, dass die Ausführenden nach den Aufführungen vom Direktor des Theresianums zu einem feierlichen Abendessen eingeladen wurden. (Twardowski erwähnt dies zweimal in den *Tagebüchern*.)

Sowohl seine schulischen als auch musikalischen Leistungen wurden mehrfach ausgezeichnet. Die häufigeren und längeren Ausgänge wurden bereits erwähnt. Besondere Formen der Anerkennung waren auch das Einzelzimmer im letzten Schuljahr sowie Buchpreise seitens des Direktors. Einschließlich jener aus der sechsten Klasse waren dies: Karl Ernst Georges *Lateinisch-deutsches Schulwörterbuch* (1876); II. Klasse: Heinrich Wilhelm Stoll, *Bilder aus dem altgriechische und altrömische Leben* (1870–1877); III. Klasse: Karl Schenkl, *Griechisch-deutsches Schulwörterbuch* (1879); IV. Klasse: Karl Schenkl, *Deutsch-grechisches Schulwörterbuch* (1873); Heinrich Wilhelm *Stoll, Handbuch der Religion und Mythologie der Griechen und Römer* (1864); V. Klasse: Josef Chavanne, *Die Sahara oder von Oase zu Oase* (1879).

Als bester Schüler der Abschlussklasse hatte Twardowski auch das Privileg, zur Akademiefeier eine eigene Rede zu halten. Dazu findet sich 1884 folgender Vermerk:[8]

Samstag den 4. October 1884 wurde das Namensfest Sr. Majestät des Kaisers durch ein solennes Hochamt in der akad. Kirche gefeiert, das der hochw. Canonicus und inf. Abt Friedrich R. v. Fries celebrierte. Vorher hatten sich die Schüler des Gymnasiums, der Lehr- und Erziehungskörper und die Akademie-Direction im Festsaale zu einem

---

7   Vgl. *Jahres-Bericht der Theresianischen Akademie* 1881–1885.
8   *Jahres-Bericht der Theresianischen Akademie* (1885), S. 40.

feierlichen Acte eingefunden, dem auch Se. Excellenz der Herr Curator und der Herr kön. ung. Regierungscommissär v. Barthos beiwohnten. Vor dem festlich geschmückten Bilde Sr. Majestät hielt Zögling Casimir Twardowski R. v. Ogonczyk die Festrede über das Thema:

Mein Öst'reich, herrlich Öst'reich, wo gleicht dir noch ein Land?
Du trägst als Schild die Treue, halt' fest den Schild Demant.

(A[nastasius] Grün)

Der Auftritt war mit Sicherheit eine Auszeichnung für Twardowski, obwohl das „Mein Österreich" sicher ambivalent war (s. Kapitel 6).

Twardowski schloss im Frühjahr 1885 mit der Matura ab. Der schriftliche Teil fand vom 18. bis zum 22. Mai statt. Dank des *Jahres-Berichts der Theresianischen Akademie* 1885 ist die inhaltliche Aufgabenstellung bekannt (Twardowski erwähnt sie, wenn auch nicht ausführlich, ebenfalls in den *Tagebüchern* und einem Brief an den Vater).

I. Deutsche Sprache
Der Gegensatz in der weltgeschichtlichen Stellung Griechenlands und Roms, charakterisiert nach den Worten Vergils:

Excudunt alii spirantia mollius aera,
Credo equidem, vivos ducent de marmore voltus;
Orabunt causas melius, caelique meatus
Describunt radio et surgentia sidera dicent:
Tu regere imperio populos, Romane, memento
Hae tibi erunt artes: pacique imponere morem,
Parcere subiectis et debellare superbos.

(Aen VI., 847-853)

Aus den *Tagebüchern*:

> (18. Mai 1885.) Heute begann die schriftliche Matura. Das Thema in Deutsch: „Die Gegenwart in der weltgeschichtlichen Stellung Griechenlands und Roms, charakterisiert nach Vergil" (Aen VI 847-53). Dauerte von 8 bis 1.

II. Lateinische Sprache
1) Aus dem Deutschen ins Lateinisches: Nach Peter, *Geschichte Roms*, III, B. II, Abth. S. 12.
2) Aus dem Lateinischen ins Deutsche: Vergil, *Aneis*, VIII, 306-345.

Aus den *Tagebüchern*:

> (20. Mai 1885.) Deutsch–Latein: 9-12. Abschnitt aus Peters *Geschichte Roms*. (22. Mai 1885) Latein–Deutsch: Äneis Vergil VII 306-45.

III. Übersetzung aus dem Griechischen
Platon, *Menon* Cp 28 und 29

Aus den *Tagebüchern*: „21. Mai 1885.) Griechisch-Deutsch: Abschnitt aus Platon *Menon*."

IV. Mathematische Themen
1. Welche Werte der Unbekannten genügen den beiden Gleichungen:
   1) ... $4x - 3y + 1 = 0$
   2) ... $64x^3 - 27y^3 + 217 = 0$?
2. Jemand will von einem Capitale pr. 1000 fl., welches mit halbjäriger Zinsencapitalisierung bereits 10 Jahre zu 4% anliegend gewesen, die derzeit noch nicht ganz erreichte Summe pr. 1506 fl. beheben. Wie lange wird dies Capital zu diesem Zwecke noch liegen bleiben müssen, vorausgesetzt, dass die Verzinsung bis zum Vortage der Capitalsbehebung erfolgt?
3. Eine 20 cm hohe Pyramide, deren Seitenkanten gegen die quadratische Basis eine Neigung von 70°, 50° 30° haben, werde durch einen mit der Basis parallelen Schnitt in zwei gleichhohe Theile getheilt; welchen Rauminhalt hat der größere von beiden?
4. Von der Curve: $y^2 - 1/4\ x = 0$ im rechtwinkeligen Coordinatensysteme schneidet die Gerade: $y - 2/4\ x = 0$ einen Bogen ab, so dass ein Flächensegment entsteht. Wie groß ist die Maßzahl der Fläche des diesem Segmente eingeschriebenen gleichschenkeligen Dreieckes?

Aus den *Tagebüchern*:

> (19. Mai 1885.) Heute Mathematik. Vier lange und recht schwierige Aufgaben. Prüfung von acht bis zwölf.

Kazimierz Twardowski (stehend, erster von links) als Zögling des Theresianums

Einen Tag nach der schriftlichen Matura schreibt Twardowski an den Vater (der dienstlich verreist war):

(23. Mai 1885.) Lieber Papa! Gestern hatten wir den letzten schriftlichen Teil. Alles ist gut gelaufen. Am Nachmittag hatten wir Ausgang von halb zwei bis halb fünf. Von heute zwölf bis Montag ¾ neun haben wir frei. Herr [Direktor Paul] Gautsch war während der Prüfung recht gnädig zu mir; er kam und fragte, wie es bei mir so laufe, ich glaube allerdings nur, um anhand meiner Arbeit, den anderen zu helfen.

Den mündlichen Teil bestand Twardowski am 13. Juni 1885 in den Fächern Latein, Griechisch und Mathematik (von den anderen war er befreit). In den *Tagebüchern* steht an diesem Datum:

Prüfung mit der Auszeichnung geschafft. Der Schulinspektor äußerte sich sehr löblich zu meiner Prüfung.

Derart beendet er seine Ausbildung im Theresianum, sein Verhältnis zur Institution sollte jedoch ein weiteres halbes Jahr andauern (mehr darüber in Kapitel 3).

3. Das Theresianum in den Augen Twardowskis

Aus der gesamten Wiener Periode lassen sich die Jahre 1881 bis 1896 auf
Basis der Tagebücher am besten rekonstruieren. Besonders eingehend
werden das Schuljahr 1882/1883 sowie der Herbst 1885 behandelt. Hier
erfolgten die Einträge täglich. Des Weiteren erfolgte ein beachtlicher Wan-
del innerhalb der Tagebücher über die Jahre. Intensiv persönlich ist es von
1882 bis 1883, als Twardowski nicht nur seine „interne" Chronik zu Papier
brachte, sondern auch sein „inneres" Geistesleben beschrieb. Das hängt
mit der detaillierten Adressatin in dieser Zeit zusammen: seine erste große
Liebe Maria Gąsowska. Als diese Ansprechperson fehlte, wurden die Eintragungen seltener und allgemein weniger intim. Auch über die Schule erfährt man immer weniger, weil sich Kazimierz auf die Vorgänge außerhalb
konzentrierte.

In der Autobiographie vermerkt Twardowski die schmerzliche Einschränkung seiner Freiheit im Theresianum. Die sechste Klasse Gymnasium (1882/1883) war in dieser Hinsicht besonders schwierig, da er sich nicht
nur nach seiner geliebten „Misia" (Maria) sondern auch nach Polen und
den Eltern sehnte. Diese wohnten zwar in unmittelbarer Nähe, waren aber
durch die Schulmauern unerreichbar. Bereits während der ersten Schultage
schrieb er:

(13. September 1882.) Ich kann nicht glauben, dass ich das ganze Jahr
in Wien innerhalb dieser geweißten, für mich aber schwarzen, Mauern
bleiben muss. Nein, das kann nicht sein!

Im Herbst 1882 wollte Twardowski austreten und seine Ausbildung an einem Gymnasium in Galizien fortsetzen. Da er aber als eventuellen Ort
Tarnów angibt, wo seine geliebte Misia lebte, ist schwer zu bewerten, ob
ihm eher an einer polnischen Schule oder der Nähe zu Maria gelegen war.
Er schrieb:

(30. September 1882.) Mein Gott! Kann es denn nicht sein, dass ich im
Vaterland lebe und dort lerne? Kann das nicht sein? Ich könnte nach
Tarnów fahren und dort ins Gymnasium gehen. Ach! Dort wäre ich mit
meiner Heimat und dem Vaterland verbunden. Hier aber? Hier bin ich
physisch, weil moralisch krank. Hier werde ich nicht glücklich werden.
Ich kann es nicht. Was soll ich mit einer Zukunft, wie man sie mir vor-
hersagt, wenn sie mich nicht glücklich machen kann?

Diesen Abschnitt aus den *Tagebüchern* schickte Kazimierz in Briefform an die Mutter. Der einzige Unterschied zwischen der Tagebucheintragung und jenem Brief ist die Ersetzung von „Tarnów" durch „Heimat". Höchstwahrscheinlich wollte Twardowski seiner Mutter nicht verraten, welche Rolle die Gefühle zu einer Frau in seinem patriotischen Empfinden einnimmt.

Gleichzeitig informiert er Maria, dass ihn weniger der Unterricht selbst quäle, als die Methode:

(20. November 1882.) Es ist einfach unglaublich, wieviel wir lernen müssen. Darum möchte ich das Theresianum verlassen. Dann könnte ich mir die Zeit nach eigenem Belieben einteilen. Soviel Verstand habe ich schon und außerdem hätte ein paar Mal die Woche eine Abwechslung. Und hier außer den Schul- soviele Nebenfächer, dass wir kaum Zeit zum Schlafen finden, höchstens sechseinhalb von 24 Stunden. Denk nur, dass ich erst um halb zehn abends todmüde ins Bett komme. Bis ich einschlafe ist es zehn und um halb fünf spätestens muss ich bereits aufstehen. Was für ein Leben!

(9. Januar 1883.) Heute habe ich sehr viel gearbeitet. Um fünf bin ich bereits aufgestanden und jetzt ist es elf Uhr in der Nacht. Praktisch den ganzen Tag habe ich pausenlos gelernt. Was aber hätte ich nicht alles arbeiten können, wenn ich für dies und das Zeit und Lust hätte!

Im Herbst 1882 war seine Ermüdung so groß, dass er sich entschloss, um Befreiung von den Englischstunden zu bitten, damit er Zeit habe, sich auf die anderen Gegenstände vorzubereiten. In den *Tagebüchern* notierte er:

(30. November 1882.) Heute bat ich Befreiung von Englisch – wurde gewährt. Gott sei Dank habe ich dadurch etwas Zeit gewonnen, weil ich dienstags und donnerstags, wo ich bis jetzt Englisch hatte, am meisten lernen muss. Jetzt kann ich ein paar Mal in der Woche bis sechs schlafen und muss nicht um halb fünf aufstehen.

Kazimierz Twardowski (sitzend, zweiter von rechts)
mit Schulkollegen des Theresianums

Die große Energie, die Twardowski auf die Unterrichtsvorbereitung ver-
wandte, schlug sich negativ auf seine Gesundheit und sein Wohlbefinden
nieder. Er litt unter häufigen Magenschmerzen, Migräne und manchmal
tagelangen Fieberschüben. In dieser Beziehung war er keine Ausnahme. An
bestimmter Stelle erinnert er sich eines Kollegen, der aus Überarbeitung
während der Maturavorbereitung einen Nervenzusammenbruch erlitt:

(6. Mai 1883.) Mein Kollege [Walerian?] Pińczykowski erkrankte vor
wenigen Tagen an Gebirnerweiterung [urschriftlich] auf Grund der
Überforderung beim Lernen. Gestern ging es ihm besser, er konnte das
Bett verlassen, doch heute in der Nacht hatte er einfach so eine starke
Wahnsinnsattacke, dass ich mir große Sorgen mache.

Das mangelnde Wohlbefinden von Twardowski im Theresianum hängt
auch sicher damit zusammen, dass er dort keine Freunde hatte. In den *Ta-*
gebüchern gibt es keinerlei Hinweis auf engere Kontakte zu den Kollegen. In
einem Brief vom 5. Februar 1884 schreibt er unumwunden an den Vater:

Ohne entsprechende Gesellschaft habe ich eben über die Jahre Ver-
schiedenstes gelesen …

Trotz der ernsthaften Schwierigkeiten von Twardowski wollten seine Eltern, wie bereits erwähnt, keineswegs dem Verzicht seines Stipendiumsplatzes zustimmen. Die Situation war allerdings so ernst, dass Pius Twardowski beschloss, persönlich einzuschreiten. Anfangs wandte er sich mit der Bitte an die Direktion Theresianums, seinen Sohn zu beurlauben. Dem wurde auch stattgegeben, wenn auch der Urlaub darin bestand, dass Kazimierz zu Hause wohnte, aber den vollen Schulbetrieb mitmachte. Dieser Zustand dauerte von Weihnachten 1892 bis Februar 1893. In den *Tagebüchern* dazu:

(12. Dezember 1882.) Heute erteilte mir der Anstaltsdirektor die Urlaubsgenehmigung von Weihnachten an bis zum Ende des ersten Semesters. Ich werde zu Hause wohnen und das Theresianische Gymnasium besuchen. Gute Zeiten brechen an, werde ich doch nach eigenem Gutdünken arbeiten können und nicht nach einer geltenden Zeiteinteilung. Ach, wird das schön, mit Vater, Mutter, der Familie zu Hause zu wohnen. Momente der Kindheit kehren wieder, kehren wieder, um dann nie, nie wieder …

Theresianum. Das Schlafzimmer

Dieser Aufenthalt während des Faschings daheim, voller Unterhaltungen, tat Kazimierz in der Tat sehr gut. In den späteren Tagebucheintragungen werden die Unannehmlichkeiten der theresianischen Hausordnung nicht mehr erwähnt.

Außer Zweifel steht, dass Twardowski ein äußerst gewissenhafter Schüler war. Der Hauptgrund dürfte das Bestreben gewesen sein, die Schule nicht nur abzuschließen, sondern dies mit hervorragenden Noten zu tun (vgl. Kapitel 6). Dass er sich dessen bewusst war, beweisen die *Tagebücher*:

(13. November 1882.) Unglaublich viel Arbeit. Ob ich das so lange durchhalte? Andere lernen in diesem Fach nur, wenn sie vermuten, dass man sie aufrufen wird; ich könnte das nicht.

Dem Ehrgeiz entsprach bei Twardowski auch ein starkes Gerechtigkeitsgefühl. Er wollte Klassenbester sein und war nicht grundlos davon überzeugt, dass ihm das zustand. Jeden Misserfolg auf diesem Gebiet durchlebte er intensiv, was jeweils in den *Tagebüchern* Niederschlag fand:

(19. Dezember 1882.) Heute ist etwas Unangenehmes passiert. Vorgestern war Konferenz; heute habe ich erfahren, dass ich keinen Vorzug habe; ich bin immer noch Klassenbester, was mich freut; in der ganzen Klasse gibt es keinen Vorzug.
(24. April 1883.) Ich hab die Schulaufgabe nicht geschafft. Das ist für mich ein großes Ärgernis – ach! – ein riesiges Ärgernis.
(10. Mai 1883.) Heute bekamen wir die Viertelsjahreszeugnisse. Meines ist ganz hervorragend, aber die eine Note in Mathematik (Genügend) verdirbt es mir.

Theresianum. Die Kapelle

Das Verhältnis zu den Lehrern war, wie vom Primus zu erwarten, allgemein gut. Mehrfach wird Lob von Seiten der Direktion und der Professoren erwähnt. In der Maturaklasse kam es allerdings zu einem Zwischenfall, der ihn durch die Ungerechtigkeit sehr empörte. In seinen Worten:

(5. Februar 1885.) Heute musste ich erneut erleben, dass Unrecht und Ungerechtigkeit auf der Welt immer sein werden. Ich wurde heute zum zweiten mal im Kurs in Psychologie geprüft (morgen ist Konferenz; alle wurden zumindest 3 geprüft). Die Frage lautete „Wie läßt sich die Entstehung der Sprache erklären?" [urschriftlich], und von früher „Was versteht man unter sich sinnlichen und übersinnlichen Vorstellungen?" [urschriftlich]. Meine Antworten waren fehlerfrei und ich bekam ein „löblich"![9] Sie wollen mich von der Spitze weghaben! Mal sehen, ob ihnen das gelingt. Morgen habe ich Prüfung in Griechisch um ein „ansehnlich" in diesem Fach zu kriegen.
(6. Februar 1885.) Die wollen mir den ersten Platz streitig machen. Irgendwie ist das dem Klassensprecher auch fast gelungen. Ich will hier nicht beschreiben [wie], um diese Schande nicht zu verewigen. [Das ist] Ein Mensch ohne Charakter. Basta! Die Prüfung in Griechisch habe ich mit „Gut" bestanden – ich erwartete ein „ansehnlich".

Den Konkurrenten auf den ersten Platz war aber kein Erfolg beschieden:

(7. Februar 1885.) Gestern Abend sagte mir Direktor G[autsch] beim Abendessen, dass ich ein sehr schönes Zeugnis hätte; über meinen Rivalen sagte er nichts. Anscheinend hat das ganze Manöver nichts eingebracht. […] Bin neugierig, wie mich die Professoren heute schief anschauen werden.

Unklar ist, wer denn als Klassenbester ausersehen war und wie genau dieses Ziel hätte erreicht werden sollen. Es ist aber ein brauchbares Sittenbild bezüglich der Zustände in der Theresianischen Akademie. Dieser Vorfall schlug Twardowski natürlich auf die Gesundheit:

(6. Februar 1885.) Am Abend fürchterliche Kopfschmerzen – sei es aus Ärger oder der erhöhten geistigen Anstrengungen der letzten Wochen;

---

9   Die damalige Benotungsskala für die Fortschritte im Unterricht war folgende: vortrefflich, vorzüglich (oder gut), löblich, zulänglich, genügend, ungenügend und ganz ungenügend.

ich kann mich nicht erinnern, je so starke Kopfschmerzen gehabt zu
haben.

*   *   *

1927 organisierte eine Gruppe polnischer ehemaliger Theresianer ein Treffen, nach welchem ein Brief an jene Absolventen verfasst wurde, die dem
Treffen ferngeblieben waren:

> Im Namen der, am 1. Dezember 1927 beim Treffen der ehemaligen
> Theresianer im Lokal des Klub Ziemiański [Landklub] in Warschau ver-
> sammelten Kollegen, nämlich: Obmann J. Sawicki, Minister [J.] Twar-
> dowski, W. Adamkiewicz, A. Bieńkowski, W. Biesiadecki, J. Bogdański,
> S. Czaykowski, A. Dąbrowski, W. Gniewosz, Z. Hoszowski, Fr. A.
> de Lago, J. Moszyński, A. Graf Romer, [K.] Graf Skarżyński [und] J.
> Więckowski, verlautbaren wir wie folgt:
>
> 1. Die Versammlung drückt ihr Bedauern aus über das festgestellte
> Desinteresse an der Notwendigkeit der Kontaktpflege unter der zahl-
> reichen Schar ehemaliger Theresianums-Zöglinge und über die Ver-
> nachlässigung der Verbindung unter Kollegen bzw. spricht sich beson-
> ders für eine lebhafte Propaganda zu Gunsten der Pflege der aus der
> Akademie hervorgegangenen Traditionen aus.
>
> 2. Die Versammlung rief die Kollegen auf, sämtliche Initiativen
> zu unterstützen, die in Polen die Errichtung einer wissenschaftlichen
> Anstalt fördert, welche sich an dem bis dato in Europa unerreichten
> Vorbild der Theresianischen Akademie orientierte, und in Übereinstim-
> mung mit der öffentlichen Meinung steht, welche die Notwendigkeit
> einer solchen Anstalt verspürt.
>
> 3. Die Versammlung vertagte sich formal bis auf Samstag, den 12.
> Mai d.J., wenn bei zahlreicherer Teilnahme der Kollegen die organisato-
> rischen Angelegenheiten unseres Vereins besprochen werden sollen.
>
> Angesichts des Obigen bitten wir höflichst um ein verpflichtendes
> Erscheinen am 12. Mai d.J. um sechs Uhr Abend im Kaffeehaus Hotel
> Europejski, von wo aus die Teilnehmer der Versammlung sich zu ei-
> nem gemeinsamen Abendessen bzw. weiteren Beratungen in den Klub
> Ziemiański begeben werden.
> Warschau, am 20. April 1928
>
> J[an] Sawicki   A[dam] Graf Romer
>   Obmann   Viceobmann

Kazimierz Twardowski reagierte auf den obigen Brief folgendermaßen:

Lemberg, am 29. April 1928
Liebe Kollegen!
    Nachdem ich Mitteilung vom abgehaltenen Treffen vom 10. Dezember 1927 der ehemaligen Theresianer samt Einladung zur Teilnahme an der Versammlung, die am 12. Mai stattfinden soll, erhalten habe, fühle ich mich, was meine Person betrifft, verpflichtet, mich bezüglich des „festgestellten Desinteresses an der Notwendigkeit der Kontaktpflege unter der zahlreichen Schar ehemaliger Theresianums-Zöglinge und der Vernachlässigung der Verbindung unter Kollegen" zu rechtfertigen. Ich stelle fest, dass es sehr schwer fällt Kontakt zu Kollegen aufzunehmen und zu pflegen, mit denen mich nichts außer der Tatsache verbindet, dass wir ehemalige Zöglinge der Theresianischen Akademie sind. Trennend dagegen ist oftmals ein nicht unerheblicher Altersunterschied bzw. vollkommen unterschiedliche Wirkungsfelder und Lebensinteressen; oft kennen wir uns persönlich nicht. Es ist auch schwer die Notwendigkeit der „Pflege der aus der Akademie hervorgegangenen Traditionen" einzusehen, da nicht klar ist um welche Traditionen es sich hier handeln soll. Hier muss ich auch gestehen, dass mich, sooft ich an eine Versammlung der wenigen in Lemberg lebenden ehemaligen Theresianer dachte, ernsthafte Zweifel überkamen, ob so eine Zusammenführung von Erfolg gekrönt sein könnte, angesichts eines, meiner Meinung nach, fehlenden Bindeglieds, das diese Ehemaligen einander näher bringen könnte. Daher unternahm ich bis jetzt in dieser Richtung keine Schritte.
    Vielleicht könnte die ganze Sache ja konkretere Formen annehmen, wenn es uns gelänge, ein gemeinsames Ziel zu finden; natürlich nicht politisch, sondern gesellschaftlich, kulturell oder ähnliches.
    Es sollte mich freuen, in diesen Angelegenheiten mit den Kollegen ins Gespräch zu kommen und vielleicht ergibt sich dazu am 12. Mai eine Gelegenheit. An diesem Tag werde ich nämlich in Warschau an der Sitzung des Rana Naukowa Kasy im. Mianowskiego [Wissenschaftsrat der Mianowski-Kassa] teilnehmen. Ich weiß nur nicht, ob diese Sitzung, die am Abend stattfindet, sich nicht solange hinziehen wird, dass ich noch an der Debatte werde teilnehmen können.
    Für alle Fälle bitte ich, mir die Adresse des Klub Ziemiański mitzuteilen, damit ich mich eventuell noch zu später Stunde zur Sitzung begeben kann.
                    Mit herzlichen kollegialen Grüßen – Kazimierz Twardowski.

Alles weist darauf hin, dass Twardowskis Vorahnung richtig war. Über die
Gründung eines Vereins der Theresianer in Polen ist nichts bekannt.

4. Interessen und Pläne des jungen Schülers

Vor allem über das Lesen fand Twardowski neben dem Unterricht Zeit,
eigene Interessen zu entwickeln.

Eingangs sei die Philosophie vermerkt, da sie schließlich auch (auf
Grund verschiedener zusätzlicher Reize) die Oberhand behielt. Twardowski
erinnerte sich nach Jahren, dass die Lektüre von *Kraft und Stoff* des Atheisten und Materialisten Friedrich Büchner, mit dem er in der dritten Klasse
in Berührung kam, der erste Anstoß zu philosophischen Überlegungen gewesen sei. Seine Begabung zu genauer und kritischer Analyse bzw. solider
Argumentation, die Twardowski bereits damals erkennen ließ, beweisen die
folgenden Lektüreerinnerungen:[10]

> Diese erste Bekanntschaft mit einer von der katholischen verschiedenen,
> ja ihr geradezu feindlichen Weltanschauung machte einen großen Ein-
> druck auf mich. Dieser Eindruck schwächte sich aber rasch ab, als mir
> bei aufmerksamer Lektüre zum Bewußtsein kam, daß die Ausführungen
> Büchners von logischen Mängeln strotzten. Ich legte mir sofort ein Heft
> an, in welchem ich die in logischer Hinsicht fehlerhaften Ausführungen
> Büchners eintrug und ihre Fehlerhaftigkeit – da ich natürlich damals von
> den Regeln der Logik keine Kenntnis hatte – in einer Weise aufzeigte,
> daß ich die von Büchner gewählte Art der Beweisführung auf ein ent-
> sprechend anderes konkretes Beispiel übertrug, wo die Unzulänglichkeit
> derselben klar zutage trat.

Ein weiterer – äußerst unterschiedlicher! – philosophischer Impuls war
die Lektüre der *Selbstbetrachtungen* von Marc Aurel, die Twardowski in der
sechsten Klasse begann und zu der er häufig zurückkehren sollte. Die sto-
ische Philosophie, schrieb er, hätte großen Eindruck auf ihn gemacht und
sei nicht ohne Einfluss auf seine gesamte Lebenseinstellung geblieben. Sein
Interesse am Stoizismus erörterte er dem Vater in einem Brief vom 5. Februar 1884:

---

10   Twardowski (1926), S. 3.

Ich glaube den Grund gefunden zu haben, warum Sie mich für sauer-
töpfisch halten. Ich weiß nicht, ob ich Ihnen schon gesagt habe, dass ab
jenem Zeitpunkt, da ich erstmals etwas aus der stoischen Philosophie
gefunden habe, ich mich seltsam davon angezogen fühle; ich versuche
nach ihren Prinzipien zu leben, genauer gesagt nach den Maximen des
Marc Aurel, eines Stoikers und römischen Kaisers aus dem 2. Jh. n.
Chr. Die Lehre der Stoiker ist rigoros und erlaubt für gewöhnlich nicht,
den sogenannten Annehmlichkeiten zuzusprechen; ihr Hauptprinzip
ist das *Leben nach der Natur*. Aus diesem Grund gehe ich beispielsweise nicht zum Tanz, rauche nicht und vom Zeitvertreib wähle ich nur
jene, die etwas vermitteln und unterhalten. Der natürliche Verlauf ist
nämlich das unablässige Bestreben unbekannte Dinge zu lernen. Ich
fühle und mit mir wird – wie mir scheinen mag – jeder Stoiker spüren,
dass, wenn auch andere Arten des Zeitvertreibs viel angenehmer und
unterhaltsamer sein mögen, wir sie gering achten, beinhalten sie doch
keinen Erfahrungswert. Durch die Gegensätzlichkeit der menschlichen
Gelüste, die ein Produkt menschlicher Schwäche sind, und jener Ver-
pflichtung, die von keinem Vorgesetzten oder einer Macht diktiert werden kann, sondern bloß vom eigenen Verstand, entsteht eine gewisse
seelische Unruhe, die ja mit dem ruhigen Gewissen verbunden ist, die
mich darin bestätigt, nur das zu tun, was ich gegen Menschen mit anderer Meinung, mit Hilfe von Zeugen, die der genialsten Nation weltweit
entstammen, verteidigen könnte. Mit der Zeit weicht dann diese Unruhe und der oben erwähnte Friede bleibt; das allerdings erst im fortge-
schrittenen Alter; dabei gehen dem Jüngling Herz und Wille unter der
Herrschaft des Verstandes über; bevor der Wille sich daran gewöhnt,
ihm zu gehorchen und ohne *Widerwillen* sein Herz nach den Befehlen
des Kopfes zu richten, solange ist an inneren Frieden nicht zu denken;
Die stoischen Prinzipien bringen des Weiteren jene Ernsthaftigkeit mit
sich, die in meinem Fall *Blasiertheit* [urschriftlich] genannt wird – aus
dieser Ernsthaftigkeit bin ich schwer zu bringen; selbst wenn sie mich
ab und an verlässt, so bin ich doch umso mehr bemüht ernsthaft zu
sein, um wieder wettzumachen, was mir als Fehler erscheint. Mag man
sagen, dass ich zu früh mit dem Stoizismus begonnen hätte, aber es ist
nicht meine Schuld.

Am Rande sei angemerkt, dass Twardowski seinen Vorsätzen bezüglich des
Tanzens und Rauchens nicht lange treu bleiben sollte. Dazu zwei weitere
Tagebuchausschnitte:

(30. Dezember 1882.) Nach meinem neuen Brauch habe ich nicht getanzt.

(11. Januar 1883.) Heute Abend waren wir (Papa, Mama, Zosia, ich) im Hotel Victoria. Habe etwas getanzt, geplaudert und musste ständig an Lemberg denken.

Zwei Jahre darauf schrieb er angesichts der angespannten finanziellen Situation der Familie:

(1. Februar 1885.) Es geht auch ohne Tabakqualm und Zigarren; muss es mir also abgewöhnen, und wenn es mir gelingen sollte, fühle ich mich berechtigt, sämtliche Enthaltsamkeiten, mit Ausnahme jener, die dem Naturrecht widersprechen, einzufordern.

Einige Tage später bekennt er:

(5. Februar 1885.) Ich musste auch erkennen, dass es mir ein Unmögliches ist, mich immer des Rauchens zu enthalten. So ein Tag setzt mir doch recht zu; und jetzt, da ich so intensiv lernen muss, darf ich durch die stoischen Übungen keine Kräfte vergeuden. Es gilt also einen Weg zu finden, um Geld für Tabak zu verdienen (damit auf der väterlichen Tasche zu liegen wäre unbarmherzig): Ich zweifle aber sehr, ob so ein Mittel leicht zu finden sein wird.

Józef Krypiakiewicz, der zu jener Zeit in Wien Medizin studierte, verwies seinen Freund Twardowski in der Maturaklasse auf Charles Darwins *Über die Entstehung der Arten*, die Arbeiten des österreichischen Pathologen Salomon Stricker zur Sprachentstehung sowie auf die psychologischen und philosophisch-naturwissenschaftlichen Schriften von Julian Ochorowicz. Twardowski erwähnt es in den *Tagebüchern*:

(5 Februar 1885.) Seit geraumer Zeit lese ich Ochorowicz' *Z dziennika psychologa* [Aus dem Tagebuch eines Psychologen]. Es beschäftigt mich sehr. Ich erkenne, dass gewisse Dinge und zahlreiche menschliche Schwächen keine Schande sind, wie ich vormals vermutete – das verwende ich hauptsächlich bis jetzt.

Als Folge der Lektüre entstanden u.a. eigene Aufzeichnung aus diesem Themenkreis:

(23. Februar 1885.) Vor einigen Tagen machte ich seltsame psychologische Beobachtungen. Ich lag am Abend im Bett und las. Da kam ein Kollege. Ich sprach mit ihm. Während ich ihn anblickte und nur sein Gesicht sah, kam es mir (sic!) viel kleiner vor, als hätte ich es von weitem gesehen. Bis jetzt kann ich mir das nicht erklären. Heute hatte ich eine äußerst seltsame Assoziation in einer Reproduktion. Ich korrigierte die Übung eines Kollegen in Latein. Da stand der Satz „Ubi e finibus Austriae excersit, max at Saxioniae inferioris fines pervanit". Die Zusammenstellung der Ausdrücke „ubi – max" erinnerte mich an einen Cholijambus ($_5$ – – $_5$); wahrscheinlich deshalb, weil das Tempo, dessen Vorstellung durch den Ausdruck „ubi" („sofort wenn") hervorgerufen wird, auf ähnliche Art abgebremst wird wie durch die durch das Wort „max" („sofort, später") hervorgerufene Vorstellung, wie der flüssige Takt des jambus ($_5$ –') durch das plötzliche Kürzen des Metrums auf (–' $_5$). Daraus wird ersichtlich, wie groß die Ähnlichkeiten in der Vorstellung (in der Reproduktion) werden können.

Dies sind die ersten Beobachtungen Twardowskis, die Selbstbeobachtung und Analyse bewusster Akte und damit Methoden der Brentano-Schule sind, mit der Twardowski erst Jahre später, an der Universität Wien, in Kontakt treten wird.

Gleichzeitig mit dem Interesse an der Philosophie zeigten sich auch andere Vorlieben. Ein schulisches Steckenpferd war die Lyrik. Er verschlang die polnischen Romantiker, was bis zu einem gewissen Grad im überschwänglichen Stil der Tagebücher seinen Niederschlag fand. Seine eigenen poetischen Versuche unternahm er in Polnisch und Deutsch. Ein erhaltenes Heft mit deutschsprachiger Lyrik wird vom Gedicht „Nachtgebet" eröffnet, das Karl Navratil vertonte. In Polnisch verfasste er vorrangig patriotische und Liebesgedichte. Da sind zwei deutsche lyrische Versuche aus dem Jahr 1882:

An Constanze!

Es ist eine schöne Kunst
Menschen kennenlernen,
Das Verderben in dem Sein
Sondern und Entfernen.

Wann man Menschen kennen lernt
Muss man sie verstehen

Und dazu muss wieder man
Zu ihr Innres sehen.

Und dabei geschieht es oft,
Dass sie sich gefallen
In den Morgen hören sie
Liebe Leute schallen.

Und auch so geschah es mir
Menschen wollt ich finden
Aber balde sah ich auch
Freundeshand mich binden.

Ist die Liebe noch so heiß
Muss sie doch erkalten,
Aber wahre Freundschaft nimm
Alle Zeit sich halten.

Sieh, Du bist die Freundin mir.
Lass dich nicht entschlüpfen
Über solche Freundin wollt
Ich vor Freunde hüpfen.

Aber ganze Menschen sehn
Gerne nur das Ganze.
Ach wie steif nur Fräulein klingt
Und wie schön „Constanze"!

1795

1.

In meines Vaters Hause
Da hängt ein altes Bild,
Man fand es auf dem Schlachtfeld,
Dem Schlachtfeld – blutig – wild.

Schön war das Bild wo[h]l immer,
Doch war's auch wunderbar
Es warnte wenn ein Unglück
Für uns im Anzug war.

Der weiße Greis im Bilde

Erblaßte jedesmal
Wenn sich um eins vermehrte
Der Unglücksfalle Zahl.

2.

Was mag es nur bedeuten
Dass seit so langer Zeit
Der Alte sich bewahrte
Die Ruh' und Heiterkeit?

Ist's kunstgen Sturmes Vorbot
Ist's Anfang künftgen Glück
Ist's Täuschung ist es Wahn mir
Des jetztgen Augenblicks?

Der kehre ich nach langsam
Ausbleiben wieder heim
Ja, ich kehrte wohl zurück
Doch kehrt ich nimmer heim.

Denn in der Hand der Alte
Hält einen schwarzen Brief,
Sein Antlitz bleich, so schrecklich
Als obs um Hilfe rief.

Schnell öffne ich das Siegel –
Bursch – schaff das Ross mir her
He – falte mir den Bügel,
Hab keine Heimat mehr.

Wien, 17 September [1]882

Pius Twardowski versuchte eines davon in Krakau zu veröffentlichen. Die *Tagebücher* wissen zu berichten:

> (1. März 1884.) Papa veranlasste mein Gedicht des siegreichen polnischen Jahres „Stałem na Kośckuszki kopcu …!" [„Auf Kościuszkos Hügel ich stand …!"] in Krakau zu drucken.

Ob es erschien, ist ungewiss.

Er versuchte sich auch als Übersetzer. In der sechsten Klasse begann er die Nachdichtung von Juliusz Słowackis *Anhelli* ins Deutsche (die er jedoch nicht zu Ende brachte). Anlass war wahrscheinlich die neu entstandene Zeitschrift *Slavische Rundschau*, die Übertragungen aus dem Slawischen brachte. In den *Tagebüchern* lesen wir:

(7. Oktober 1882.) Seit Samstag erscheint in Wien die Wochenzeitschrift *Slavische Rundschau* in Redaktion von Hrn. [Grzegorz] Smólski. Er verfolgt das Ziel, die Deutschen mit den Arbeiten des slawischen Geistes bekannt zu machen. Papa schickte mir heute die erste Nummer. Wenn die Deutschen ihre Vorurteile überwinden können, wird dem wahrscheinlich Erfolg beschieden sein.

Wie erwähnt, lernte Twardowski im Theresianum Griechisch, Latein, Englisch und Französisch. Sein Interesse an philologischen Fragen war daher nur natürlich. In der sechsten Klasse las er beispielsweise mit größtem Interesse die Arbeiten von Graf Karol Załuski *O języku perskim i tegoż pismiennictwie* (Über das Persische und sein Schriftwesen) (vgl. die Eintragung vom 3. April 1883).

Eine gewisse Zeit lang war Twardowski auch an den Naturwissenschaften interessiert. Ein Anreiz war in diesem Fall sicher die Bekanntschaft mit Baron Roman Gostkowski, der ihm Lektürehinweise auf diesem Gebiet gab. Twardowski selbst notierte, dass die Beschäftigung mit den Naturwissenschaften anstatt mit Lyrik positive Auswirkungen auf seine Psyche hätte. Dieses Interesse lebte nach Jahren neu auf, als er im Rahmen seines Philosophie-Studiums Vorlesungen aus Physik und Mathematik besuchte (womit er, wie erwähnt, im Theresianum gewisse Schwierigkeiten hatte).

Die Pläne für das künftige Studium änderte Twardowski mehrmals. Anfangs hatte er vor, nach dem Schulabschluss die Orientalische Akademie zu besuchen. Diese Einrichtung war ebenfalls von Maria Theresia ins Leben gerufen worden und befand sich in unmittelbarer Umgebung des Theresianums (heute befindet sich hier die Diplomatische Akademie). Ihre Aufgabe war die Ausbildung künftiger Diplomaten; die Studenten wurden vor allem in Ostsprachen und der Kunst der Diplomatie unterrichtet. Twardowski schreibt in den *Tagebüchern*:

(25. Oktober 1882.) Gestern beschloss ich, nach Abschluss des Gymnasium die Orientalische Akademie zu besuchen. Ich sprach darüber mit Papa und wir trafen folgende Übereinkunft: Nach Abschluss des Gymnasium, und dies wird das Theresianum sein, besuche ich die Ori-

entalische Akademie (1885); mein Bruder Julek wird meinen Platz im Theresianum einnehmen.

In den Aufzeichnungen nur einige Monate später heißt es:

(17. Februar 1883.) Ich muss eine gewisse Sache erwähnen, die meine Zukunft beeinflusst. Ich war letzte Woche in der Orientalischen Akademie und musste erfahren, dass es dort keine freien Plätze gibt; ein Eintritt dort ist also sehr zweifelhaft.

Ende 1883 sind die Pläne zum Eintritt in die Akademie jedoch wieder aktuell:

(30. Dezember 1883.) Ich spiele mit dem Gedanken, und dies mit großer Lust, in die Orientalische Akademie einzutreten. Dieses mein altes Vorhaben hatte ich zwischenzeitlich aufgegeben; jetzt habe ich es erneut aufgegriffen.

1885 dachte Twardowski unter dem Einfluss von Krypiakiewicz an den Anwaltsberuf:

(14. April 1885.) Nach längerem Nachdenken und Überlegen beschloss ich den Anwaltsberuf zu wählen. Gebe Gott, dass ich mein Vorhaben glücklich zu Ende bringen möchte.

Es ist schwer zu sagen, was letztlich Twardowski sowohl davon abbrachte in der Orientalischen Akademie zu studieren, als auch Jurist zu werden.

In seiner Autobiographie findet sich auch der Hinweis, dass er überlegte die Musikerlaufbahn einzuschlagen. Fest steht, das Twardowski kein schlechter Pianist war; er dachte jedoch nicht an eine Karriere als Solist, sondern wollte vielmehr Dirigent oder Komponist werden. Jahre später gestand er allerdings ein:[11]

Ich habe es übrigens nie bedauert, nicht den Künstlerberuf ergriffen zu haben.

---

11 Twardowski (1926), S. 4.

Die Musik war ihm jedoch stets wichtig. Sein ganzes Leben lang spielte er gern Klavier; er komponierte auch ein wenig, hauptsächlich Lieder (leider ist wahrscheinlich von allen Kompositionen nur ein Lied erhalten geblieben). Während seines Studiums schrieb er für die Wiener Presse Musikkritiken. In späterer Zeit widmete er sich der Musiktheorie und -ästhetik. Überdies begann er an einem Musikwörterbuch zu arbeiten.[12] Er war ein echter Musikliebhaber. Ein bezeichnender Ausschnitt aus einem Brief an den Bruder vom 22. August 1936:

> Von den Salzburger *Meistersingern* wurde nur der dritte Akt nach Polen übertragen – ich hörte ihn natürlich in geistiger Andacht mit dem Klavierauszug vor Augen. Die Präzision der Ausführung hinterließ einen enormen Eindruck! Wie genoß ich die Schönheit dieses Werkes! Zwei Tage darauf hörte ich die Übertragung des mittäglichen Philharmoniekonzerts aus Salzburg unter der Leitung von [Artur] Rodziński […]. Das Konzert war zeitgenössischer Musik gewidmet. Mit welcher Freude hörte ich unter den vorgetragenen Stücken [Franz] Schmidts Variationen zu einem gewissen Thema von Beethoven für Klavier und Orchester, gespielt mit linker Hand von [Paul] Wittgenstein. Außerdem hatte das Orchester nun Möglichkeit zu zeigen, was es kann (Strawiński usw.) – es klang einfach großartig. […] Damals als ich die 2. Symphonie von Brahms hörte, war es auch dabei und außerdem noch im selben Konzert bei der Ouvertüre zu *Euryanthe* [Webers] und der 1. Symphonie von Schumann.

Nach der Matura plante Twardowski, wie erwähnt, nach Lemberg zu übersiedeln, um an der dortigen Universität zu studieren. Davon handelt ein Brief an den Vater vom 23. Mai 1885:

> Was meinen Aufenthalt in Lemberg betrifft, so stelle ich ihn mir so vor. Mein Lebensziel ist die Arbeit für's Land. Früher oder später werde ich nach Galizien übersiedeln müssen. Je früher, desto besser, denn dadurch werde ich Zeit haben, mein Polnisch zu verbessern, und zweitens wäre es schade, nachdem ich gesellschaftliche Kontakte in Wien aufgebaut hätte, diese abzubrechen, um in Galizien neue zu suchen. Es wäre besser, so will mir scheinen, noch vor dem Knüpfen solcher Verbindungen Wien zu verlassen.

---

12   Vgl. Twardowski (2005).

Letztlich hatte der Verbleib in Wien wohl drei Gründe: die Einwilligung in den Wunsch der Eltern (welche dies unverholen von ihm erwarteten), der Vorsatz, den Bruder zu unterstützen (für den auf Grund des Verbleibs in Wien die Chance auf ein Stipendium im Theresianum gewahrt blieb) sowie die Liebe zu Eliza Albrecht, die 1885 entflammte.

Kapitel 3

Das Studium

1. Universität Wien

Die Universität Wien ist die älteste bis heute bestehende Universität im deutschsprachigen Raum. Sie wurde 1365, ein Jahr nach der Universität Krakau, als *Alma Mater Rudolphina Vindobonensis* von Herzog Rudolf IV. gegründet. Papst Urban V. bestätigte die Stiftung am 18. Juni d.J., ohne jedoch die Erlaubnis zur Eröffnung einer theologischen Fakultät zu erteilen. Erst unter Herzog Albrecht III. konnte die Universität mit allen vier Fakultäten, der theologischen, juristischen und medizinischen Fakultät sowie der Fakultät der freien Künste (später in die philosophische Fakultät umgestaltet) eröffnet werden.

Das Gebäude der Wiener Universität (vor 1915)

Die Universität entwickelte sich schnell und war zu Beginn des 15. Jhs. die größte Hochschule auf dem Gebiet des Hl. Römischen Reiches. Die Wiener *Alma Mater* – im Sinne Gemeinschaft der Lehrenden und Lernenden – erfreute sich jener Privilegien, wie sie in jener Zeit für Universitäten typisch waren, also vor allem der Unabhängigkeit von weltlicher und geistlicher Herrschaft. Die Universitätsmitglieder waren von Steuern und

Kriegsdienst befreit. Sie unterstanden einer eigenen Jurisdiktion, die vom Rektor ausgeübt wurde.

Ab 1384 (nach anderen Quellen bereits 1366) wurden die Studenten der Universität Wien in vier Akademische Nationen aufgeteilt. Diese Einteilung dauerte, obwohl längst überholt, bis 1838. Die Österreichische Nation umfasste die Studenten aus den habsburgischen Ländern, aber auch aus Italien; die Rheinische Nation Scholaren aus Bayern, Schwaben, Franken, Hessen, vom Niederrhein und aus dem westeuropäischen Raum; die Ungarische Nation nicht nur Magyaren, sondern auch Studenten aus Böhmen, Mähren, Polen und den übrigen slawischen Ländern; die Sächsische Nation schließlich Studenten aus Norddeutschland, Skandinavien und von den britischen Inseln. Im Mittelalter stellten diese Nationen ein Gegengewicht zu den Fakultäten dar, die von Magistern und Doktoren gebildet wurden. Die freigewählten Nationsprokuratoren hatten das Recht der Rektorenwahl. Sie gingen auch sozialen Aufgaben nach. Jede Nation hatte ihren Patron.

Wie viele andere europäische Akademien erlebte auch die Universität Wien – *sui generis* päpstliche Institution – während der Reformation eine Krise, die durch externe Faktoren (Brand der Stadt 1525, Türkeninvasion 1529, Epidemien und der wirtschaftliche Niedergang der Stadt) und nicht zuletzt durch universitäre Konkurrenz verstärkt wurde. Kaiser Ferdinand brachte 1551 den Jesuitenorden an die Wiener Universität, der dem Patronat der Kirche unterstand. 1558 sicherte der Kaiser den Jesuiten zwei Lehrstühle an der theologischen Fakultät. Sie eröffneten auch ein humanistisches Kollegium, dem die philosophische Fakultät angeschlossen wurde. Besiegelt wurde der katholische Charakter der Universität durch die Absetzung des protestantischen Rektors Johann Baptist Schwartenhalter sowie durch die Besetzung der Funktion des Kanzlers mit dem Katholiken Melchior Khlesl, der alle Absolventen zu einer Loyalitätserklärung gegenüber dem Trientinischen Konzil zwang. Kaiser Ferdinand erhöhte gleichzeitig die finanzielle Kontrolle der Universität, indem er das Professorengehalt einführte. 1623 übergab Ferdinand II. die philosophische und theologische Fakultät zur Gänze den Jesuiten.

In der ersten Hälfte des 18. Jhs. verloren Universität und Jesuiten zunehmend an Ansehen. Vor allem der schlechte Zustand der weltlichen Fakultäten, denen sie nicht die entsprechende Aufmerksamkeit widmeten, wurde kritisiert. Kaiserin Maria Theresia beauftragte daher ihren Hofarzt Gerard van Swieten mit grundlegenden Reformen. Als Konsequenz wurden die Jesuiten schrittweise aus der Universität gedrängt (1773 kam es zur Auflösung des Ordens). 1783 ersetzte Deutsch das Lateinische als Unterrichtssprache. 1778 wurden Protestanten zugelassen und 1782 wurde die Zugangsbeschränkung für Juden an der medizinischen und juristischen Fakultät aufgehoben. In diesem Zusammenhang wurde auch der Eid auf den katholischen Glauben aufgehoben. Das Lehrprogramm wurde aktualisiert, an der medizinischen Fakultät entstanden neue Lehrstühle (z. B. Botanik und Chemie), erste Veranstaltungen in klinischer Medizin wurden abgehalten und das Allgemeine Krankenhaus sowie der Botanische Garten eingerichtet. Diese Maßnahmen müssen gegriffen haben, da einer der wichtigsten Köpfe der Aufklärung in Polen, Jędrzej Śniadecki, zum Studium der Chemie und Medizin 1793 bis 1795 nach Wien kam.

Die Revolution 1848 bedeutete einen dramatischen Einschnitt für die Universität. Unzufriedenheit mit dem politischen System und mit den Studienbedingungen führten in Kombination mit den liberalen Bewegungen in Europa zum Aufruhr unter den Studenten, die zusammen mit den Doktoranden an der Spitze der Revolution standen. Am 12. März 1848 überreichten sie dem Kaiser einen Forderungskatalog zur Vergrößerung der akademischen Freiheit und verlangten eine Verfassung. Die Akademische Legion wurde gegründet, und im Herbst kam es zu bewaffneten Auseinandersetzungen mit Polizei und Militär. Die Staatsmacht ging entschieden vor, als der Kriegsminister vom Mob gelyncht worden war. Im Oktober 1848 schlug die österreichische Armee den Aufstand nieder. Viele Studenten verstärkten darauf hin die Reihen der ungarischen Aufständischen. Ein Teil der Revolutionäre wurde verhaftet und zwangsrekrutiert. Der Lehrbetrieb wurde erst im März 1849 wieder aufgenommen.

Nach 1848 wurde das Unterrichtsministerium unter Minister Leo Graf Thun-Hohenstein gegründet, der zahlreiche Änderungen im Erziehungssystem initiierte. Die philosophische Fakultät wurde den anderen gleichgestellt, d. h. zu einer gewöhnlichen wissenschaftlichen Forschungsfakultät gemacht. Die akademischen Nationen wurden aufgehoben und jede Fakultät erhielt ein Professoren- und Doktorenkollegium. Auch das Mittelschulwesen wurde vereinheitlicht auf ein achtjähriges Gymnasium mit Matura. 1867 wurde in die Dezemberverfassung jener Artikel 17 eingeführt, für den die Studenten im Völkerfrühling kämpften: „Die Wissenschaft und ihre Lehre ist [sind] frei".

Zwischen 1877 und 1884 entstand das neue Universitätsgebäude im Rahmen des Ringstraßenausbaus (genauso wie Parlament, Burgtheater, Rathaus etc.). Die feierliche Eröffnung in Gegenwart des Kaisers erfolgte am 11. Oktober 1884.

Ende des 19. Jahrhunderts wurden, später als an anderen Universitäten mit Ausnahme Preußens, Frauen zum Hochschulstudium zugelassen. Ab 1897 war das Studium an der philosophischen Fakultät, ab 1900 an der medizinischen, und ab 1919 an der juristischen für Studentinnen zugänglich. Einzig die Fakultät für protestantische und katholische Theologie öffneten sich für Frauen erst 1923 bzw. 1949.

Derzeit ist die Universität Wien die größte österreichische Wissenschaftsinstitution und beschäftigt 6.500 Personen in der Lehre. Hier belegen derzeit etwa 74.000 Studenten 200 Fächer.

Die Universität brachte neun Nobelpreisträger hervor: Robert Bárány (Medizin, 1914), Julius Wagner-Jauregg (Medizin, 1927), Hans Fischer (Chemie, 1930), Karl Landsteiner (Medizin, 1930), Erwin Schrödinger (Physik, 1933), Victor Franz Hess (Physik, 1936), Otto Loewi (Medizin, 1936), Konrad Lorenz (Medizin, 1973) und Friedrich Hayek (Wirtschaft, 1974).

Mit dem 15. Jahrhundert beginnen Polen an der Universität Wien zu studieren und zu lehren, z. B. der Philosoph Johann [Jan] von Glogau (1497–1498). Im 16. Jahrhundert studierten in Wien u.a. der Philologe Stanisław Orzechowski (1528–1531) und der (Al-)Chemist Michał Sędziwój [Sendivogius Polonus] (1591–1592). 1792–1797 kam der große Botaniker Stanisław Jundziłł als Stipendiat der Nationalen Erziehungskommission nach Wien.

Die Anzahl der in Wien studierenden Polen stieg sprunghaft im 19. Jahrhundert, als die akademische Jugend aus Galizien nach Wien kam. So studierten im akademischen Jahr 1876/1877 284 Polen an der Universität Wien (119 Recht, 83 Medizin, 56 Philosophie, 26 Theologie). Vom Umfang dieser Steigerung zeugen Daten, die vier Universitäten umfassen (Wien, Leoben, Graz und Innsbruck). 1889/1890 studierten hier 384 Polen, 1903/1904 waren es 534 (davon 245 an der Universität Wien), 1909/1910 bereits 850 und 1913/1914 schließlich 1246.

Nicht wenige der in Wien studierenden Polen machten in der Philosophie Karriere. Da gab es Doktoren der Theologie wie Wojciech Gabryl (1892), der Philosophie wie Wojciech Dzieduszycki (1871), der Biologie wie Tadeusz Garbowski (1891 Doktorat, 1891 Habilitation) oder Physik wie Marian Smoluchowski (1895 Doktorat, 1898 Habilitation). Über kürzere oder längere Zeit studierten in Wien u.a. Władysław Witwicki (1901–1902), Edward Stamm (1908–1909), Stefan Błachowski (1909) oder Izydora Dąmbska (1930).

2. Die Anfänge

Twardowski selbst bezeichnete die Studienjahre als „strahlende Zeit schönster Erinnerungen". Sein vierjähriges Studium absolvierte er von 1885 bis 1889, die Doktoratsprüfung erst 1891, und die Promotion fand 1892 statt. Man kann also die Studentenzeit von 1885 bis 1892 datieren.

Leider führte Twardowski in diesen Jahren, mit Ausnahme von 1885, nicht Tagebuch (zumindest ist keines erhalten geblieben). Daher basiert die Rekonstruktion dieses Lebensabschnittes hauptsächlich auf offiziellen Dokumenten bzw. der Korrespondenz.

Es sei daran erinnert, dass Twardowski im Juni 1885 maturierte. Gleich im Anschluss fuhr er, wie auch die Jahre zuvor, nach Neumarkt, wo seine Familie und der Freund Józef Krypiakiewicz den Sommer verbrachten. Im September sollte er nach Galizien fahren, allerdings zwangen ihn persönliche Gründe, den Monatsbeginn in Wien zu verbringen. In den Ferien lernte Twardowski Eliza Albrecht – eine, wie er über sie schrieb, „entzückende", aber schwer kranke Frau – kennen. Während dieses Sommers wurde ihre Tuberkuloseerkrankung akut. Nachdem er in Wien eingetroffen war, besuchte Kazimierz sie täglich, manchmal gar zweimal pro Tag (mehr darüber in Kapitel 5).

Wie erwähnt, plante Pius Twardowski bereits seit 1882, dass Kazimierz' jüngerer Bruder Juliusz den Platz im Theresianum übernehmen solle. Diese Angelegenheit erforderte zahlreiche Schritte und zog sich höchstwahrscheinlich in die Länge. Genau lässt sich nicht zurückverfolgen, wie sie nach der bestandenen Matura von Kazimierz verlief. Fest steht jedenfalls: Die Absolventen des Theresianums konnten weiter die Privilegien der Anstalt genießen, sofern sie sich für ein Studium der Rechte entschieden. Kazimierz konnte also durch Angabe eines Rechtsstudiums weiterhin nach Abschluss der Schule seinen Platz behalten und so auf Zeit spielen, um etwas in Sachen Juliusz zu erreichen; und tatsächlich inskribierte Kazimierz am Juridicum der Universität Wien. Dank dessen verweilte er noch weitere Monate im (bzw. besuchte er das) Theresianum. Im November 1885 wurde bei einer Sitzung des Landtages in Lemberg Juliusz dieser Platz zugesprochen, der schließlich im Jänner 1886 eintrat. Außerdem erwähnt Kazimierz, dass ihn „äußere Beweggründe" zur Aufnahme des Jurastudiums bewogen hätten. Das legt die Vermutung nahe, dass er diesen Schritt vor allem setzte, um den Platz im Theresianum bis zum Eintritt seines Bruders zu behalten.

Im Universitätsarchiv sind Twardowskis Immatrikulation an der Rechtsfakultät sowie die Liste jener Vorlesungen, zu denen er sich damals einschrieb, erhalten geblieben. Es waren dies die Veranstaltungen bei Adolf Exner (Prof. für Römisches Recht), Heinrich Siegl (Prof. für Rechtsgeschichte, u.a. des deutschen Rechts), Theodor Vogt (Prof. für Pädagogik) und Heinrich Ritter von Zeissberg (Prof. für Geschichte).

Die Eintragung von Kazimierz Twardowski für das 1. Semester
(Juristische Fakultät)

Das begonnene Jurastudium wird von Twardowski kurz in seinem Lebenslauf, welcher der Doktorarbeit von 1891 angefügt wurde, erwähnt. Mit einem Satz vermerkt er sie zu Ende der *Tagebücher*: „Heute kam ich als Jurist in die Anstalt zurück". Trotzdem lässt die Wahl dieses Studiums eine Frage unbeantwortet: Twardowski nahm wahrscheinlich nie an jenen Vorlesungen, zu denen er sich eingetragen hatte, teil. Dieser Verdacht drängt sich bei der Durchsicht der *Tagebücher* auf, die ausgerechnet von Oktober bis Dezember des ersten Semesters 1885/1886 täglich und sehr detailliert geführt wurden. Twardowski hatte in dieser Zeit einen intensiven Tagesablauf. Er war für polnische Organisationen tätig, ging zu Konzerten, traf Freunde, las und schrieb viel, suchte angestrengt nach einer Stellung und besuchte täglich die schwerkranke Eliza. Ab Dezember wiederum lebte er in Jezupol, ein paar hundert Kilometer von Wien entfernt, was ein aktives Studium unmöglich machte.

Das Gebäude der Wiener Universität (2009)

Auf der anderen Seite hatte Twardowski noch einige Monate zuvor – wie wir uns erinnern – für eine gewisse Zeit den Beruf eines Juristen erwogen (wozu ihn Krypiakiewicz ermuntert hatte). Es ist nicht klar, warum er diese Idee verwarf. Augenscheinlich fiel die Entscheidung aber vor der Immatrikulation: Es war also nicht so, dass der Inhalt der Vorlesungen ihn vom Juristenberuf abbrachte. Auf jeden Fall hatte sich Twardowski bereits im Frühjahr 1896 entschlossen, sein Philosophiestudium nicht nur abzuschließen, sondern sich auch in dieser Disziplin zu habilitieren und sich der wissenschaftlichen Arbeit zu widmen.

3. *Ognisko*

Im Herbst 1885 schloss sich Twardowski der Polnischen Studentenvereinigung Polskie Stowarzyszenie Akademickie *Ognisko* (Der Herd) an. Dies ist insofern bemerkenswert, da es als erstes Zeichen für jenes öffentliche Engagement, wie es Twardowski in reiferen Lebensjahren an den Tag legte, gesehen werden kann.

Ognisko war die erste legale Organisation der polnischen studierenden Jugend in Wien. Sie wurde 1864 auf Initiative von Ferdynand Kucharski, eines Studenten am Polytechnischen Institut Wien, gegründet. An der Entstehung hatte auch Pius Twardowski aktiv Anteil, der seit 1873 Ehrenmitglied war. In den Vereinsprotokollen finden sich zahlreiche Hinweise auf Unterstützungen, die Pius dem *Ognisko* gewährte. So half er der Vereinsbibliothek durch wertvolle Buchspenden aus eigenen Beständen. Des Weiteren war er Vertrauensmann der Organisation: fast zwanzig Jahre lang leitete und verwaltete er den sogenannten „Eisernen Fonds" und war stets um dessen Vermehrung bemüht. Von dieser Funktion trat er erst zurück, als er Vorsitzender einer anderen Organisation von Auslandspolen, der *Strzecha* (Dach), wurde. Durch ihn hatten die Mitglieder von *Ognisko* auch engen Kontakt zur *Strzecha*. 1895 steht im Rechenschaftsbericht von *Ognisko*:[1]

> Unser besonderer und tiefer Dank gilt dem Herrn Rat für seine vorbildliche, aufopfernde, bereitwillige und wohlgesonnene Tätigkeit für den Verein und seine materielle Seite. Der Name von Rat Pius Twardowski wird auf immer in dankbarer Erinnerung mit der Vereinsgeschichte verbunden bleiben.

Kazimierz Twardowski wird daher als Sohn mit der Vereinstätigkeit von klein auf vertraut gewesen sein. Diese war auf Bildungsarbeit, Selbststudium, die Organisation wissenschaftlicher Vorträge und kultureller Veranstaltungen sowie die materielle Unterstützung bedürftiger Studenten ausgerichtet. Im Vereinsstatut war zu lesen:[2]

> [Hauptziel des Vereins ist] die Pflege des vaterländischen Gedankengutes, das die jungen Geister mit dem starken Band einheitlicher Prinzipien und edler Bestrebungen zu nationaler Arbeit verbindet, sowie

---

1   Sprawozdanie (1895), S. 8.
2   Sprawozdanie (1887), S. 3.

der Schutz vor fremden Einflüssen, welche geeignet wären, die heißen patriotischen Gefühle zu kühlen.

Die Zahl der Vereinsmitglieder von *Ognisko* war starken Schwankungen unterworfen. So zählte der Verein 1866 43 ordentliche Mitglieder und im Rekordjahr 1881 210 ordentliche, 76 unterstützende und 13 Ehrenmitglieder. Die ordentlichen Mitglieder rekrutierten sich aus sämtlichen Wiener Hochschulen: der Universität, dem Polytechnischen Institut, der Landwirtschaftlichen Akademie, der Handelsakademie, der Akademie der Schönen Künste, dem Konservatorium sowie den Priesterseminaren. Die Mehrheit der in Wien studierenden Polen zu vereinigen gelang jedoch nie.

Die Vereinsmitglieder organisierten Umzüge aus Anlass von Jahrestagen aus der polnischen Geschichte bzw. zu bedeutenden Gestalten der polnischen Kultur. So wurden der 3. Mai (Verfassung – Nationalfeiertag), der Kościuszko-, November- und Jänneraufstand sowie natürlich der Entsatz von Wien begangen. Zu Geburts- oder Todestagen großer Polen (Chopin, Mickiewicz, Krasiński, Słowacki) wurden Lyrik- und Konzertabende organisiert. Im *Ognisko* fanden auch wissenschaftliche Vorträge von Vereinsmitgliedern oder geladenen Gästen statt. In den Rechenschaftsberichten von *Ognisko* wird die aufwendige Feier zum zwanzigsten Todestag von Mickiewicz 1875 besonders erwähnt.

Wann genau Kazimierz Twardowski *Ognisko*-Vereinsmitglied wurde, ist unbekannt. Die erste Erwähnung des Vereins in den *Tagebüchern* datiert Anfang 1885:

(22. Februar 1885.) Danach ging ich zu Kr[ypiakiewicz] in den *Ognisko*. Ich lernte Hrn. Dr. [Jan] Hanusz, einen Linguistikdozenten von der hiesigen Universität, und den Präsidenten von *Ognisko*, Hrn. [Karol] Bartoszewski, kennen. Krypiakiewicz hatte einen Vortrag zu „Podstawy fizjologiczne myślenia w słowach" [„Die physiologischen Denkgrundlagen der Wörter"]. Es war sehr gelungen. Bei mir verstärkte der Vortrag das Bedürfnis zur Auseinandersetzung mit der Psychologie.

Krypiakiewicz, Freund von Twardowski und ein aktives Vereinsmitglied in dieser Zeit, war sicher für den intensiveren Kontakt von Twardowski mit dem Verein mitverantwortlich.

Die aktivste Periode von Twardowski im *Ognisko* fällt auf den Herbst 1885. Am 8. November wurde er in die Programmkommission und ins „Sekretär"-Komitee für den Mickiewicz-Abend gewählt. Zu seinen Auf-

gaben zählten die Zusammenstellung das Abendprogrammes, die Auswahl
der Musiker für das Konzert, die Reservierung von Saal und Flügel und die
Einladung für die Gäste. Er selbst spielte als Gesangsbegleitung. Die Vorbereitung der Veranstaltung nahm mehrere Wochen in Anspruch. Einige
Ausschnitte zu diesen Vorbereitungen aus den *Tagebüchern*:

> (10. Oktober 1885.) Ich war […] bei Hrn. [Roman] Kochanowski, um
> ihn zu bitten, er möge an unserem Mickiewicz-Abend teilnehmen.
> (12. Oktober 1885.) Am Abend war ich im *Ognisko*, um an der Sitzung
> des Komitees teilzunehmen. Krypiakiewicz war auch da, genauso wie
> [Wacław?] Zaleski, der Mitglied im *Ognisko* wurde.
> (16. Oktober 1885.) Am Nachmittag [war ich] bei Fräulein Tarnawska
> [Tochter von Leonard?], die beim Mickiewicz-Abend anstatt Fräulein
> Goldmann [Tochter von Bernard?], die uns gestern absagte, spielen
> wird. Zu Mittag war ich bei Frau Wołoszczakowa [die Frau von Eusta-
> chy oder Eugeniusz?], die beim Abend singen soll.
> (24. Oktober 1885.) Ich war am Morgen zu Hause, wo ich mit Frau
> Wołoszczakowa jene Lieder einübte, die sie am Sonntagabend singen
> soll.
> (25. Oktober 1885.) Am Vormittag war ich mit Hrn. [Michał] Fatau,
> bei Herrn [Józef] Herold, dem Geiger, der beim Abend spielen soll.
> Danach waren wir bei Hrn. [Leopold] Zellner, um den Saal zu bestellen.
> (26. Oktober 1885.) Mit Flatau war ich bei Hrn. [Ludwig] Bösendorfer,
> um einen Flügel zu erbitten, welchen er zuzustellen, uns versprach. Da-
> nach war ich zum Singen mit Fr. Wołoszczakowa und Hrn. Borkowski.
> […] Am Abend im *Ognisko* auf der Sitzung der Programmkommission.
> Ich legte das Programm fest.

Der von Twardowski organisierte Mickiewicz-Abend fand schließlich am
29. November statt. Die Veranstaltung war ein voller Erfolg. Die letzten
Vorbereitungen für den Abend fielen bei Twardowski mit den Vorbereitungen zum Verlassen von Wien zusammen.

4. In Jezupol

Mit Abschluss des Theresianums war Twardowski auf der Suche nach einer Einkunftsquelle, da er beschlossen hatte, seinen Eltern nicht weiter auf
der Tasche zu liegen. Wahrscheinlich hatte er vor, seine weitere Ausbildung

selbst zu finanzieren. Vielleicht war auch die Entscheidung für ein Philoso-
phie- und gegen ein Jurastudium mitentscheidend. Die Arbeit fand er über
Vermittlung von Krypiakiewicz, der ihm hinterbrachte, dass Graf Wojciech
Dzieduszycki einen Hauslehrer für seine Kinder suche. Entschlossen nahm
Twardowski das Stellenangebot unverzüglich an und notierte dies in den
Tagebüchern:

> (22. Oktober 1885.) Józek schlug mir, zu ausgezeichneten Konditionen,
> eine Stelle bei Graf Wojciech Dzieduszycki als Lehrer für den Sohn vor;
> ich glaube, ich nehme an.
> (23. Oktober 1885.) In der Früh telegraphierten Józef und Herr [Alek-
> sander] Czołowski (ein Bekannter von Graf Dzieduszycki) nach Jezu-
> pol, dass ein Kandidat, nämlich ich, gefunden sei.

Der Hof von Dzieduszycki (Jezupol)

Mit der Abreise bereits am 3. Dezember schloss Twardowski einige
wichtige Kapitel in seinem Leben und öffnete neue:

> (3. Dezember 1885.) Die letzten Tage vergingen über den Reisevorbe-
> reitungen. Ich nahm die Stelle eines Hauslehrers bei Hrn. Grafen Wo-
> jciech Dzieduszycki in Jezupol an. Um zehn Uhr nahm ich für immer
> Abschied vom Theresianum, wo mein Bruder meinen Platz einnimmt.

Um elf Uhr verließ ich Wien mit dem Express. Der Abschied von den Eltern und Geschwistern schmerzte.

Der Aufenthalt in Jezupol und vor allem die Person des Grafen Wojciech Dzieduszycki waren weitere wichtige Faktoren, die Twardowskis Lebensweg und seinen intellektuellen Werdegang beeinflussen sollten.

4.1. Graf Wojciech Dzieduszycki

Wojciech Graf Dzieduszycki wurde am 13. Juli 1848 in Jezupol als Sohn von Władysław (einem bekannten Pferdezüchter und Abgeordneten zum galizischen Landtag) und Antonina, geb. von Mazarska, geboren. Seinen ersten Unterricht genoss er zu Hause, wobei er sich durch großen Fleiß und gleichzeitig ein besonderes Temperament auszeichnete. Er erlernte mehrere lebende Sprachen sowie Griechisch und Latein. Er war ein unersättlicher Leser (zuweilen auf einem Baum, was seine extravaganten Neigungen bereits in der Kindheit erahnen ließ). Die Ausbildung setzte er in Wien fort, vorerst als Zögling des Theresianums, später als Student der Philosophie und Rechte an der Universität Wien. 1871 promovierte er im Fach Philosophie. Er war in dieser Zeit Obmann des *Ognisko* (wo er wahrscheinlich Pius Twardowski kennenlernte). Er unternahm zahlreiche Reisen durch ganz Europa; während dieser Reise lernte er das Erbe der europäischen Kultur kennen, besichtigte die Denkmäler der Baukunst und die Galerien.

Wojciech Dzieduszycki

1873 heiratete er eine entfernte Cousine, Seweryna Dzieduszycka (1852–1925), die Tochter von Aleksander und Domicella Pietruski vom Wappen Starykoń. Kurz darauf kamen ihre beiden Kinder zur Welt: Antonina (geb. 1874) und Władysław (geb. 1875). Der Unterschied in der Ausbildung und den geistigen Horizonten des Paars gab anfangs Anlass zu bestimmten Meinungsunterschieden, die im Laufe der Jahre jedoch abnahmen.

Dzieduszycki lebte als Erwachsener teilweise in Jezupol, Wien und Lemberg, wo er seinen beruflichen Pflichten nachkam. So war er u.a. einige Jahre lang Lehrbeauftragter für Ästhetik an der Universität Lemberg. Er starb nach kurzer Krankheit am 22. März 1909.

Dzieduszycki war ein „Renaissancemensch" mit vielseitigen Interessen: Politiker, Philosoph, Kunsthistoriker und Literat. Seine außergewöhnliche Persönlichkeit und sein intellektueller Habitus brachten ihm den Beinamen „polnischer Sokrates" ein – er wurde manchmal in der nächsten Umgebung so genannt.

Die politische Karriere setzte 1874 ein. Er war der Reihe nach im Bezirksrat von Stanisławów (1874), im Bezirksrat von Tłumacz (1874) bzw. Landtagsabgeordneter (1876). 1879 wurde er erstmals in den Reichsrat gewählt und verließ 1885, von der Haltung der polnischen Parlamentarier enttäuscht, für zehn Jahre die politische Bühne. Diese Zeit verbrachte er mit schöpferischer Arbeit hauptsächlich in Jezupol. Da war Kazimierz Twardowski Hauslehrer des gräflichen Sohnes, Privatsekretär, Berater und auch sein Freund. In den Reichsrat kehrte Dzieduszycki 1895 zurück und erhielt kurz darauf den Rang des Geheimen Hofrates mit dem Titel der Exzellenz (1898), wurde anschließend Vizeobmann (1900) und war schließlich von 1904 bis 1906 Obmann des parlamentarischen Polenklubs *Koło Polskie* (Der polnische Kreis). 1906 zum Galizienminister in der Regierung Max Vladimir Freiherr von Beck ernannt, legte er das Amt jedoch zurück, da er Becks Entscheidungen in ruthenischen Sachen, die nicht mit ihm abgestimmt worden waren, nicht akzeptieren konnte. Seine Aufgabe als Vizeobmann des *Koło Polskie* nahm er weiterhin bis zu seinem Tod wahr. In seiner parlamentarischen wie gesamten politischen Tätigkeit tat sich Dzieduszycki als hervorragender Redner und geschickter Verhandler hervor.

Der gemeinsame Nenner von Dzieduszyckis Anschauungen in all seinen Interessensbereichen war das Konservative. Als Politiker war er ein Vertreter der alten Ordnung: Veränderungen waren zulässig, sollten aber evolutionär und nicht revolutionär sein. Er war ein aufrechter polnischer Patriot, vertrat aber die Ansicht, die Polen hätten sich im Rahmen der vorgegebenen politischen Ordnung für ihre Nation und Kultur zu engagieren.

In gewisser Weise sah er das Ende der Nationalstaaten und die politische Vereinheitlichung Europas voraus. Außerdem war er bezüglich gesellschaftlicher und sittlicher Normen Traditionalist und vertrat diese Haltung auch in seinen Sittenromanen.

Als Philosoph war er ein Gegner von Skeptizismus und Relativismus sowie Pessimismus und Dekadenz. Die idealistische Philosophie Hegels verwarf er, schätzte dagegen Kant, wenn er in dessen System auch Fehler sah (und überzeugt war, diese selbst behoben zu haben). Er kritisierte die romantische Idee des Messianismus, unterbreitete jedoch selbst eine *sui generis* neomessianistische Konzeption: Die Aufgabe des Christentums sah er in der Implementierung christlicher ethischer Grundsätze im öffentlichen Leben und Polen als jenes Land, dem diese Aufgabe zufällt. Er schrieb direkt: „Die Aufgabe Polens [ist] politische und gesellschaftliche Moral in die Geschichte einzubringen" (*Mesjanizm polski* [Polnischer Messianismus], S. 128).

In Ästhetik und kritischen Kunstreflexionen brachte er seine Verbundenheit mit dem klassischen Schönheitsbegriff und dem griechischen Kanon zum Ausdruck. Er war von der klassischen Kunst und der Renaissance als Rückgriff darauf fasziniert. In der Gegenwartskunst störte ihn alles, was vom klassischen Schönheitsideal abwich: fehlendes Maß, übertriebener Ausdruck, Gewaltdarstellung. Die Emanzipation des Künstlers und das Streben nach Neuem um jeden Preis war für ihn ein Schritt in Richtung Untergang der Kunst. Über die Impressionisten vermerkt er im Artikel „Sztuka polska na wystawie krajowej we Lwowie" (Polnische Kunst auf der Landesausstellung in Lemberg) giftig.

> Willst Du Impressionist sein, dann mach Deine Bilder nicht fertig, zeichne Nichts genau, vermeide exakte Konturen und richte es so ein, dass niemand, unter Androhung, bloß unförmige Farbflecke zu sehen zu bekommen, Deinen Bildern zu nahe kommt.

Diese traditionelle Verbundenheit äußert sich auch direkt in den literarischen Werken von Dzieduszycki, sowohl gattungsspezifisch als auch in der Thematik. Sein Œuvre wurde, wahrscheinlich auch auf Grund des indifferenten Niveaus, nicht eindeutig bewertet. Einerseits wurden „Schlamperei", „Beliebigkeit" und handwerkliche Mängel beanstandet, obwohl es da bei Dzieduszycki auch Werke gebe, die tadellos wären. Andererseits fanden seine Originalität, das enorme Wissen, das nicht alltägliche stilistische Talent und die große thematische Bandbreite Anerkennung. Eine scherzhafte Kritikermeinung besagt, er hätte seine Werke nicht vollendet, sondern eine

Arbeitsversion in Druck gegeben. So schlimm wird es nicht gewesen sein, fest steht aber, dass er die Druckfahnenkorrektur nicht schätzte, was er in einem Brief an Kazimierz Twardowski vom 17. Juni 1888 so darstellt:

Ich werde immer noch von der Wirtschaft, den Pferden, Władysław und jetzt noch zusätzlich von der äußerst mühsamen Korrektur der *Baśń nad baśniami* [Märchen der Märchen] in Beschlag genommen. Hätte es zu Zeiten Homers bereits die Druckkunst gegeben und hätte er eine Korrektur der *Illias* machen müssen, wäre die *Odyssee*, um diese unsäglichen Mühen zu vermeiden, mit Sicherhiet nicht entstanden.

Das schriftstellerische Erbe von Dzieduszycki ist ungewöhnlich reich und vielfältig. Zu den wichtigsten philosophischen Werken zählen: *Studia estetyczne* (Ästhetische Studien) (1878–1881), *Roztrząsania filozoficzne o podstawach pewności ludzkiej* (Philosophische Überlegungen zu den Grundlagen der menschlichen Sicherheit) (1892), *O wiedzy ludzkiej* (Vom menschlichen Wissen) (1895), *Wykłady o pierwszej filozofii* (Vorlesungen über die erste Philosophie) (1880), *Mesjanizm polski a prawda dziejów* (Der polnische Messianismus und die geschichtliche Wahrheit) (1901), *Rzecz o uczuciach ludzkich* (Über die menschlichen Gefühle) (1902) sowie posthum *Dokąd nam iść wypada?* (Wohin sollen wir uns wenden?) (1910) und *Historia filozofii. Tom I. Starożytność* (Geschichte der Philosophie. Bd. 1 Altertum) (1914). Zur Kunstgeschichte publizierte er u.a. *Historia malarstwa we Włoszech* (Geschichte der Malerei in Italien) (1892), *Historia malarstwa na północy Hiszpanii do końca XVI w.* (Geschichte der Malerei im nördlichen Spanien bis zum Ende des 16. Jhs.) (1900), *Ludzie i rzeczy czasów odrodzenia* (Menschen und Dinge der Renaissance) (1879) sowie die fiktionalisierte Erzählung *Gdzie Arno płynie* (Wo der Arno fließt) (1904). Spezifisch zur ruthenische Kunstgeschichte erschienen *Fara łacińska i cerkiew św. Jura w Drohobyczu* (Die lateinische und orthodoxe St. Georgskirche in Drohobycz) (1885) sowie *Ikonostas bohorodczański* (Die Ikonostase von Bohorodczany) (1886). Am meisten geschätzt wurde seine historische Reportage *Ateny* (Athen) (1878) auf Grund derer er der „Athener aus Jezupol" genannt wurde – und seine Parlamentsgruppierung die „Athener".

Genauso umfangreich und vielfältig ist das rein literarische Œuvre von Dzieduszycki. Vor allem ist er der Autor zweier Versepen. Das erste sind die *Baśń nad baśniami* (1889) auf Basis slawischer Mythen und Märchen. Die Frühgeschichte und Mythologie der Slawen lagen generell in seinem Forschungsinteresse: *Mythen und Märchen bei den Nordslaven* (1887) sowie

Wiadomości starożytne o geografii ziem polskich (Antike Nachrichten zur Geographie der polnischen Lande) (1887). In der Einleitung zu *Baśń nad baśniami* schrieb er:

> Die Slawen hatten nie eine fertige Mythologie. […] Das mythologische Material, wie es in slawischen Märchen und Überlieferungen erhalten blieb, ist überaus reichhaltig; Sie sind auf wunderbare Weise originell, gefühlvoll, wehmütig und heiter.

Das zweite Epos in gebundener Sprache war *Anioł. Opowieść z lat niedawnych. Poemat narodowy* (Der Engel. Eine Erzählung aus nicht allzu fernen Tagen. Ein nationales Gedicht) (1892) vor dem Hintergrund des Januaraufstandes. Die erste Auflage ziert ein Umschlagbild von Jan Styka, der, wie wir aus den Briefen an Kazimierz Twardowski wissen, den Sommer 1891 in Jezupol verbrachte.

Zu den dramatischen Werken zählen: *Bohdan Chmielnicki* (1873 aufgeführt, aber verschollen), die Geschichte des Kosakenaufstandes in einer spezifische Interpretation; *Król Bolesław II* (König Boleslaus II.) (1893), zur Auseinandersetzung Boleslaus' des Kühnen mit Bischof Stanislaus; *Książę Henryk* (Fürst Heinrich) (1896), über Heinrich den Frommen und schließlich die Dramentrilogie aus der Gegenwart: *Kazimierz: Marzenie. Życie. Prawda* (Kasimir: Traum. Leben. Wahrheit) (in der Zeitschrift *Przegląd Polski* 1907–1909).

Den historischen Stoffen blieb Dzieduszycki auch in der Prosa treu. Hierzu gehören: *Powieści Wschodu i Zachodu* (Erzählungen aus Ost und West) (1873), *Aurelian. Powieść z czasów cesarstwa rzymskiego* (Aurelian. Ein Roman aus dem römischen Kaiserreich) (1879), *Święty Ptak – z dziejów starożytnego Egiptu* (Der heilige Vogel – aus der Geschichte des alten Ägypten) (1895). Sittengemälde aus der Gegenwart sind: *Małżeństwo mieszane* (Mischehe) (1892), *W Paryżu* (In Paris) (1893), *Na Podolu* (In Podolien) (1898) sowie *Dekadenci* (Die Dekadenten) (1905). Außerdem gab es noch den autobiographischen Roman *Władysław* (1872), den er der Mutter widmete, und als eines seiner letzten Werke, die satirische Anti-Utopie *Gruszki na wierzbie* (Das Blaue vom Himmel) (1908).

Bei Wojciech Dzieduszycki verbanden sich ein subtiler Intellekt mit ungenierter Lebensart. Die ausgeprägte Persönlichkeit Dzieduszyckis, die vor allem bei gesellschaftlichen Zusammenkünften hervortrat, sei es in den Wiener Kaffeehäusern oder bei den populären Soirees zum Tee in seiner Wiener Wohnung, war es, die bei den Zeitgenossen am tiefsten in Erinnerung blieb. Allein durch sein Äußeres, das den gesellschaftlichen Konvention Hohn sprach: ein schlampiger Graf ohne Standesdünkel, lenkte er die Aufmerksamkeit auf sich. Dazu ein eigener Habitus: langes Gesicht, blond, eine riesige Nase mit Höcker und gebeugte Haltung.

Es verwundert daher nicht, dass er zum Helden so mancher Anekdote wurde. Während seines Studiums in Wien mietete er eine große Auslage und gab Vorstellungen „lebendigen Theaters" zum besten. Bekannt war auch seine Marotte, während Bahnreisen gekochte Eier zu essen, mit denen seine Rocktaschen vollgestopft waren. Freunde wurden mit Formeln à la „Der Blitz soll mich treffen" begrüßt und danach herzlichst abgeküsst. Auch als Abgeordneter verhielt er sich nicht viel anders. Während der Beratung des Parlaments verspeiste er Kirschen und zielte mit den Kernen auf den Vorsitzenden Franciszek Smolka. Einmal hörte er durch die Wand eines Hotels, wie ein Abgeordneter der gegnerischen Stańczycy (Stańczyken) seine Rede probte und hielt am nächsten Tag vor dem Konkurrenten quasi dieselbe Rede, wobei ihm sein hervorragendes Gedächtnis zur Hilfe kam. Er wollte auch nicht zum Begräbnis seines Freundes Julian Klaczko gehen mit der Begründung, dass Klaczko schließlich auch nicht zu seinem käme.

Juliusz Twardowski berichtete vom Begräbnis Dzieduszyckis:

Herr Wojciech in der Nationaltracht, war in seiner pelzverbrämten Mütze mit den Reiherfedern auf dem greisen Haupt ein unvergesslicher Anblick und nicht nur ein ergrauter Kämpfer küsste ehrfurchtsvoll die kalte Hand des Hetmans. Wie im Leben, so im Tod, wurde ihm viel Ehr zu teil; wie im Leben, so im Tod hatte er keine Feinde und alle Männer aufrechter Gesinnung, alle zivilisierten Menschen mit Lebensart konnten sagen: Er war einer von uns!

Eine kompakte und treffende Beschreibung des Grafen.

4.2. Der Hauslehrer

Vom Einfluss seitens Dzieduszyckis auf die Entscheidung zu Gunsten des Philosphiestudiums von Twardowski zeugt folgender Ausschnitt aus der Autobiographie:[3]

Versuchte ich mich auch als Hauslehrer, und zwar im Hause des Grafen Adalbert Dzieduszycki, eines ganz außergewöhnlichen Mannes, der

---

3   Twardowski (1926), S. 5.

sich als hervorragender Politiker, Philosoph, Kultur- und insbesondere Kunsthistoriker und Dichter betätigte und sich mir bis an sein Ende als väterlicher Freund erwies. Der tägliche Verkehr mit diesem Manne wurde für mich eine Quelle reichster Belehrung und Anregung und trug nicht wenig dazu bei, mein persönliches Verhältnis zur Philosophie zu festigen und zu vertiefen.

Während des Aufenthaltes in Jezupol konnte Twardowski die reich ausgestattete Bibliothek des Grafen nutzen. Gewisse philosophische Werke lasen sie auch gemeinsam. So schrieb Twardowski beispielsweise in einem Brief an Krypiakiewicz am 28. November des Jahres 1886:[4]

Was die gemeinsamen Unternehmungen mit dem Herrn Grafen betrifft, so lasen wir eine Zeit lang Euripides und jetzt schreiben wir eine umfangreiche Abhandlung über Suczawica. Das heißt, ich ordne zusammen mit dem Herrn Grafen die Materialien, der Herr Graf schreibt auf Polnisch und ich übersetze ins Deutsche.

Die Bewunderung und Wertschätzung Twardowskis für Dzieduszycki beruhte auf Gegenseitigkeit. Dzieduszycki erkannte sehr schnell in Twardowski nicht nur den vielversprechenden jungen Mann, sondern auch einen Vertrauten und Ratgeber, der in Folge ein enger Freund werden sollte.

Bereits am 7. Dezember 1885 schrieb Dzieduszycki an Pius Twardowski:

Aus Studententagen blieb mir Ihr außerordentliches Entgegenkommen im Gedächtnis, das Sie, Gnädiger Herr, mir entgegenbrachten, und ich behielt es in dankbarer Erinnerung. Jetzt versuche ich, mich an Kazio erkenntlich zu erweisen, wo doch sein eigener Entschluss ihn unter mein Dach geführt hat. Meine Frau und ich versuchen alles in unseren Kräften Mögliche, damit er sich hier nicht fremd fühlt und er glauben möge, er lebte bei seiner eigenen Familie. Ein Bursch mit so einer so guten Ausbildung und Erziehung wie Kazio ist stets ein lieber Gefährte. Ich bin bemüht, ihm mit Rat sowie umsichtiger und herzlicher Unterstützung, da ich ihm an Alter und Erfahrung überlegen, wie ein Vater zur Seite zu stehen.

---

4   Letztendlich erschien der Text in beiden Versionen, signiert allein von K. Twardowski.

In einem weiteren Brief vom 12. August 1886 kann man ferner lesen:

Je besser ich Kazio kennenlerne, desto mehr […] [überzeuge ich mich davon], dass der junge Mann eine vielversprechende Zukunft vor sich hat. […] Mir ist bis jetzt kein Junge untergekommen, von dem ich überzeugt wäre, dass er von jeder Unterhaltung soviel Nutzen davonträgt und dass er einen Blickwinkel aus sämtlichen Wissensrichtungen hat.

Twardowski wiederum beschreibt die ersten Tage in Jezupol folgendermaßen:

(17. Dezember 1885.) Ich lebte mich vollständig in die Familie des Hrn. Grafen […] ein. Meine Schüler (er zehn Jahre und sie elf Jahre) gefallen mir sehr und sie haben mich liebgewonnen. Das Unterrichten fällt mir nicht so schwer, wie ich befürchtete. In den letzten Tagen fiel die Kälte auf -25° R.[5] Die Schneedecke prächtig.
(24. Dezember 1885.) Das erste Mal verbrachte ich Heiligabend nicht daheim. Mir ist recht traurig zumute. Ich sandte einen Brief und ein Telegramm nach Haus. Der Hr. Graf gab mir auch heute einen Beweis seines großen Entgegenkommens und beschenkte mich mit einer goldenen Uhrkette, Beethoven-Symphonien und Mozart-Sonaten.

Dezember 1885 und Jänner 1886 verbrachte Twardowski also mit den Dzieduszyckis in Jezupol. Ende Jänner fuhr er mit der Grafenfamilie nach Wien, wo man bis Ende März blieb (es ist nicht ausgeschlossen, dass dies mit den politischen Verpflichtungen des Grafen zusammenhing). Wahrscheinlich vertiefte sich in dieser Zeit die Bekanntschaft mit der Familie Twardowski. Hiervon zeugen spätere Briefe von Dzieduszycki, in denen er stets Grüße an alle Familienmitglieder übermittelt.

Vermutlich schrieb sich Twardowski während dieses zweimonatigen Aufenthaltes in der Hauptstadt für das zweite Semester ein; diesmal jedoch an der Philosophischen Fakultät. Das Archivmaterial belegt Lehrveranstaltungen bei folgenden Professoren: Robert Zimmermann (Philosophie), Eugen Bormann (Alte Geschichte und Epigraphie, Direktor des Archäologie- und Epigraphieseminars), und Engelbert Mühlbacher (Mittelalterliche Geschichte und historische Hilfswissenschaften). Kurz vor der Abreise aus Wien starb die geliebte Eliza, was Twardowski sehr mitnahm.

5   Eine Temperatur von -25° Réamur entspricht etwa -30°C.

Die Eintragung von Kazimierz Twardowski für das
5. Semester (Philosophische Fakultät)

Ende März kehrten die Dzieduszyckis samt Hauslehrer nach Jezupol zurück. Twardowski verbrachte dort ein weiteres Jahr bis zum Februar 1887. Einzig im Sommer machte er einen zweiwöchigen Urlaub in Neumarkt, wo er, wie jedes Jahr, auf die Familie traf. Im Herbst 1886 schreibt er sich für das dritte Semester (das zweite in Philosophie) ein; diesmal für Vorlesungen bei folgenden Personen: Max Büdingen (Prof. für Geschichte, Leiter des Historischen Seminars), Theodor Gomperz (Prof. für Klassische

Philologie) und Jacob Krall (Privatdozent, Alte Geschichte des Vorderen Orients).

Anfangs wollte Twardowski vier Jahre in Jezupol bleiben, also praktisch das gesamte Studium als „Fernstudium" absolvieren. In Jezupol wollte er sich unter Nutzung der reichen Büchersammlung und der Hilfe des Grafen auf die Abschlussprüfung vorbereiten und die Doktorarbeit schreiben. Ziemlich schnell jedoch – bereits im Sommer des Jahres 1886 – begann der Aufenthalt in Jezupol für ihn zu einer Plage zu werden. Dafür gab es mehrere Gründe.

Erstens entwickelte sich langsam ein Konflikt zwischen Twardowski und der Gräfin Dzieduszycka über die Erziehung des jungen Władzio. Die Dzieduszyckis wollten ihre Kinder – wie wir heute sagen würden – „stressfrei" erziehen: Władzio durfte entsprechend alles machen, er selbst durfte dagegen für kein Verschulden bestraft werden. Das Ergebnis war, dass er zu einem unfolgsamen Kind wurde, und seine Fortschritte im Lernen waren überaus armselig. Diese Situation beschrieb Twardowski anschließend in den Briefen an Krypiakiewicz:

(5. Septemer 1885.) Als ich gestern nach meiner Ankunft begann, mit dem Herrn Grafen über Władzio zu reden, dass ich den Einfluss der Mutter einschränken möchte, da traf ich auf starken Widerstand. […] Władzio gehorcht nicht mehr, er passt während der Lektionen nicht mehr auf – alles muss von Anfang an begonnen werden. Ich habe teuer [für] die zwei Wochen Erholung bezahlt – meine Hoffnungen gingen nicht in Erfüllung, und hier habe ich den Beweis erhalten, dass Władzio ein Junge ist, der immer eine Hand über dem Nacken spüren muss, damit er auch zum kleinsten Teil seinen Pflichten irgendwie nachkomme. Und wenn er einmal Herr seines Willens ist, kann ich für nichts bürgen, und die Leute werden sagen, dass Twardowski ihn erzogen hat. Wehe denen, die fühlende und gute Herzen haben!

(8. September 1886.) Eben gerade war der Graf bei mir und sagte, dass ich zu streng zu Władzio sei, dass ich ihn ständig schelte usw. Wenn jemand so in seinen Sohn verblendet [ist], wie der Graf, dann kann es ihm so vorkommen, aber angesichts der Impertinenz, Faulheit und des Ungehorsams von Władzio ist das die einzige Möglichkeit, durch die man ihn in einem gewissen Abstand von sich halten kann. Und das ist nötig, denn andernfalls kann man gar nichts mehr mit ihm tun.

Zweitens fehlte Twardowski die Wiener Gesellschaft. Er fühlte sich in Jezupol vereinsamt, seinen Aufenthalt dort verglich er mit der Einsamkeit im Theresianum. Er schrieb an seinen Freund:

(5. September 1886.) Die letzten Hoffnungen gingen dahin […]. Meine jungen Jahre vergehen, ich sehe sie nie wieder – und von einem Nachlassen meiner dummen Einstellung kann unter den herrschenden Bedingungen keine Rede sein, [so] dass es sich erweist, dass ich Recht habe, wenn ich sage, dass ich hier sitzen muss, solange ich diese Hölle aushalte. […] Acht Jahre war ich allein im Theresianum – jetzt das neunte – aber im Vaterland!
(11. September. 1886.) Ich wünsche Dir nicht den Versuch, ein ganzes Jahr ohne Ausweg im Theresianum zu sitzen, [obwohl] ich Dir so etwas als Probe empfehlen kann. Komm nach Jezupol – hier kannst Du sitzen, solange es Dir gefällt – wenn Du willst, dann versuche es.

Twardowski machte zudem – trotz der im allgemeinen herzlichen Einstellung der Dzieduszyckis – eine gewisse Herablassung zu schaffen, die er (schwer zu sagen, ob zutreffend) im Verhältnis der Grafenfamilie zu ihm spürte. Er schrieb:

(8. Oktober 1886.) Ich soll hier nämlich angeblich zur Familie gehören, ein Halb-Gräflein sein – aber schließlich bin ich nur *ein Hofmeisterlein* [urschriftlich]!

Drittens kam Twardowski allmählich zu der Überzeugung, dass es für seine Studien besser wäre, wenn er ständig in Wien verweilen würde. Er vertraute sich Krypiakiewicz an:

(17. September. 1886.) Wenn ich dieses Jahr [nach Wien] zurückkäme, könnte ich mich in meinen Fächern vernünftig an die Arbeit machen; komme ich im nächsten Jahr zurück, dann wird es dafür bereits zu spät sein, und ob nun hier oder in Wien – immer werde ich für die Rigorosenprüfung nur das lernen können, was unbedingt notwendig ist. Und dass dies gerade bei meinen Studien sehr ärgerliche Dinge sind, daran zweifelst Du sicher nicht. Auf der anderen Seite spüre ich stark den fehlenden Kontakt mit der Welt der Wissenschaft, in welcher ich einmal die Prüfungen ablegen soll und mich habilitieren soll.

Twardowski dachte daran, Jezupol bereits im Juni 1886 zu verlassen. Die Angelegenheit stand jedoch erst im Oktober auf des Messers Schneide. Im Brief an Krypiakiewicz vom 3. Oktober 1886 berichtete er folgendermaßen über die Ereignisse:

> Vor ein paar Tagen bekam Władzio wegen offenem Ungehorsam und Lügen *vom Vater* eine Tracht. Die Gräfin lud aus diesem Grunde ihren Zorn auf mich aus und sagte mir, dass ich impertinent (sic!) sei, die Hausruhe störe usw. Darauf erwiderte ich so ruhig wie möglich, dass ich nicht die Ursache für Familienkriege sein möchte, dass ich sehe, dass ich angesichts der herrschenden Bedingungen nichts vernünftiges für Władzio tun kann und daher am nächsten Tag aus Jezupol abreise. Der Graf begann mich zu überzeugen, dass ich, wenn schon nicht wegen Władzio und ihm selbst, doch wegen mir bleiben solle. Ich ließ mich jedoch nicht überzeugen. […] [Da] erklärte mir [der Graf] ganz einfach, dass ich auf Grundlage eines Telegramms hier sei, in welchem ich die von ihm genannten Bedingungen akzeptierte, und daher verpflichtet sei, 4 Jahre in Jezupol zu bleiben. Wenn ich abfahre, dann begehe ich eine unlautere Tat, da ich mein Kontraktversprechen breche. Die Gräfin, die sich ganz fürchterlich durch meine Erklärung, dass ich abfahre, erschreckt hatte, entschuldigte sich bei mir auf gar ungewöhnliche Weise. Nina schluchzte ohne Unterlass, solange ich ihr nicht feierlich erklärte, ich würde nicht fahren; Władzio und die Gouvernante baten, ich solle bleiben – aber all das hätte nicht geholfen, wäre nicht die entschiedene Erklärung des Grafen gewesen, dass er mich als unlauteren Menschen ansieht, wenn ich abfahre.

Ein anderes Motiv dafür, dass Twardowski trotz der Schwierigkeiten in Jezupol blieb, war die Furcht vor dem Zorn des Grafen, was Twardowski in Zukunft hätte schaden können. Aus diesem Grunde redeten auch seine Eltern ihm zu, im Hause der Dzieduszyckis zu bleiben. Twardowski schrieb am 11. September 1886 an Krypiakiewicz:

> Ich habe in dieser Angelegenheit einen Brief meiner Mutter erhalten, dessen Hauptinhalt darin besteht, dass Mutter Angst hat, mich zu einer Rückkehr zu überreden, damit mir [dies] in Zukunft nicht schadet.

Letztendlich verließ Twardowski Jezupol am 6. Februar des Jahres 1887. Wahrscheinlich entschied sich der Graf, ihn vom zuvor gegebenen Wort zu

entbinden, da er selbst verstand, dass ein noch längerer Aufenthalt in Jezupol für Kazimierz eine Qual sein würde. Davon könnte folgender Passus
aus einem Brief Dzieduszyckis vom 11. Februar 1887 zeugen:

> Lieber Kazio!
> Mein Kreuz ist täglich schwieriger zu tragen. Daheim wird es mit mei-
> ner Frau immer schlimmer und darüber hinaus bereitet mir die entfern-
> tere Verwandtschaft tausendfaches Kopfzerbrechen. Ich weiß nicht, ob
> nicht etwa zu alledem auch noch ein Krieg dazukommt. Was ich weiß
> ist, dass es richtig von Dir war, Jezupol zu verlassen. Was ich Dir an
> Geld schuldig war, habe ich beigelegt. […] Władzio lernt fleißig und
> wäre auch sonst ein braves Kind, wenn die Einmischungen der Mutter
> nicht manchmal den Haussegen schief hängen ließen.
> Ich umarme Dich herzlichst. Dein aufrichtiger Freund – Wojciech
> Dzieduszycki.

Dies war jedoch nicht das Ende der Beziehungen von Twardowski zu Jezupol und der Familie Dzieduszycki. Trotz verschiedener Probleme blieben
die Beziehungen zwischen Dzieduszycki und Twardowski weiterhin sehr
herzlich. Am besten geben das die Worte Dzieduszyckis am Ende seines
Briefes vom 23. August des Jahres 1886 wieder.

> Ich umarme Dich herzlich – und selbst wenn Du mir, Gott sei vor, in
> den Rücken fallen würdest, werde [ich] [Dich] lieben, wie ich Dich jetzt
> liebe. Wojciech Dzieduszycki.

Twardowski war bis zum Studienende alle Ferien in Jezupol.

5. Rückkehr nach Wien

Seit Anfang Februar 1887 lebte Twardowski erneut in Wien, wo er sich
gänzlich als Student fühlen konnte. Er blieb seinem Vorsatz gegenüber dem
Vater treu und verdiente nebenher. Er gab in gymnasialen Unterrichtsfä-
chern Nachhilfe, Musikstunden, und arbeitete journalistisch. Sein Debüt
war 1886. Dieses Jahr fasst er in den *Tagebüchern* zusammen:

> (1. Februar 1887.) Heuer [1886] trat ich erstmals in polnischen Tages-
> zeitungen in Erscheinung. Ich lieferte drei Stück.

Wahrscheinlich geht es um kurze Texte mit landeskundlichem Hintergrund in der Lemberger *Gazeta Narodowa* (Nationalzeitung). In den folgenden Jahren erscheinen weitere, inhaltlich recht unterschiedliche, Publikationen. 1887/1888 verfasste er Musikkritiken für die *Österreichische Musik- und Theaterzeitung. Zeitschrift für Musik und Theater* (Wien). 1887 erscheint im Local-Anzeiger der *Presse* (Wien) sein Reisebericht „Suczawica. Das Kloster der Schwarzen Mönche"; die deutsche Version seiner Arbeit wurde früher in der *Gazeta Narodowa* veröffentlicht. Er schreibt zudem Berichte über die Parlamentssitzungen.

5.1. Philosophie in Wien

Im Sommersemester 1886/1887 war Twardowski Hörer bei Zimmerman und Gomperz sowie bei Alfred Berger (Dr. ius. et phil.). Im arbeitsreichsten (fünften) Semester traf Twardowski erstmals auf seinen wichtigsten Lehrer, Franz Brentano; außerdem nahm er an Lehrveranstaltungen von Zimmerman, Berger, Zeissberg, Karl Clauss (Prof. für Zoologie und Allgemeine Anatomie), Franz Exner (Prof. für Physik), Vatkoslav Jagić (Prof. für Slawische Philologie) und Johann Leciejewski (Privatdozent für Slawische Philologie) teil. Im sechsten Semester waren die Vortragenden Exner, Gustav Escherich (Prof. für Mathematik), Siegfred Mekler (Privatdozent für Klassische Philologie) sowie Adolf Stöhr (Privatdozent für Rechtsphilosophie) und im folgenden Semester Brentano, Gomperz, Joseph Stefan (Prof. für Physik) und Karl Uhlirz (Privatdozent für Mittelalterliche Geschichte und Historische Wissenschaften). Im abschließenden achten Semester nahm er an Vorlesungen bei Brentano, Gomperz, und auch Theodor Vogt (Prof. für Praktische Philosophie) und Laurenz Müllner (Prof. für Christliche Philosophie) teil. Soweit zumindest die offizielle Liste der angerechneten Lehrveranstaltungen. In den Erinnerungen tauchen bei den Vortragenden weitere Namen auf: Christian von Ehrenfels, Richard Wahl , der Historiker Max Büdinger und Emil Weyr.

Twardowskis Lehrer schlechthin, sein größter Meister und gleichzeitig das erklärte Vorbild für die weitere wissenschaftliche Karriere, aber auch Lehrtätigkeit, war jedoch Franz Brentano.

5.2. Franz Brentano

Franz Brentano wurde am 16. Jänner 1838 in Marienberg in eine italienischstämmigen Familie geboren. Sein Vater Christian Brentano (1784–

1851) war ein katholischer Schriftsteller und Publizist; sein Onkel Clemens
(1788–1845) war einer der hervorragendsten Dichter und Dramaturgen seiner Epoche. Die Tante Franz Brentanos, Bettina von Armin (1785–1859),
war Schriftstellerin und Staatsmännin; in gewisser Weise engagierte sie sich
auch in polnischen Angelegenheiten, indem sie durch Briefe an den preußischen König Friedrich Wilhelm IV. die Teilnehmer am Novemberaufstand
(1831) und Revolutionäre des Völkerfrühlings (1848) vor Verfolgungen im
preußischen Teil schützte. Der Bruder von Franz Brentano, Ludwig Joseph
(Lujo) Brentano (1844–1931) war ein großer Jurist und Ökonom, dessen
Ideen zur Grundlage der sozialen Marktwirtschaft in der BRD nach dem
Zweiten Weltkrieg wurden.

Nach Abschluss der Mittelschule 1855 studierte Franz Brentano an
vier Hochschulen: München (3 Semester), Würzburg (1 Semester), Berlin
(1 Semester) und Münster (2 Semester). Er besuchte Lehrveranstaltungen
aus Philosophie, Theologie und Poetik. In Berlin studierte er bei Friedrich
Adolf Trendelenburg (1802–1872), der maßgeblich zur Aristoteles-Renais-
sance im 19. Jh. beigetragen hatte. In Münster übte der katholische Philosoph Franz Jakob Clemens großen Einfluss auf ihn aus; ihm verdankt er
seine Behendigkeit im scholastischen Denken.

Brentano war sich anfangs unklar, ob er sich der Mathematik oder der
Philosophie zuwenden sollte – am Ende siegte doch die Philosophie. Aus
seiner Vorliebe zur Mathematik ließen sich sein Hang für genaue Analyse
und konkrete Ausdrucksweise erklären. Sein größter philosophischer Meister war Aristoteles, auf den er sich in seinen Arbeiten am häufigsten berief.
Sowohl Dissertation als auch Habilitation sind aristotelischen Themen gewidmet. Brentano erhielt das Doktorat 1862 für seine Arbeit *Von der man-
nigfachen Bedeutung des Seienden nach Aristoteles*.

Brustbild von Franz Brentano im Hof der Wiener Universität

Nach einem kurzen Aufenthalt im Grazer Dominikanerkloster empfing Brentano 1864 die Priesterweihe. 1867 reichte er seine Habilitationsschrift *Die Psychologie des Aristoteles: Insbesondere seine Lehre vom nous poiëtikos* ein. Während seines Habilitationskolloquiums verkündete er 25 Thesen, die sein philosophisches Programm umreißen. Im Anschluss wurde er Privatdozent in Würzburg.

1870 wurde das Dogma von der Unfehlbarkeit des Papstes verkündet. Brentano akzeptierte dieses nicht, was den Anfang seiner schrittweisen Abkehr vom Katholizismus einleitete. Seine Zweifel wurden auch von anderen Glaubensinhalten genährt, u.a. in Zusammenhang mit dem Begriff der Dreieinigkeit, der Substanz, der Natur und der Person. Ein Grund für diese Zweifel war sein ausgeprägtes Bedürfnis nach Klarheit, das bei religiösen Dogmen fehlt (eine seiner Habilitationsthesen betrifft die Notwendigkeit präziser Formulierungen in der Religion). 1873 legte er sein Priesteramt zurück.

Während einer Englandreise 1872 traf sich Brentano u.a. mit Herbert Spencer, Kardinal John Henry Newman, Georg Jackson Mivart (einem Gegenspieler Darwins) und dem Theologen William Robertson Smith. Mit John Stuart Mill (mit dem er in Briefkontakt stand), kam jedoch kein Treffen zu Stande.

1873 trat Brentano aus der katolischen Kirche aus. 1874 begann ein neuer Lebensabschnitt. Es erschien der erste Band seiner Hauptarbeit *Psychologie vom empirischen Standpunkt,* und er wurde zum Professor für Philosophie an der Universität Wien berufen. In Wien lernte Brentano Ida von Lieben, die Tochter eines Kollegen an der philosophischen Fakultät, kennen und lieben. Da er sein Priesteramt zurückgelegt hatte und aus der Kirche ausgetreten war, konnte er nach österreichischem Recht Ida nicht heiraten. Um sie ehelichen zu können, legte er die österreichische Staatsbürgerschaft zurück und nahm die deutsche an. Die Heirat erfolgte 1880. Die Angelegenheit hatte negative Auswirkungen auf seine eigene Karriere sowie auf die jener Freunde, die in der Öffentlichkeit auf seiner Seite standen. Schlussendlich verlor er seinen Lehrstuhl und unterrichtete die nächsten 15 Jahre über als Privatdozent ohne Gehalt[6] (auch sein Schüler und Freund, Anton Marty, verlor seinen Lehrstuhl für Recht in Prag zu Gunsten von Horacy Krasnopolski). Trotzdem wurde er zu einem – wie man ihn nannte – richtigen philosophischen Lehrer. Er sammelte einen Kreis begabter Schüler um sich und war Ideengeber.

Im Jahr 1895, dem Todesjahr seiner Frau, verließ Brentano Wien und ging nach Italien: anfangs nach Rom, dann nach Palermo, und schließlich ließ er sich in Florenz nieder. Dort fand er, wie er in einem Brief an Kazimierz Twardowski schrieb, sein zweites Vaterland. 1897 heiratete er erneut. Seine zweite Frau, Emilia Ruprecht, pflegte ihn fürsorglich während seiner letzten Lebensjahre. Ihr verdanken wir auch die Überlieferung der letzten Befunde: Gegen sein Lebensende verschlechterte sich sein Sehvermögen radikal, sodass er seine Arbeiten seiner Frau diktieren musste.

Als Italien in den ersten Weltkrieg eintrat, übersiedelte Brentano in die Schweiz. Er starb am 17. Mai 1917 in Zürich.

5.3. Die Schule Brentanos

Immer öfter wird die Aufmerksamkeit auf Brentanos Rolle bei der Entstehung zweier ungewöhnlich einflussreicher Strömungen in der Gegen-

---

6   Zu dieser Zeit war in Wien von einer „Brentano-Vakanz" die Rede, die erst 1895, nach der Übersiedlung Brentanos nach Italien, von Ernst Mach beendet wurde.

wartsphilosophie gelenkt: der analytischen Philosophie und der Phänomenologie. Die Schule Franz Brentanos zeichnete sich ähnlich wie später
die Lemberger-Warschauer Schule von Kazimierz Twardowski nicht durch
gemeinsame Ansichten, sondern durch gemeinsame Problematik und Lö-
sungsansätze aus. Die wichtigsten methodologischen Postulate Brentanos
waren:

(1) Das Postulat für ein wissenschaftliches Philosophieren basierend
auf äußeren Erfahrungen; die philosophische Spekulation ist im Licht dieser Forderung kognitiv wertlos.

(2) Das Postulat nach einem klaren Ausdruck und sachlicher Aussage;
ein Problem, das in schwammiger Sprache gestellt wird, hat geringe Chancen auf eine richtige Lösung.

(3) Das Postulat nach besonderer Analyse der Elementarprobleme;
ohne eine solche Analyse sind verantwortungsvolle Generalisierungen unmöglich.

Zu den wichtigsten philosophischen Resultaten Brentanos gehören dagegen:

(1) In der Psychologie: die inhaltliche Analyse des psychischen Lebens,
das von der These über die Intentionalität mentaler Akte geprägt wird, nach
der jeder Akt auf einen bestimmten Gegenstand gerichtet ist.

(2) In der Ontologie: der erste Entwurf einer Gegenstandstheorie in
der modernen Philosophie und die Formulierung (späterer) reistischer
Doktrinen.

(3) In der Epistomologie und Logik: die Analyse kategorischer Sätze,
welche im idiogenen Urteilskonzept kulminieren, nach dem jedes Urteil die
Existenz oder Nichtexistenz des Gegenstandes der jeweiligen Vorstellung
feststellt (sich also auf das entsprechende existenzielle Urteil reduzieren
lässt).

(4) In der Ethik: das Aufzeigen der Verbindung zwischen ethischen
Urteilen und emotionalen Erlebnissen.

(5) In der Philosophiegeschichte: Erneuerung der Forschung des philosophischen aristotelischen Erbes.

Nur ein geringer Teil des wissenschaftlichen Œuvres von Brentano erschien zu seinen Lebzeiten. Es sind dies neben der erwähnten Dissertation
und Habilitationsschrift sowie der *Psychologie vom empirischen Standpunkt,* u.a.
Die vier Phasen der Philosophie und ihr augenblicklicher Stand (1895), *Untersuchungen zur Sinnespsychologie* (1907), *Aristoteles Lehre vom Ursprung des menschlichen
Geistes* (1911), *Aristoteles und seine Weltanschauung* (1911) und schließlich *Von
der Klassifikation der psychischen Phänomene* (1911). Der Großteil seines giganti-

schen Erbes war ursprünglich handschriftlich. Die Herausgabe nach Brentanos Tod wurde von Alfred Kastil und Oskar Kraus betrieben. Ein nicht
unerheblicher Teil der Handschriften harrt immer noch einer kritischen
Ausgabe.

Die verhältnismäßig geringe Anzahl an gedruckten Arbeiten erklärt sich
bei Brentano teilweise durch seine starke Konzentration auf die mündliche
Lehre. Viele Schüler unterstreichen den ungewöhnlichen und mitreißenden
Stil der Vorlesungen von Brentano und bekennen, dass der direkte Kontakt
zum Meister den größeren Eindruck hinterlassen habe.

Zu den wichtigsten Schülern von Brentano zählen die großen Persön-
lichkeiten der Philosophie des 20. Jahrhunderts:

(1) Anton Marty – Professor in Prag, Sprachphilosoph, Ontologe, Psychologe, der treueste Schüler Brentanos;

(2) Carl Stumpf – Professor in Würzburg, Prag, Halle, München und
Berlin, Mitbegründer der Gestaltpsychologie;

(3) Alexius Meinong – Philosophieprofessor in Graz, Begründer der
Gegenstandstheorie;

(4) Christian von Ehrenfels – Philosophieprofessor in Prag, Mitbegründer der Gestaltpsychologie;

(5) Edmund Husserl – Philosophieprofessor in Halle, Göttingen und
Freiburg, Begründer der Phänomenologie;

Hörer von Brentano waren überdies Sigmund Freud, Alois Höfler,
Tomáš Garrigue Masaryk, Rudolf Steiner – und vor allem Kazimierz Twardowski. Über Brentano schrieb er:[7]

Dieselben [meine Studien] unter dem Zeichen Franz Brentanos. Form
und Inhalt seiner Vorlesungen machten auf mich den tiefsten Eindruck.
Seine Persönlichkeit löste in mir die Gefühle aufrichtigster Bewunderung und Verehrung aus, seinen Lehren lauschte ich mit vollster Hin-
gabe. […] Franz Brentano wurde mir zum Vorbild des unentwegt nach
Erkenntnis der Wahrheit ringenden philosophischen Forschers und
des im antiken Geiste seine Schüler als jüngere Freunde um sich sam-
melnden philosophischen Lehrers. Von ihm lernte ich das Streben nach
rücksichtsloser Sachlichkeit und die Handhabung einer diese Sachlichkeit – soweit dies möglich – verbürgenden Methode der Überlegung
und Untersuchung; sein Beispiel bewies mir, daß man die schwierigsten
Probleme klar formulieren und ihre Lösungsversuche nicht minder klar

---

7   Twardowski (1926), S. 5-6.

darstellen kann, wenn man nur mit sich selbst im klaren ist; der Nachdruck, den er auf scharfe begriffliche Unterscheidungen legte, ohne in unfruchtbare Spitzfindigkeiten zu verfallen, wurde ein wichtiger Programmpunkt für meine eigenen Arbeiten.

Twardowski wurde zum Brentano-Schüler im „engeren Sinn", also einer von jenen, die sich „im antiken Geist als jüngere Freunde" um den Meister sammeln. Er nahm also nicht nur an den Seminaren teil, sondern hatte auch die Erlaubnis, ihn zu Hause aufzusuchen. Die Bekanntschaft mit Brentano hielt lange. Sie hielten auch noch Kontakt, als beide, im selben Jahr übrigens, Wien verließen. Twardowski übernahm den Lehrstuhl in Lemberg und Brentano fuhr nach Italien.

Was Brentano unter den Professoren, das war für Twardowski Hans Schmidkunz unter den Kollegen. Über den besten Freund aus Studientagen und seine Rolle schrieb Twardowski:[8]

Dr. Schmidkunz schuf nicht nur jene Lesezirkel, in welchem wir uns – im Sinne Brentanos – in die Lektüre und Interpretation des Aristoteles im Urtext anhand der Kommentare des Thomas von Aquin vertieften, sondern verstand es auch, ein Reihe älterer und jüngere Hörer Brentanos zu regelmäßigen, der philosophischen Aussprache gewidmeten gesellschaflichen Zusammenkünfte zu veranlassen, welche nicht nur einzelne Teilnehmer an demselben persönlich näherbrachten, sondern auch zu der im Jahre 1888 ebenfalls auf Betreiben von Dr. Schmidkunz erfolgten Gründung der philosophischen Gesellschaft an der Universität Wien führten.

Die Anfänge der Gesellschaft reichen ins Jahr 1887 zurück, als sich einige Brentano-Hörer (darunter Schmidkunz und Twardowski) an Alois Höfler wandten, um die Erlaubnis zu regulären unverbindlichen philosophischen Treffen zu erhalten. Anfangs fanden diese im Kaffeehaus Kaiserhof neben der Universität statt. Die Gesellschaft wurde am 26. März 1888 anerkannt. Das erste offizielle Treffen fand am 27. April im selben Jahr statt. Höfler wurde zum Vorsitzenden der Gesellschaft gewählt und Twardowski übernahm die Funktion des ersten Vizevorsitzenden, was ihn mit Stolz erfüllte.[9]

---

8   Twardowski (1926), S 7.
9   *Ibid.*

Zu dieser Zeit intensivierte sich der Kontakt zu Höfler (den er, wie erwähnt, nicht im Theresianum kennenlernen durfte) wie auch zu Josef Klemens Kreibig und Christian von Ehrenfels. Mit allen stand er dann über Jahre in brieflichen Kontakt. Mit Kreibig, Karl Neisser und Georg Cornelius Fuld bildete Twardowski den Wiener Rat der Gesellschaft.

Vizevorsitzender der Gesellschaft blieb er bis 1889 (vermutlich trat er zurück, als er beschloss, seinen Militärdienst anzutreten). Mitglied des Rates blieb er bis 1895, dem Jahr seiner Abreise nach Lemberg. Von 1903 bis 1938 hatte er innerhalb der Gesellschaft die Funktion eines „Patrons" (unterstützendes Mitglied) inne.

Twardowski trat während der Gesellschaftstreffen sieben Mal auf: am 2. Dezember 1893 mit einem Referat „C. Lange's Zurückführung der Gemüthsbewegungen auf vasomotorische Vorgänge", am 20. Jänner 1894 mit der Vorlesung „Welchen Sinn hat es, das Physische und das Psychische als ‚zwei Seiten' ein und derselben Wirklichkeit aufzufassen?". Nach neun Jahren, am 18. November 1902 hielt er den Vortrag „Über begriffliche Vorstellungen", und nach weiteren zwölf Jahren einen Vortragszyklus „Über Funktionen und Gebilde. Einige Bemerkungen zum Grenzgebiet der Psychologie, Grammatik, und Logik". Die Vorlesungen fanden am 29. Oktober und 19. November 1914 statt, die jeweiligen Diskussionen am 18. Dezember 1914 sowie am 25. Jänner 1915.[10] Die letzten Referate und Treffen fanden während des Ersten Weltkrieges statt, als Twardowski in Wien weilte und sein „Kriegsrektorat" ausübte (s. Kapitel 9).

6. Wieder in Jezupol

Sofort nach dem Absolutorium absolvierte Twardowski seinen einjährigen Militärdienst von Herbst 1889 bis Sommer 1890 und rüstete als Reserveoffizier ab. Direkt danach lebte er erneut in Jezupol, wo er wieder Władysław unterrichtete und darüber hinaus, wie er in seinem *Curriculum vitae* ausführt, als Privatsekretär des Grafen arbeitete. Für den Aufenthalt in Jezupol waren anscheinend finanzielle Gründe ausschlaggebend. Nach dem Militär hatte er keinerlei Aussicht auf eine feste Anstellung, wollte seinen Lebensunterhalt jedoch selbst verdienen und gleichzeitig das Doktorat zu Ende bringen. Vermutlich bat er Dzieduszycki um eine Bürgschaft, worauf dieser noch im Jänner 1890 mit einem Arbeitsangebot reagierte:

---

10 Vgl.: *Siebenter Bericht* (1934–1935) und Blackmore (1998).

(11. Januar 1890.) Sehr lange hatte ich nachgedacht, bevor ich Dir auf Deinen letzten Brief antwortete. Eine Bürgschaft kann ich Dir nämlich nicht geben, da ich nicht weiß, wie Du das mit der Rückzahlung anstellen willst. Gleichwohl, wenn sich Deine Umstände ungünstig entwickelt haben, denke ich, dass Dir meine Hilfe nützlich sein kann. Du bist mir in Jezupol jederzeit herzlich willkommen und wenn Du willst, können wir ein mehrjähriges Übereinkommen schließen. Du würdest 1000 rheinische Gulden jährlich bekommen und könntest mir bei meinen Bemühungen, Władzio etwas beizubringen, behilflich sein.

Alles weist darauf hin, dass Dzieduszycki sich immer mehr darüber im Klaren war, dass sein Sohn im Lernen keine Fortschritte machte und dass Twardowski Recht hatte – Władzio benötigte eine Erziehung mit „harter Hand". In seinem Brief vom 6. September 1889 schrieb der Graf an Twardowski:

Kazimierz Twardowski während des Militärdienstes

Für länger fahre ich nirgends hin, obwohl ich jetzt mit dem Kaiser in Jaroslaw zusammentraf. Ich werde es auch weiter so halten, als wäre es ohnehin nicht Wahnsinn anzunehmen, dass Władzio jemals lesen und schreiben lernen wird.

Die Befürchtungen zur pädagogischen Zukunft von Władysław dringen auch im Brief vom 21. Dezember 1889 durch:

Es ist mir unmöglich, Dir zu sagen, was Du mit Władzio im nächsten Jahr, oder diesen Herbst machen sollst, weil er sich ständig ändert. Ich weiß, dass ich mich auch immer selbst mit Władzio beschäftigen werde, und dass Dir das Freizeit garantiert. Erwähnen muss ich allerdings, dass ich für Władzio einen Kollegen aufgenommen habe, ein fähiger und recht fleißiger Bursche, der denselben Unterricht bekommt, was einen positiven Einfluss auf Władzio hat, sodass er dieses Jahr gewisse Fortschritte macht.

Am 23. August 1891 schreibt Twardowski dagegen an den Vater:

In einer Woche gehen wieder die Stunden mit dem Buben an und ich weiß nicht, ob die Kräfte reichen werden, um mir dann […] die Zeit, die ich in den Stunden mit Władzio verloren haben werde, zu entgelten. Denn dass diese Mühe umsonst ist, steht außer Frage.

Es kann nicht ausgeschlossen werden, dass diese Probleme Grund für die erste Abreise von Jezupol bzw. für den Konflikt mit Gräfin Dzieduszycka waren (welche vielleicht die Schuld für fehlende Lernfortschritte beim Lehrer suchte). Trotzdem war Twardowski entschlossen, das Angebot des Grafen anzunehmen, zumal Dzieduszycki sehr daran gelegen war. In einem Brief vom 17. August 1890:

Wie freut mich der Gedanke, dass Du nach Jezupol kommst. […] Ich alter Egoist werde zeitweise einen Gesprächspartner haben; und das habe ich sehr nötig, weil ich es jetzt nicht mehr wage, jemanden nach Hause einzuladen, mit dem man reden könnte, weil das Idioten sind!

Curriculum vitae.

[handwritten Curriculum vitae by Kazimierz Twardowski]

Der Lebenslauf von Kazimierz Twardowski als Anhang
zu den Rigorosumsunterlagen

Neben dem Unterricht für Władzio waren auch Musikstunden für Nina, die Tochter des Hauses vorgesehen, und der Graf hatte „das Projekt, sich manchmal" von Twardowski „in politischen und literarischen Angelegenheiten" vertreten zu lassen. Außerdem wurde Twardowski versichert, dass es ihm nicht an Zeit für die eigene Arbeit fehlen würde.

Der zweite Aufenthalt in Jezupol dauerte ein Jahr: von Herbst 1890 bis Herbst 1891. Twardowski nahm aktiv am Leben in Jezupol teil: Er organisierte dort u.a. einen Lesesaal für die Gesellschaft für Volksbildung (Towarzystwo Oświaty Ludowej) und die Freiwillige Feuerwehr, der er auch einige Monate vorstand.[11] Gleichzeitig arbeitete er an seiner Doktorarbeit *Idee und Perzeption. Eine erkenntnistheoretische Untersuchung aus Descartes*. Seinen Ansatz erklärte er selbst folgendermaßen:[12]

> Deren [*scil.* meiner Dissertation] Problem mir während der von Brentano auf Grund von Descartes *Meditationen* geleiteten Übungen zum Bewußtsein gekommen war und Unterscheidung der Begriffe *idea* und *perceptio* bei Descartes betraf. Da Descartes sowohl der Idee als auch Perzeption Klarheit und Deutlichkeit zuschreibt bzw. abspricht, da er sich ferner beider Begriffe ziemlich *promiscue* in den verschiedenen Formulierungen seines Wahrheitskriteriums bedient, drängte sich mir die Frage, ob beide Termini gleiche oder verschiedene Bedeutung haben. Etwas war hier nicht in Ordnung bei Descartes: bei gleicher Bedeutung die Terminologie, bei verschiedener Bedeutung die Lehre, oder wenigstens ihre Darstellung. Kein Wunder, daß ich als Schüler Brentanos, der unablässig und unnachsichtig auf Strenge der Formulierung, Konsequenz im Ausdruck und Stringenz der Beweisfürung drängte, das Bedürfnis fühlte, das Verhältnis von „Idee" zur „Perzeption" bei Descartes zu klären. So entstand meine Dissertation, die ich während des Winters 1890/1891 ausarbeitete und im Frühjahr 1891 der Philosophischen Fakultät in Wien vorlegte, worauf ich im selben Jahr das zweistündige *Rigorosum* aus Philosophie mit klassischer Philologie und im Herbst desselben Jahres das einstündige *Rigorosum* aus Mathematik und Physik ablegte. Meine Dissertation erschien 1892, dem Jahre meiner Promotion, bei Carl Konegen in Wien unter dem Titel *Idee und Perzeption. Eine erkenntnistheoretische Untersuchung aus Descartes*.

Twardowski bearbeitet auch in seiner Dissertation die Begriffe der Deutlichkeit und der Klarheit der Idee (Vorstellung) und Perzeption (Wahrnehmung) bei Descartes.

Es stellte sich heraus, dass der Terminus „Deutlichkeit" sich auf die gleiche Eigenschaft bezüglich der Vorstellung bezieht wie im Falle der Wahrnehmung. Deutlich sind Vorstellung und Wahrnehmung, wenn sie deutlich von anderen Vorstellungen und Wahrnehmungen abgegrenzt sind bzw.

---

11   Vgl. Jadczak (1991), S. 7.
12   Twardowski (1926), S. 7-8.

wenn ihr Bereich eindeutig umrissen ist. Der Begriff „Klarheit" bedeutet
etwas anderes im Falle von Vorstellung und etwas anderes bei der Wahrnehmung. Die Vorstellung ist klar, weil es ihr nicht an Eigenschaften fehlt, die
wesentlich sind für den vorgestellten Gegenstand. Dem gegenüber ist die
Wahrnehmung klar, umfasst sie doch den Gegenstand als Ganzes und in
all seinen Teilen. Daraus resultieren die differenten Rollen von Vorstellung
und Wahrnehmung im Erkenntnisprozess bzw. bei Urteilen, welche die Ergebnisse dieses Prozesses umfassen. Eine klare und eindeutige Vorstellung
ist unabdingbare Voraussetzung für das Verkünden jedweden Urteils, eine
klare und eindeutige Wahrnehmung ist unabdingbare Voraussetzung (*causa*,
ratio) für das Verkünden eines wahren Urteils.

Im April 1891 war die Arbeit fertig und Twardowski reichte sie mit den
anderen nötigen Dokumenten im Dekanat der Philosophischen Fakultät
ein. Obwohl die Arbeit auf Anregung und unter dem Einfluss Brentanos
entstand, sie außerdem im Brentanoschen Geist verfasst wurde, war der
Betreuer Zimmermann (da, wie erwähnt, Brentano zu dieser Zeit keinen
Lehrstuhl in Wien hatte). Am 2. Juni 1891 fand das zitierte Rigorosum
Twardowskis im Hauptfach, d. h. in Philosophie mit Altphilologie, und am
31. Oktober im Nebenfach, d. h. in Mathematik mit Physik statt.

7. Die Ehe

In dieser Zeit, vermutlich Frühling 1891, lernte Twardowski in Jezupol seine künftige Frau, Kazimiera Wanda Kołodziejska, die Tochter des Architekten Walery (Walerian) Kołodziejski (1826–1900) und Józefina (Józefa),
geb. Ozajstowicz kennen. Die Bekanntschaft mit Wojciech Dzieduszycki
war also nicht nur für das berufliche Weiterkommen sondern auch für sein
Privatleben ausschlaggebend. Die offizielle Verlobung fand am 18. Juli 1891
in Beisein von Pius Twardowski in Jezupol statt.

Kazimiera Kołodziejska

Die Eheschließung von Kazimierz und Kazimiera wurde von Wojciech Dzieduszycki begünstigt, der am 15. Juli 1891 an Pius Twardowski schrieb:

Hochverehrter Herr Rat!
Wie kann ich dem hochverehrten Hrn. dafür danken, dass Sie gestatteten, in meinem Hause so einen edlen und verständnisvollen Freund und Gefährten, wie es Kazio mir ist, zu haben? Möge Gott geben, dass seine Ehe glücklich werde. Jetzt kann ich nur sagen, dass Frl. Kazia seiner würdig ist, und das ist ein sehr großes Lob. Herzliche Dank auch für Julek [Juliusz Twardowski], aus dem was werden wird, und die Bitte, er möge bis ans Ende der Ferien bei mir bleiben. Er wird ausreiten, schwimmen gehen und, wie ich glaube, nicht verdummen. Schließlich bitte ich, dass Sie geschätzte Herrschaften, mit Malwinka während ihres Aufenthaltes im Land, nicht die Gelegenheit ungenutzt verstreichen lassen, unser Haus aufzusuchen und anschließend die Herrschaften Krypiakiewicz vorbeischickt, auf dass sie ihre künftige Schwägerin kennenlernen mögen.
Ich ende mit dem Ausdruck tiefster Hochachtung, Ihr gehorsamster Diener – Wojciech Dzieduszycki.

Kazimiera fand auch bei der ganzen Familie Twardowski wärmste Aufnahme. Sie wurde wie eine Tochter aufgenommen und revanchierte sich mit gleicher Herzlichkeit gegenüber den Schwiegereltern.

Die Gräfin Dzieduszycka war allerdings gegen diese Ehe. Jene Widrigkeiten und Verletzungen, welche Twardowski seitens der Gräfin erdulden musste, lassen sich ziemlich detailliert in der Korrespondenz mit den Eltern verfolgen. Sie entbehren heute nicht einer gewissen Komik. Für die Verlobten war dies jedoch sicherlich eine dramatische Zeit. Einige Berichte und Meinungen zum seltsamen Verhalten der Gräfin aus den Briefen an den Vater vom 19., 23. und 31. August 1891:

Teuerster Papa! Die letzten Freitag in Krakau geschriebene Postkarte erreichte mich nicht; am Freitag Abend fuhr ich nämlich Richtung Stryj ab und während meiner Abwesenheit ist sie verschwunden. Liebster Papa, schreiben Sie mir bitte niemals Postkarten, da es nicht mein Wunsch ist, dass die Dienstboten oder jemand anderes [gemeint ist wohl die Gräfin] liest, was Sie mir schreiben. […]

So wurde etwa Nina [d.i. Antonina Dzieduszycka] befohlen, wenn ich zufällig mit Ania und Kazia die paar Schritte von der Kirche zurückgehen sollte, sich augenblicklich von mir zu entfernen, damit ich mich wie ein Parias fühle, vor dem man flüchtet. Oder als nach dem Abendessen ein gemeinsamer Spaziergang geplant war, meinte die Gräfin, sie würde nicht gehen; weshalb ich die Fräulein verließ und auf mein Zimmer ging; und selbst wenn ich ihr aus den Augen ginge, nehme sie am Spaziergang teil und würde es so einrichten, dass wir gestört würden. Schließlich wurde der Graf dienstlich und meinte, dass, wenn ich nicht mitginge, er ebenfalls nicht gehen würde. […]

In Jezupol ist die Situation unverändert. Das Verhältnis zwischen uns – vor allem mir und der Gräfin – ist zum Zerreißen gespannt aber ich halte bloß apathisch still, unterwerfe mich Gottes Wille und warte, bis der Herrgott es für wert erachtet, uns von hier zu erlösen. Möge es nur möglichst rasch geschehen, denn in der Tat ist es schade um meine Arbeit wie um Kazias Gesundheit. […] Ich habe einen neuen Beweis, dass wir hier nichts zu erwarten haben. Gestern sprach während unserer Abwesenheit [Jan] Styka mit der Gräfin über uns. Nur Gleichgültiges kam zur Sprache. Die Gräfin sagte nur: „Kazia hat nur einen Makel. Sie will um jeden Preis heiraten". Styka machte große Augen in Richtung Gräfin und sagte: „Ich verstehe nicht, die ist doch mit dem Hrn. Twardowski verlobt". Der Graf kam hinzu und flüsterte Styka ins Ohr:

„Meine Frau ist in diesem Punkt etwas fixiert". Styka, der mit dem Graf
wegging, sagte zur Gräfin: „Ich bin überzeugt, dass all Ihre Bemühungen dahin gehen werden, diese Heirat schnellstmöglich in die Wege zu
leiten". Dieses Gespräch hinterbrachte mir Styka, den wir recht liebgewonnen hatten und der sich nicht genug über die Tücke der Gräfin
wundern konnte.

Die Situation verschärfte sich soweit, dass sich schließlich der Graf zu einem entschiedenen Einschreiten entschloss. Twardowski beschreibt es in
einem Brief an den Vater vom 21. August 1891:

Der Graf raffte sich schließlich auf, mir mitzuteilen: „Komm Kazio,
wir haben was zu besprechen". Also besprachen wir und das Ergebnis
war: 1° Ich werde Władzio unterrichten, aber außerhalb des Unterrichts
geht er mich nichts an; die Gräfin wird keinerlei Bemerkungen über
die Erziehung, noch zum Unterricht, von Władzio machen; sollte dies
dennoch geschehen, habe ich das Recht, sie mit dem Hinweis, dass ich
ihr keine Rechenschaft schuldig wäre, an den Grafen zu verweisen. 2°
Sämtliche Zurechtweisungen bezüglich des Betragens von Kazia sind
an uns beide zu richten und [nicht] an uns einzeln.

Der Graf raffte sich zu einem klärenden Gespräch mit seiner Frau auf,
worauf kurzfristig Besserung eintrat. In einem Brief vom 23. August 1891
wurde der Vater informiert:

Jetzt etwas mehr Frieden mit der Gräfin – irgendwie ließ sie sich durch
den Grafen besänftigen, der sich ihr gegenüber zu einer Gardinenpre-
digt durchringen konnte: er machte ihr klar, wie sie mir gegenüber auftritt.

Die Heiratsurkunde von Kazimierz Twardowski
und Kazimiera, geb. Kołodziejska

Die Unannehmlichkeiten, mit denen Kazimiera und Kazimierz von Seiten der Gräfin konfrontiert wurden, bewirkten, dass die Verlobten beschlossen, Jezupol schnellstmöglich zu verlassen. Kazimierz schrieb dem Vater am 19. August 1991:

Ich habe an Sie, Papa, eine große Bitte. Fragen Sie doch bitte bei sich jeder nur bietenden Gelegenheit, ob sich nicht eine geeignete Stellung für mich fände, sei es als Bibliothekar, Archivar oder etwas in dieser Art. Bitte erwähnen Sie nicht, dass es mir wegen der Hochzeit um die Stellung geht, sondern um einen Lebensunterhalt, welcher für die Zeit der Habilitation und Dozentur entsprechend wäre. Sagen Sie bitte, dass ich im Herbst das Doktorat haben werde und dann, oder falls nötig sofort, die Stellung antreten könnte. [...] Hier in Jezupol werde ich nicht ausreichend Zeit für eine Habilitation haben, da der hiesige Hausbrauch den Tagesablauf zerstückelt, und zweitens das ständige Anpassen an das seltsame Verhalten der Gräfin mir gegenüber Kraft kostete, wo doch für eine ernsthafte Arbeit ein frischer Geist vonnöten ist. Aber ich kann nicht von hier weg, solange ich keine Arbeit habe, die zumindest soviel einbringt, dass sowohl meine als auch Kazias notwendigsten Bedürfnisse befriedigt werden, wenn wir nach Wien fahren und wir auch nicht sofort werden heiraten können, was uns und sicher auch Ihnen Papa, das liebste wäre.

Anscheinend wohnten die Verlobten im Herbst 1891 nach Twardowskis zweitem Rigorosum im Wiener Elternhaus.

Die Hochzeit von Kazimierz und Kazimiera fand am 9. Jänner 1892 in der Pfarre Zu den Heiligen Schutzengeln – in derselben Kirche also,

wo Twardowski getauft worden war – statt. Zelebriert wurde sie vom be-
kannten Prediger Dr. Anton Ritter von Sas Krechowiecki, dem Rektor der
St. Ruprechtskirche in Wien. Als Zeugen fungierten der Schwager Józef
Krypiakiewicz und Kazimieras Bruder aus Krakau Stanisław Ślepowron-
Kołodziejski.

Maria, Helena und Aniela Twardowski

Die Twardowskis hatte drei Töchter: Helena (1892–1978), Aniela (1894–
1951) sowie Maria (1895–1992). Nach Jahren schreibt Twardowski:[13]

> Alle [Töchter] sind glücklich verheiratet, die älteste an einem In-
> genieur, die zweite an einem Gutsbesitzer, die dritte an meinem
> ehemaligen Schüler, gegenwärtig a.o. Professor der Philosophie an
> der Warschauer Universität.

Helena heiratete also den Eisenbahningenieur Longin Dudryk (später Darlewski) (1886–1962), Aniela ehelichte Józef Tomczak (1885–1958), den Besitzer von Biesiekierz (einem Gut bei Lodz) und Maria schließlich wurde die
Frau von Kazimierz Ajdukiewicz (1890–1963).
    Die Gefühle zu seiner Frau beschrieb Twardowski gegen Ende seines
Lebens so:[14]

---

13   Twardowski (1926), S. 5.
14   *Ibid.*

Es fehlen mir die Worte, um die Liebe zu schildern, mit der mich meine Frau in ihrer grenzenlosen Güte stets umgab und umgibt. Als klügste Beraterin und verläßlichste Helferin in allen Lebenslagen hat sie den größten Anteil an allem Ersprießlichen, war mir zu leisten vergönnt war.

Ein schöneres Bekenntnis ist kaum möglich.

Kapitel 4

Die letzten Jahre in Wien
(1892–1895)

1. Die Reise

Am Tag nach der Hochzeit begab sich das Paar dank eines Stipendiums des Kultur- und Wissenschaftsministeriums auf eine Reise nach Leipzig und München. Auf dem Weg nach Leipzig machten sie in Prag halt, von wo die Familie folgende Zeilen erreichten:

> 11. Jänner 1892. Prag, Hawlickowa 56. Liebe Eltern! Als wir gestern Nachmittag nach Hause zurückkamen, blieben wir gleich daheim, weil wir allzu müde waren. Wir sind um neun schlafen gegangen, haben herrlich durchgeschlafen und sind jetzt *ganz frisch* [urschriftlich]. Wir fuhren nicht, wie wir das vorhatten, um halb acht, da wir zu unserer großen Freude entdeckten, dass es von hier auch einen Personenzug um Mittag 11^{50} gibt, der um 1/2 10 am Abend in Leipzig ist. Heute ist ein schöner, kalter, frostiger Tag. Wir erwarten große Neuigkeiten aus Wien und hoffen, dass es Euch nicht um's Briefpapier schade ist. Küsschen an Mama, Wania, Staś und Julek, Winka, Zosia, Niunia und die Józeks. Es grüßen und küssen Euch herzlichst – die Kazios.

Am selben Abend noch war das junge Paar in Leipzig, wo sie zuerst im Hotel abstiegen und anschließend, nachdem sie die Antworten auf ihre Zeitungsannonce durchgesehen hatten, in der Inselstraße 13, im dritten Stock bei Witwe L[eopoldine?] Hoppe Quartier nahmen. Von dort hatte Twardowski nur zehn Minuten ins psychologische Laboratorium, dessen Arbeit er verfolgen wollte. Twardowski war nämlich mit Brentano von der großen Bedeutung der experimentellen Psychologie überzeugt und wollte vor Ort, wo es das bekannteste Labor dieser Art gab, dessen Arbeit persönlich beobachten. Während des zweimonatigen Aufenthalts besuchte er die Vorlesungen von Wundt (ein historisch-philosophisches Seminar, das einzige, das Wundt zu dieser Zeit abhielt). Die Vorlesung aus Psychologie hatte dagegen der Privatdozent Oswald Külpe, ein Assistent von Wundt. Külpe war so entgegenkommend, Twardowski mit den Abläufen im Institut und den Instrumentarien für die psychologischen Forschungen vertraut zu machen.

Inzwischen entschied sich in Wien seine Promotion. Diese fand nämlich nicht vor der Stipendienreise statt, da Twardowski auf eine spezielle Promotion *sub auspiciis imperatoris* (*unter der Aufsicht des Kaisers*) hoffte. Dieser Promotionstyp wurde vom Kultur- und Wissenschaftsministerium 1888 eingeführt und war als Auszeichnung für Absolventen gedacht, welche die Matura und alle Universitätsprüfungen mit der Bestnote abgelegt hatten. So eine Promotion war besonders feierlich und der frischgebackene Doktor erhielt zur Erinnerung einen Ring mit Brillant. Sie fand einmal jährlich für alle Hochschulen statt. Während der Reise der Frischvermählten versuchte Pius Twardowski das Verfahren voranzubringen. Leider erfolglos, was Twardowski in einem Brief vom 11. Februar 1892 folgendermaßen kommentierte:

> Ich hatte nicht in der Hoffnung geschwelgt *sub auspiciis* zu promovieren; daher verwundert mich der Verlauf, den die Sache an der Universität genommen hat, nicht.

Es ist hinzuzufügen, dass einer der ersten und zugleich talentiertesten Schüler von Twardowski, Jan Łukasiewicz, dagegen wohl *sub auspiciis* promovierte (1902).

Pius bemühte sich auch um eine Beschleunigung des Termins für die „gewöhnliche" Promotion des Sohnes. Dieser hält jedoch den Vater in einem Brief vom 9. Februar 1892 davon ab, sich in der Sache weiter zu engagieren:

> Ich wollte Sie, Papa, daran erinnern, dass es nicht nötig ist, den *Termin* der Promotion zu beschleunigen, da ich ansonsten allein nach Wien und danach wieder ins Ausland zurück müsste.

Nach zwei Monaten in Leipzig fuhr man weiter nach München und besuchte unterwegs Nürnberg, wie in der Korrespondenz vom 18. März 1892 nachzulesen ist:

> Was Nürnberg betrifft, so hat es uns ganz außerordentlich gefallen. Eine alte Stadt mit Stadtmauer, -graben, -toren und Basteien [...]. Die Straßen größtenteils eng. Die Häuser mittelalterlich [...], am höchsten Punkt der Stadt die „Burg" [urschriftlich] mit interessanten Souvenirs; interessant auch das Germanische Museum und ein paar bezaubernde Kirchen. In beidem die feinen Ideen des Veit Stoß. Wir waren an sei-

nem Grab und auch an jenen von Hans Sachs und Dürer. Über unseren
Aufenthalt in Nürnberg werden wir nicht nur einmal wieder erzählen.
Für heute nur noch soviel, dass wir im Hotel „Zur Himmelsleiter" ab-
gestiegen sind.

Das Haus, in dem die Familie Twardowski während des
Aufenthaltes in München wohnte (1892)

In München fanden die Twardowskis eine Wohnung im Haus von Baronin
Walzerer-Wenderheim in der Schellingstraße 14. Im selben Brief wird dessen Lage beschrieben:

> Zur Universität habe ich es hier noch näher als in Leipzig, wo ich vom
> Hinterausgang durch den Garten gerade mal hundert Schritte hatte.
> Zur Bibliothek sind es dagegen 200 Schritte. Seht nur auf der Karte
> nach: [...] das Eckhaus Schelling-und-Amalienstraße – die Ecke nächst
> der Universität. Die Kirche (Ludwigskirche in der Ludwigstraße) ist
> auch gerade 150 Schritte entfernt. Wir haben ein Eckzimmer im dritten
> Stock mit vier Fenstern.

In München hörte Twardowski die Vorlesungen von Karl Stumpf und Georg Freiherr von Hertling. Zu Stumpf entwickelte sich eine nähere Bekanntschaft, die später brieflich aufrecht erhalten wurde. An das Treffen erinnerte er sich nach Jahren:[1]

> [Stumpf] mich auf das freundlichste aufnahm; ich hörte seine Vorlesungen, nahm an den von ihm geleiteten philosophische Übungen teil, wurde von ihm in sein Haus eingeladen und durfte mit ihm musizieren.

Das Haus in der Igelgasse (heute Johann-Strauss-Gasse) 27, wo Kazimierz und Kazimiera Twardowski von 1892 bis 1895 lebten

Der Aufenthalt in München bot Twardowski auch Gelegenheit, seinen alten Studienfreund Schmidkunz aufzusuchen, der zu dieser Zeit an der Universität München als Privatdozent tätig war. Schmidkunz führte das Paar durch die Stadt und verbrachte auch die Freizeit mit ihnen. Bei

---

1   Twardowski (1926), S. 8.

Schmidkunz trafen sie auch einen weiteren Wiener Bekannten, Kreibig, der ebenfalls München besuchte.

Über Schmidkunz lernte Twardowski auch Albert Freiherr von Schrenck-Notzing (Facharzt für Nervenerkrankungen, der sich mit den Phänomenen Hypnose und Suggestion beschäftigte) und den Spiritisten Carl du Prel[2] kennen. Twardowski hatte eine sehr gute Meinung über den Letzteren:

> Baron du Prel, ehemaliger Hauptmann der bairischen Armee, Darwinist, der dessen Theorie auf den Kosmos übertrug, […] und sich für außerirdische Lebensformen interessiert, wird in den Werken von Kapp *Philosophie der Technik* und Zeising *Der Goldene Schnitt* vorgestellt. Er entdeckt im Geistesleben organische und in der Natur geistige Elementarteilchen. Er stellt eine Theorie zur Existenz des Menschen auf Basis der aristotelischen Psychologie auf und deduziert aus dieser Theorie Fakten, welche die Leute heute nicht glauben wollen, an die er dagegen leicht glauben kann, weil diese Fakten aus seiner Theorie abgeleitet wurden und diese bestätigen. […] Jedermann muss nach der Lektüre eines Kapitels von du Prel zugeben, dass man daraus mehr lernen kann, als aus hundert Büchners.[3]
>
> Ich […] war daher sehr erfreut, manch anregende Stunde im Gespräch mit einem so angesehenen, eben diese Probleme vom Standpunkt einer „monistischen" Philosophie behandelnden Schriftsteller verbringen zu können.[4]

Die „Wissenschafts-Hochzeitsreise" der Twardowskis endete im Salzkammergut – einer wunderschönen Landschaft zwischen Seen und Alpen, gelegen an der Verbindung von Salzburger Land, Steiermark und Oberösterreich – wo man mit der restlichen Familie den Urlaub verbrachte.

Am 18. Juli 1892, nach der Rückkehr nach Wien, fand die verspätete Promotion statt. In Wien wohnten die Twardowskis in der Igelgasse (heute Johann-Strauß-Gasse) 27, bloß ein paar Seitengassen sowohl von der Favoritenstraße als auch der Scheifmühlgasse entfernt, wo zu der Zeit Kazimierz' Eltern lebten. Interessanterweise lebte auch der erwachsene Juliusz Twardowski in unmittelbarer Umgebung: am Brahmsplatz 2, nur ein paar hundert Meter von dem Haus entfernt, wo er geboren wurde und aufwuchs.

---

2   Sein Artikel „Monista-mistyk" im „*Przełom*" handelt davon.
3   Twardowski (1895b), S. 156.
4   Twardowski (1926), S. 9.

2. *Venia legendi*

Ursprünglich plante Twardowski mit väterlicher Unterstützung den Abschluss seiner Habilitationsschrift noch für den Herbst 1892. Bereits in Leipzig und München (vermutlich sogar früher) arbeitete er intensiv an der Abhandlung. Am 9. Februar 1892 schrieb er aus Leipzig an den Vater:

> Die Arbeit an der Habilitation geht so gut voran, dass ich sie nach meiner Rückkehr nach Wien mit Gottes Hilfe wahrscheinlich sofort in Druck geben kann, sodass ich im Herbst zur Habilitation antreten könnte. Auf Polnisch gebe ich die überarbeitete Vorlesung heraus und außerdem die Habilitationsschrift.

Pius Twardowski träumte sogar davon, dass der Sohn bereits im Oktober 1892 mit Vorlesungen beginnen könne. Darüber, dass so eine Beschleunigung unmöglich sei, informierte Kazimierz in einem Brief vom 11. Februar d.J.:

> Was die Habilitation betrifft, sieht es so aus, dass die gesetzlichen Vorschriften einen Termin im Juli ermöglichen. Eine andere Frage ist, ob ich die Habilitationsschrift bis Juli fertig bringe, da dies eine Angelegenheit ist, die keine Hektik duldet, ja jede Hektik dem Inhalt bloß schaden könnte. Es ist nicht ausgeschlossen, wenn auch unwahrscheinlich, dass ich bis Juli fertig werde. Selbst dann hätte ich nicht viel davon, da sogar, wenn ich die Habilitationsarbeit Anfang Juli an der Universität einreichen würde, die Habilitation selbst nicht innerhalb eines Monats ablaufen könnte. Bevor nämlich alle, die es lesen müssen, das Werk gelesen haben und danach das „Habilitions-Colloquium" stattfindet, vergeht viel Zeit, vor allem, da zwischen all diesen Akten eine betreffende *volle* Sitzung „des philosophischen Professoren-Collegiums" angesetzt werden muss. Daher kann also von einem Vorlesungsbeginn für mich im Oktober, auch bei größter Eile meinerseits, keine Rede sein.

ad 14376 94

Curriculum vitae.

Geboren am 20. Oktober 1866 zu Wien (Beilage A) erhielt ich den ersten Unterricht im elterlichen Hause. Die Verleihung eines Stiftplatzes seitens des galizischen Landes-Ausschusses ermöglichte mir im Alter von zehn Jahren den Eintritt in die K. K. Theresianische Akademie, als deren Zögling ich sämmtliche Classen des Gymnasiums absolvirte. Im Herbste des Jahres 1885 bezog ich, nachdem ich die Maturitätsprüfung mit Auszeichnung bestanden (Beilage B) und den „Kaiserpreis" erhalten habe (Beilage C), die Wiener Universität. An derselben widmete ich mich dem Studium der Philosophie. Neben diesem Gegenstand hörte ich zuerst historische, später physiologische, mathematische und physikalische Vorlesungen (Beilage D). Nach Vollendung des Quadrienniums genügte ich als Einjährig-Freiwilliger meiner Wehrpflicht. (1889 1890, Beilage E.) Im darauffolgenden Jahre legte ich nach Approbirung der am 9. April 1891 eingereichten Dissertation (Beilage F) die vorgeschriebenen strengen Prüfungen behufs Erlangung des Doctorgrades ab, und zwar am 2. Juni das Hauptrigorosum aus Philosophie in Verbindung mit der classischen Philologie, und am 31. Oktober das Nebenrigorosum aus Mathematik und Physik. (Beilage G.) Zu Beginn des Jahres 1892 besah ich mich behufs weiterer Ausbildung ins Ausland, was mir durch die gnädige Verleihung eines Reisestipendiums seitens des hohen K. K. Ministeriums für Cultus und Unterricht ermöglicht wurde. (Beilage H.) Drei Monate

5

Curriculum vitae, beiliegend zur Habilitationsurkunde (S. 1)

[handwritten letter/curriculum vitae in old German script]

Wien, am 1. December 1893.

† Kasimir Twardowski.

Curriculum vitae zur Habilitationsurkunde (S. 2)

Bereits damals kam eine Vorlesungstätigkeit in Lemberg nach Erhalt der Habilitation ins Gespräch. Twardowski setzte seinem Vater auseinander, warum dies allerdings nicht sofort möglich wäre:

Ich verstehe nur nicht, was Sie darüber schreiben, dass im Oktober eine Dozentur *in Lemberg* anzufangen sei. Warum in Lemberg, wo doch bis jetzt beschlossen war, dass ich in Wien habilitiere? Und wenn ich in Wien habilitiere, kann ich ja keine Übertragung der „Veniam legendi" beantragen, wenn ich zuvor nicht zumindest ein halbes Jahr dort Vorlesungen gehalten habe, wo ich mich habilitierte.

Schließlich musste Twardowski auf die *venia legendi* noch zwei Jahre warten. Was die Verspätung im Verhältnis zu den ursprünglichen Plänen bewirkt haben könnte bleibt spekulativ. Diese Pläne waren „wahnwitzig": hätten sie sich zeitlich zusammenpferchen lassen, hätte er die *venia legendi* mit 26, ein

Jahr nach der Doktoratsprüfung und einige Monate nach der Promotion erhalten. Vermutlich ist die Hablitation während der Arbeit „ausgeufert" (ursprünglich plante Twardowski die Abfassung eines „kurzen Bändchens" und schließlich wurde es bekanntlich ein verhältnismäßig langes). Eine andere, wenn auch unwahrscheinlichere Erklärung wäre ein Themenwechsel. In seiner wissenschaftlichen Autobiographie erwähnt er, dass ihm Brentano anfänglich die Analyse der Aristotelischen Wissenschaftsklassifikation vorgeschlagen hatte:[5]

> Ursprünglich habe ich ein anderes Thema für dieselbe [*scil.* die Habilitationsschrift] in Aussicht genommen, Brentano hatte mir seinerzeit nahegelegt, die Frage der Einteilung der Wissenschaften bei Aristoteles zu untersuchen. Ich wollte jedoch nach Veröffentlichung meiner einer historischen Frage gewidmeten Dissertation nicht wieder ein der Geschichte der Philosophie angehörendes Thema behandeln, zumal mich damals ein anderer Fragenkomplex lebhaft beschäftigte.

Die oben angeführte Korrespondenz mit dem Vater bezüglich eines zügigen Abschlusses an der Habilitationsarbeit stammt aus Leipzig (Jänner-Februar 1892). In der Autobiographie dagegen erinnert sich Twardowski, dass er „bereits in München" (wo er sich im März 1892 aufhielt) an der Habilitation zum letztlich von ihm gewählten Thema gearbeitet hätte. Daher ist nicht auszuschließen, dass das Thema in München geändert wurde und sich damit das gesamte Vorhaben verzögerte. Auch ein weiterer Grund, weshalb Twardowski die *venia legendi* letzlich 1894 erhielt, wäre denkbar: Es kann nicht ausgeschlossen werden, dass ihm jemand von einer allzu frühen Habilitation abgeraten hat, da diese auf Grund der in akademischen Kreisen herrschenden Verhältnisse verworfen hätte werden können.

Mit September 1892 nahm Twardowski, um seine mittlerweile größere Familie unterhalten zu können (die erste Tochter, Helena, erblickte noch 1892 und die zweite, Aniela, 1894 das Licht der Welt), eine Stelle im mathematischen Büro der Lebensversicherungs-Anstalt des Allgemeinen Beamtenvereins der Österreichischen Monarchie an. Dort arbeitete er drei Jahre, von Herbst 1892 bis Herbst 1895. Der Verdienst in dieser Stellung war allerdings bescheiden, weshalb er gezwungen war, nebenbei Nachhilfestunden zu geben. Er bemühte sich auch um wissenschaftliche Veröffentlichungen, was zur damaligen Zeit – im Gegensatz zu heute – eine gewisse Verdienstmög-

---

5 Twardowski (1926), S. 10.

lichkeit darstellte. In dieser Zeit erschienen seine Beiträge in der polnischsprachigen Zeitschrift *Przełom* (Umbruch), die von Abgeordneten polnischer
Abstammung ins Leben gerufen worden war. Ebenfalls in diesen Jahren arbeitete er mit der von Franz Schnüne herausgegebenen *Allgemeinen Österreichischen Literaturzeitung* und weiterhin der *Musik- und Theaterzeitung* zusammen.

Vor allem aber bereitete er seine Habilitation vor. Über Inspiration und
Ausgangsstellung schrieb er:[6]

> Mein Bestreben, die Begriffe der klaren und deutlichen Perzeption und
> der klaren und deutlichen Idee bei Descartes in möglichst klarer und deut-
> licher Weise zu erfassen, hat mich auf die Frage nach dem Wesen des
> Begriffes überhaupt geführt. Da aber der Begriff eine besondere Art der
> Vorstellung ist, mußte ich auch mit der Vorstellung überhaupt und den
> verschiedenen Weisen, in welchen wir uns etwas vorstellen, befassen. Auf
> diesem Gebiete hatte ich eine gedankliche Unordnung jener Art vorge-
> funden, wie sie mir den Anlaß zu meiner Dissertation gegeben [hatte]. Ich
> hatte gesehen, daß selbst hervorragende Denker dank einer ungenauen
> Ausdrucksweise die Grenzen zwischen dem Vorstellen und dem Vorge-
> stellten verwischen: ich hatte bei verschiedenen Autoren von Inhalten und
> Gegenständen der Vorstellung gelesen, ohne daß es mir immer klar ge-
> worden wäre, ob diese Ausdrücke gleiche oder verschiedene Bedeutung
> haben und was überhaupt mit ihnen gemeint sei; mit diesen Ausdrücken
> hing wieder aufs engste der bei Brentano eine so große Rolle spielende
> Terminus „immanentes Objekt" zusammen, und eine richtige Auffassung
> der Bedeutung dieses Terminus erschien nur von größter Bedeutung für
> Brentanos Lehre vom Urteil, da nicht wenige der gegen diese Lehre vorge-
> brachten Einwände meiner Überzeugung nach eben in gewissen das Ob-
> jekt der Vorstellung und somit auch des Urteils betreffenden Mißverständ-
> nissen ihren Ursprung hatten. Kurz und gut, ich fühlte daß es hier viel zu
> klären und zu präzisieren gab und daß die Behandlung des Problems vom
> Wesen des Begriffs eine Reihe von Voruntersuchungen auf dem Gebiete
> der Lehre von den Vorstellungen überhaupt erfordere, wobei die Ergeb-
> nisse diese Voruntersuchungen nicht nur des Begriffs, sondern auch jener
> des Urteils zugute kommen könnten.

Die Arbeit an *Zur Lehre vom Inhalt und Gegenstand der Vorstellung. Eine psychologische Untersuchung* dauerte bis Ende 1893, als er an der Philosophischen

---

6   Twardowski (1926), S. 10-11.

Fakultät der Universität Wien seine Dokumente einreichte. Schlussendlich erhielt er die *venia legendi* im Juli 1894. Die Habilitationsschrift ist die außerhalb Polens bekannteste und wahrscheinlich deshalb auch am meisten geschätzte Arbeit von Twardowski.

3. Die Dozentur in Wien

Auf Grund der im Juli 1894 erfolgten Habilitation konnte Twardowski im Herbst die Lehre an der Universität Wien als Privatdozent aufnehmen. Im Wintersemester 1894/1895 hielt er eine Vorlesung zur Logik und im Sommersemester eine Vortragsserie zum Thema Unsterblichkeit der Seele. Den Plan zur ersten Vorlesung schloss er den Hablitationsdokumenten an, die er ans Ministerium sandte. Auch der Text beider Wiener Vorlesungen ist erhalten geblieben – die Handschriften werden im Kazimierz-Twardowski-Archiv in Warschau aufbewahrt.

Seine Vorlagen fanden bei den Studenten wohlwollende Aufnahme, worüber er besonders angetan war:[7]

> Es war mir eine große Freude zu sehen, daß meine Lehrtätigkeit bei meinen Hörern lebhaften Widerhall weckte; dies freute mich umso mehr, als ich ja auf eine recht lange Privatdozentenlaufahn rechnen und sogar darauf gefaßt sein mußte, mein ganzes Leben lang Privatdozent zu bleiben. Als Pole konnte ich ja nicht hoffen, an einer deutschen Universität Österreichs eine Lehrkanzel zu erhalten; und die philosophischen Lehrkanzeln an den polnischen Universitäten Österreichs in Krakau und Lemberg waren – wie es schien – für noch lange Zeit besetzt.

Twardowski hatte nicht erwartet, dass sich sein Traum von der Lehre an einer polnischen Universität so rasch erfüllen würde. Unerwartet trat Aleksander Raciborski aus persönlichen Gründen vom Posten eines Außerordentlichen Professors an der Universität Lemberg zurück. Dank der Unterstützung von Henryk Struve sowie Aleksander Skórski wurde Twardowski auf die frei gewordene Stelle an der Philosophischen Fakultät berufen. Am 18. Oktober 1895 wurde der Beschluss vom Ministerium für Kultur und Wissenschaft bestätigt.

---

7   Twardowski (1926), S. 12.

Vorlesungs- Programm.

Der Unterricht auf Universitäten verfolgt einen doppelten Zweck. Er vermittelt dem Hörer einestheils eine Summe von Kenntnissen und setzt ihn auf diese Weise in den Besitz der von der Wissenschaft jeweilig erzielten Forschungsresultate. Ausserdem leitet er den Hörer zu selbständiger wissenschaftlicher Untersuchung an, indem er ihn einerseits zu derselben anzuregen sucht, andrerseits ihn mit der Methode der Forschung vertraut macht. Die Rücksicht auf diesen doppelten Zweck ist für den im akademischen Unterrichte einzuhaltenden Vorgang bestimmend. Derselbe würde sich im concreten Fall etwa folgendermassen gestalten:

A. Vorlesung über Logik.

Den Ausgangspunkt bildet die Definition der Logik. Schon hier wird sich die Gelegenheit ergeben, die Methode vorzuführen, nach welcher vorzugehen ist, wenn es sich um die Entscheidung zwischen einander entgegengesetzten Ansichten handelt. Dem Beispiele des Aristoteles entsprechend werden die wichtigsten hiehergehörigen Lehren angeführt, die Unrichtigkeit der unhaltbaren Aufstellungen dargethan und die Gründe für die richtige Ansicht entwickelt. Dieser Vorgang wird immer platzgreifen, wo sich der Vortragende genöthigt sehen wird, von der seinen abweichende Lehren zu berücksichtigen. Diese Rücksichtnahme auf die Ansichten Anderer soll stets so weit gehen, als dies ohne Gefährdung der Einheitlichkeit des Vortrages zulässig erscheint und zwar zu dem Zwecke, damit der Unterricht nicht etwa einen dogmatischen Charakter annehme.

Vorlesungsverzeichnis, beiliegend zur Habilitationsurkunde (S. 1)

die Voraussetzung zum Verständnis des logischen Vortrags bilden. Es ist in dieser Einleitung die psychologische Theorie der Vorstellungen und Urteile sowie das Verhältnis dieser psychischen Phänomene zu ihrem sprachlichen Ausdruck, jedoch nur in dem Umfange zu behandeln, welcher durch den angeführten Zweck geboten ist.

Als erster Teil der Logik schließt sich an die Einleitung die Lehre von den logischen, d.h. für die Logik wichtigen Beschaffenheiten der Vorstellungen und Urteile. Jene Beschaffenheit der Urteile, dergemäß sie in wahre und falsche eingeteilt werden, bildet den Übergang zum zweiten Teile, der Lehre von der Prüfung der Urteile.

Dieser zweite Teil der Vorlesung behandelt sowol die Prüfung der unmittelbaren als auch jene der mittelbaren Urteile, und zwar nach dem doppelten Gesichtspunkte der Gewissheit und der Wahrscheinlichkeit. Die Theorie der Folgerungen und Schlüsse bildet einen Abschnitt dieses Teiles, der in einer Übersicht über die Fehlschlüsse seinen Abschluß findet.

Den dritten Teil bildet die Lehre von der Auffindung richtiger Urteile. Die Theorie der Beobachtung und des Experiments, der Deduction und der Induction, der Hypothesenbildung und des wissenschaftlichen „Gesetzes" kommt hier zur Sprache. Dieser dritte Teil wird sich zahlreicher Beispiele aus jenen Wissensgebieten bedienen, welche einerseits den Typus einer bestimmten Forschungsweise am klarsten ausprägen, andrerseits dem Vortragenden die Möglichkeit bieten, den Hörern in gewissen das allgemeine Interesse erweckenden Fragen, deren Behandlung noch keineswegs als abgeschlossen gelten kann, die Gewinnung leitender Gesichtspunkte zur Bildung einer begründeten eigenen Ansicht zu vermitteln.

Ein vierter und letzter Teil hat zum Inhalt die Theorie des wissenschaftlichen Systems. Er behandelt die Festlegung und Anordnung der gewonnenen Erkenntnisse, insofern eine Anzahl derselben entweder nach ihrem Gegenstande oder nach dem bei ihrer Auffindung maßgebenden Zwecke zusammen, gehört. Hier kommt zur Sprache die Lehre von dem Begriffe, der Definition, der Classification und der wissenschaftlichen Terminologie. Eine Betrachtung des Verhältnisses, in welchem die einzelnen Wissenschaften zu einan

Vorlesungsverzeichnis, beiliegend zur Habilitationsurkunde (S. 2)

der stehen (Classification der Wissenschaften), bildet den Abschluß der Vorlesung über Logik.

B. Übungscolleg.

Ist das Verhalten des Hörers gegenüber der akademischen Vorlesung ein mehr passives, so soll ihm das Übungscolleg die Gelegenheit bieten, durch die eigene Thätigkeit eine gewisse Gewandtheit in der selbständigen Behandlung philosophischer Probleme zu gewinnen. Das Übungscolleg schließt sich seinem Inhalte nach an den Gegenstand der in dem betreffenden oder besser der im vorhergehenden Semester gehaltenen Vorlesung an, wobei jedoch zu vermeiden ist, dass das Übungscolleg eine bloß der Form nach verschiedene Wiederholung der Vorlesung bilde. An eine Vorlesung über Logik dürfte sich ein Übungscolleg unter Zugrundelegung von Hume's „Untersuchung über den menschlichen Verstand" in geeigneter Weise anschließen. Hiebei wäre etwa in folgender Weise vorzugehen:

Für jeden Abschnitt oder für jeden ein relativ abgeschlossenes Ganzes bildenden Teil eines Abschnittes des zu behandelnden Werkes wird ein „Referent" bestellt. Derselbe hat die Aufgabe, den Inhalt des zu behandelnden Capitels wiederzugeben. Das Hauptgewicht fällt hiebei auf die Aneignung der Fertigkeit, in bündiger, sachlicher und getreuer Weise Rechenschaft über fremde Lehren und Ansichten zu geben. Werden seitens der Teilnehmer am Übungscolleg keine Einwände gegen das Referat als solches erhoben werden, so ergeht an den Referenten die Aufforderung, die ihm als unrichtig erscheinenden Aufstellungen des Autors behufs einer Discussion über dieselben hervorzuheben, worauf die kritische Besprechung der fraglichen Lehren stattfindet. Ist die Discussion über einen Punkt beendet, so ist das Ergebnis derselben seitens derjenigen, der den richtigen Standpunkt einzunehmen, in klarer Weise zu formulieren. Der Ton der Discussion soll die socratische Art, den Gegner zu überzeugen, als ideales Vorbild gelten. Kürze und Klarheit des Ausdrucks nebst dem aufrichtigen Streben, die Wahrheit zu finden, sind die immer-

Vorlesungsverzeichnis, beiliegend zur Habilitationsurkunde (S. 3)

[Handschriftlicher Text:]

von Keinem der Teilnehmer am Übungscolleg zur Sprache gebracht werden. Im Übrigen hat er sein Augenmerk auf eine möglichst geordnete Form der Discussion zu richten, damit dieselbe in einer würdigen und ersprießlichen Weise verlaufe und nicht der verbreiteten Meinung neue Nahrung zuführe, als könnte der Vertreter einer richtigen Ansicht seine Gegner nicht überzeugen.

C. Weitere Collegien.

In analoger Weise wie das unter A skizzirte Colleg über Logik wäre etwa ein Colleg über Psychologie zu behandeln. Auch an dieses hätte sich ein Übungscolleg unter Zugrundelegung eines entsprechenden philosophischen Werkes anzuschließen.

Wien, am 1 December, 1893.

Dr Kasimir Twardowski.

Vorlesungsverzeichnis, beiliegend zur Habilitationsurkunde (S. 4)

Am 15. November 1895 fand die erste Vorlesung von Twardowski in Lemberg statt. Sie war dem Begriff der Philosophie gewidmet. Am Vortag erhielt er folgenden Brief vom Vater (datiert mit: 13. November 1895):

So beeile ich mich heute mit dem Wunsche, Deine erste Vorlesung, die Du am Freitag haben wirst, möge zum unverrückbaren Grundstein jenes Bauwerkes werden, das Du mit Gottes Hilfe auf dem Gebiet menschlichen Wissens für die polnische Gesellschaft auf Deiner Väter Erde und Grundlage der ewigen göttlichen Weisheit zu errichten begehrst – darin sei Dir unser Herrgott gnädig!

Julek [Juliusz Twardowski] kommt sicher zu Deinem Vortrage und ich werde in meinem Geiste und Herzen bei Euch weilen, und mich damit trösten, da Gesundheit und Gehör nachlassen, dass ich ohnehin nicht hören würde, was Du sprichst. Aber vielleicht behältst Du das Manuskript, dann werde ich es erhobenen Herzens lesen können. Mit

Tränen in den Augen zieht Dein Vater mit schlagendem Herzen mit Dir ein: Beginne im Namen des Vaters und das Sohnes und des Heiligen Geistes – Amen. Gott schütze Euch!

Mit der Übersiedlung nach Lemberg wurde die Wiener Periode von Twardowski im Prinzip beschlossen. „Im Prinzip", da es in seiner Biographie noch eine einjährige Wienepisode geben sollte: während des Ersten Weltkrieges.

Kapitel 5

Freundschaften und Liebschaften

1. Kollegen und Vertraute

Freunde spielten in der Entwicklung von Twardowskis Persönlichkeit eine große Rolle. Einer der von ihm am häufigsten erwähnten war Tadeusz Bażan. Bażan war Schüler am Krakauer St.-Anna-Gymnasium und vermutlich ein entfernter Cousin. Tadeusz und Kazimierz trafen sich häufig; oft in Wien aber auch z. B. in Krakau. Dort bei der Familie Bażan legte Twardowski auf dem Weg von Tarnów (wo er bei der Familie Gąsowski war) nach Wien von 8. bis 11. September 1882 einen Zwischenstop ein. Man besuchte gemeinsam das Theater (*Rewizor petersburski* (Der Petersburger Revisor)) und unternahm zahlreiche Ausflüge in die Stadt (auf den Kościuszko-Hügel, in die Vorstädte Zwierzyniec und Wola Justowska). Im nächsten Jahr wiederum wurde Kazimierz von Tadeusz in Neumarkt besucht. Twardowski hatte auch ein kollegiales Verhältnis zu Władysław (Władzio) und Zofia (Zosia) Bażan. Vermutlich waren sie Tadeuszs Geschwister.

1882 bezeichnet Twardowski Franciszek Schonka als seinen „besten Freund". Wahrscheinlich geht es um Franz Schonka (1859–1947), dem späteren Bahnbeamten. Schonka besuchte in jenen Tagen ein oberösterreichisches Gymnasium, weshalb man sich selten traf. Twardowski berichtet Maria Gąsowska in den *Tagebüchern*:

(28. Dezember 1882.) Ich ging zu den Schonkas, wo ich meinen besten Freund traf, der in einem Gymnasium in Oberösterreich in der Maturaklasse ist und den ich nur zu den Feiertagen sehe. Wir haben viel geredet. Ich erzählte ihm von meinem Marylka [Maria Gąsowska] und er mir von seiner Anusia. Du musst wissen, dass es zwischen ihm und mir keine Geheimnisse gibt. Er weiß über meine Verhältnisse genauso gut Bescheid, wie ich selbst und umgekehrt. […] Und Du mein Goldstück? Wer weiß schon, wo Du warst, als wir von Dir gesprochen haben, als ich mich bei meinem Freund beschweren musste, dass ich, meine liebe Marylka, solange keine Nachricht von Dir habe!

Franciszek war also auch in intimeren Angelegenheiten der Vertraute von Kazimierz. Twardowski unterhielt schließlich mit der ganzen Familie Schonka lebhaften Kontakt, besuchte sie häufig und schätzte die dortige häusliche Atmosphäre:

> (13. September 1882.) Heute war ich bei den Schonkas. Fr. Schonka ist noch nicht da, dafür eine ältere Tochter mit 25, dann ein älterer Bruder, eine 17jährige Cousine und deren Bruder. Bis zehn war ich da. Sie sind mir die einzige nette Gesellschaft; dort sind wir offen und unprätensiös gegeneinander.

1.1. Stanisław Niewiadomski

Ein Bekannter der Familie Twardowski und enger Kollege von Kazimierz war der spätere bekannte Komponist des Fin de Siècle, Stanisław Niewiadomski (1857–1936).

Stanisław Niewiadomski wurde am 4. November 1857 in Soposzynia bei Żółkiew geboren. Seine erste Ausbildung erhielt er am Konservatorium des Galicyjskie Towarzystwo Muzyczne we Lwowie (Galizischer Musikverein in Lemberg) unter der Leitung von Karol Mikuli. Dieser war ein Schüler von Chopin, Pianist in Lemberg, Komponist und Dirigent. Sein Debüt war die Kantate *Akt wiary* (Glaubensakt) für Bass, gemischten Chor und Orchester, die aus Anlass des fünfzigsten Jahrestages des Novemberaufstandes entstand. Nach diesem ersten Erfolg entschloss er sich, die musikalische Laufbahn einzuschlagen. Er übersiedelte nach Wien, wo er 1882–1885 am Konservatorium des Vereins der Musikfreunde Komposition studierte. Sein Lehrer war Franz Krenn (bei dem auch Gustav Mahler und Leoš Janáček studierten); außerdem nahm er Privatunterricht in Kontrapunkt bei Ignacy Paderewski, der 1884/1885 in Wien war. Während dieser Wiener Jahre war er auch häufiger Gast im Hause Twardowski, wo er sich mit dem um neun Jahre jüngeren Kazimierz anfreundete.

Nach Abschluss der dreijährigen Ausbildung am Konservatorium fuhr er nach Leipzig, wo er seine Ausbildung am dortigen Königlichen Konservatorium unter der Leitung von Salomon Jadassohn (dem Lehrer von u.a. Ferruccio Busoni und Edvard Grieg) fortsetzte.

Stanisław Niewiadomski

Niewiadomski kehrte anschließend nach Lemberg zurück, wo er sich der Musikpädagogik und dem Musikmanagement widmete. In kurzer Zeit stieg er zum bedeutendsten Musikkritiker seiner Zeit auf. Anfangs war er Korrepetitor, später künstlerischer Direktor von Oper und Operette am Teatr hr. Skarbka (Theater von Graf Skarbek) und von 1887 bis 1918 Professor am Konservatorium der Galicyjskie Towarzystwo Muzyczne we Lwowie (Galizische Musikgesellschaft in Lemberg). Weitere Funktionen waren: zweiter Dirigent des Chors im Towarzystwo Śpiewacze Lutnia-Mazierz (Singverein Lutnia-Macierz) und Chorgesangslehrer in der Gesangschule dieses Vereins.

Den ersten Weltkrieg verbrachte er in Wien, wo er sich zu Gunsten der Wiener polnischen Gemeinde engagierte. Für die Flüchtlinge organisierte er eine Außenstelle des Lemberger Konservatoriums, wo Lemberger Lehrkräfte unterrichteten, welche die Stadt während des Krieges verlassen hatten. Er stellte auch einen polnischen Chor in Wien zusammen.

Nach dem Krieg erhielt er 1919 eine Professur am Staatlichen Musikkonservatorium Warschau; das war für seine Abreise in die Hauptstadt des wiedergeborenen Polen entscheidend. Dort lehrte er Ästhetik, Musikgeschichte und Instrumentenkunde. Desgleichen setzte er seine Musikkritiken fort und gründete 1924 den Stowarzyszenie Pisarzy i Krytyków Muzycznych (Verband der Musikschriftsteller und -kritiker) dem er lange Jahre vorstand. Er war der erste Obmann der Sekcja Współczesnych Kompozytorów Polskich (Sektion Zeitgenössischer Polnischer Komponisten) (ab 1925) und 1927 bis 1931 Direktor am Instytut Muzyczny im. Antoniego Grydzinskiego (Antoni-Grudziński-Musikinstitut).

Unter seinen Kompositionen überwiegen Vokal- und Vokal-instrumentalwerke: Kantaten, Lieder für Solostimme oder Chor, Vertonungen der führenden polnischen Poeten, u.a. Adam Asnyk, Jan Kochanowski, Maria Konopnicka, Adam Mickiewicz, Kazimierz Przerwa-Tetmajer, Kornel Ujejski und Stanisław Wyspiański. Darüber hinaus schuf er zwei Symphonien, ein Streichquartett und dutzende Klavierminiaturen.

Während der Zeit in Wien war er oft bei den Twardowskis, wo mit Bewohnern und Gästen musiziert wurde. Anfangs schrieb Twardowski über ihn „Herr Niewiadomski", später „Niewiadomski" und schließlich „Staś". In den *Tagebüchern* blieb u.a. folgende Aufzeichnung erhalten:

(3. April 1885.) Am Abend waren Kryp[iakiewicz], Niewiadomski, Borkowski, Kochanowski, Sawiczewski da. Wir probten einige Stücke, die wir am Sonntag vor Gästen spielen sollen – u.a. Niewiadomskis Variationen zum Kinderlied *Wlazł kotek na płotek* (Liegt die Katze auf der Matratze) à la Kindersymphonie [urschrifrlich].

Twardowski, der wie erwähnt selbst begeisterter Musiker war und eine Zeit lang sogar an eine musikalische Karriere dachte, verfolgte aufmerksam Studium und Karriere des älteren Kollegen. Er notierte beispielsweise:

(4. Juni 1885.) Niewiadomski bestand seine Prüfung im letzten (dritten) Jahr mit Auszeichnung. Er wird am Wettbewerb teilnehmen.

Sicher hat er sich auch dessen Erfahrungen für eigene Kompositionsversuchen zu Nutzen gemacht. In den Rudimenten von Twardowskis erhaltenem musikalischen Werk können die Einflüsse von Niewiadomskis Musik (und dabei vor allem seiner Lieder) nachgewiesen werden.

Die letzte Erwähnung Niewiadomskis finden wir in einem Brief Twardowskis an Krypiakiewicz vom 3. August des Jahres 1886:

Ich habe vergessen hinzuzufügen, dass ich mich auf dem Bahnhof in Lemberg mit Staszek Niewiadomski getroffen habe, der hervorragend aussieht, bereits einen ziemlich großen Bauch besitzt und sehr zufrieden mit sich selbst ist.

Obwohl Twardowski und Niewiadomski ihre späteren Lebensjahre in Lemberg verbrachten (wobei letzterer im Jahre 1919 nach Warschau umzog), erscheint der Name Niewiadomski nirgends in den *Tagebüchern*, die Twardowski nach dem 1. Weltkrieg schrieb – höchstwahrscheinlich gab es zwischen ihnen also nach dem Verlassen von Wien keine nähere Beziehung.

1.2. Józef Krypiakiewicz

In einigen wichtigen Belangen der Twardowskischen Biographie spielte Józef Krypiakiewicz eine entscheidende Rolle. Über viele Jahre war er im Hause Twardowski ein häufiger Gast – eine Zeit lang kam er jeden Sonntag zu Besuch – und wurde fast wie ein Familienmitglied behandelt. Ab Herbst 1885 wandelten sich diese Besuche zu Visiten bei Kazimierz' Schwester Zofia, die Krypiakiewicz 1888 ehelichte – übrigens erst nach vielen Jahren der Bekanntschaft; vielleicht wartete Krypiakiewicz mit der Heirat bis zur eigenen wirtschaftlichen Unabhängigkeit (was bei Ärzten in der Regel relativ lange dauert).

Józef Krypiakiewicz

Kazimierz kannte Krypiakiewicz zumindest seit Herbst 1882. Tiefe Freundschaft wurde allerdings erst 1885 daraus. Ein Zeugnis hierfür in den *Tagebüchern*:

> (31. März 1885.) Am Abend war ich mit Krypiakiewicz, Olęcki [Stefan Olędzki?] und Niewiadomski bei [Władysław?] Miączyński. Hier wurde das Fundament für die gute Freundschaft mit Józek Krypiakiewicz gelegt.
>
> (15. April 1885.) Heute erhielt ich einen Brief von Krypiakiewicz; ab heute ist das Wort Freundschaft zutreffend. *Vivat – floreat – crescat.*
>
> (8. Mai 1885.) An den letzten Sonntagen traf ich mich jeweils mit Józek. Ich fühle mich insofern glücklich, da ich in ihm einen wirklichen Freund gefunden habe.
>
> (1. Januar 1886.) Bei genauerer Betrachtung der Vorgänge im vergangenen Jahr muss ich noch einen zu den glücklichen zählen, nämlich dass ich in Józef Krypiakiewicz einen echten Freund gefunden habe.

Alles weist darauf hin, dass Twardowski vom älteren Kollegen, dem Medizinstudenten mit breitem wissenschaftlichen und kulturellen Horizont, beeindruckt war. Krypiakiewicz weckte in Twardowski das Interesse an Psychologie und Physiologie, und mit ihm besuchte er Konzerte, Aufführungen und Ausstellungen. Vermutlich war es auch Krypiakiewicz, der Twardowskis tätiges Engagement im *Ognisko* anregte.

Von Krypiakiewicz kam der Vorschlag, Twardowski möge Recht studieren:

> (2. April 1885.) Am Abend war ich mit Kryp[iakiewicz] im Kaffeehaus; sprachen sehr viel; über unsere Zukunft: Józek brachte mich auf die Idee mit dem Anwaltsberuf.

Letztlich aber rückte, wie erwähnt, Twardowski von dieser Idee ab.

Ebenfalls erwähnt wurde bereits, dass Krypiakiewicz Twardowski half, eine Stellung zu finden. Dank ihm kam Twardowski ins Haus von Graf Wojciech Dzieduszycki.

Józef Krypiakiewicz und Kazimierz Twardowski in den Studentenjahren

Von der tiefen Freundschaft zwischen Twardowski und Krypiakiewicz zeugen die Briefe, die beide in bestimmten Zeiträumen (etwa im Frühjahr 1885 und im Herbst 1886) aller ein paar Tage austauschten.

Es soll nicht verschwiegen werden, dass Twardowski sich später distanziert zu Krypiakiewiczs Fähigkeiten als Arzt äußerte. Während der Krankheit seiner Schwester Malwina schrieb Twardowski am 15. Mai 1892 an die Mutter:

Die Ärzte sind Esel – […] sie wissen viel und sind belehrt in Anatomie – aber es ist zweierlei: ein gelehrter Anatom und Physiologe zu sein und Menschen heilen zu können. Dafür braucht es mehr als fünf Jahre Medizin und das Ärztediplom. Dazu braucht es die Überzeugung, dass man für alle Anweisungen dem Kranken gegenüber vor Gott verantwortlich ist. Dabei sind die Doktoren sämtlich Materialisten, […] gottlos und Józek gehört auch dazu. Und Sie hören, wenn es um die Gesundheit Ihrer Tochter geht, auch noch auf die!

Im Allgemeinen blieb Twardowskis Verhältnis zum Schwager jedoch herzlich. Ihre Freundschaft fand durch den frühen Tod von Krypiakiewicz 1893 ein unvermitteltes Ende. Er war damals als Psychiater an der Irrenheilanstalt im Wiener Stadtteil Lainz angestellt und starb an einer Typhusinfektion. Als einer der ersten führte er mikroskopische Blutuntersuchungen unter der Leitung von Edmund Neusser durch und wurde hierbei von einem Patienten angesteckt.

1.3. Hans Schmidkunz

Der beste Freund Twardowskis aus Studientagen war Hans Schmidkunz. Hans (Johann Anton Isarius) Schmidkunz wurde am 7. Februar 1863 in Wien geboren. Er entstammte einer vermögenden Juristendynastie (Dr. Johann Schmidkunz). 1880 maturierte er bei den Schotten. Hans war bis zu seinem Lebensende gläubiger Katholik. Im selben Jahr nahm er an der Universität Wien ein Studium der Germanistik und Philosophie auf – u.a. bei Franz Brentano und Robert Zimmermann –, das er 1884 abschloss. Am 12. März 1885 promovierte er mit einer Arbeit zur Ästhetik: *Das Formschöne*. Danach wechselte er an die Universität München, wo er sich wiederholt publizistisch der musikalisch-ästhetischen Thematik annahm.

Während seines Studiums an der philosophischen Fakultät der Universität Wien kam er 1882–1883 mit Brentanos Gegenstandstheorie in Kontakt (das erworbene Wissen wandte er Jahre später als Lehrbeauftragter an der Universität Greifswald an). An der Universität Wien nahm auch die langjährige Freundschaft mit Kazimierz Twardowski ihren Anfang. Davon zeugt die intensive Korrespondenz mit Twardowski (43 Briefe und 34 Postkarten vom 13. Dezember 1893 bis zum 8. Juni 1917 im Kazimierz-Twardowski-Archiv Warschau sowie 9 Briefe und 2 Postkarten vom 25. Mai 1888 bis zum 10. Mai 1889 im Archiv der Polnischen Akademie der Wissenschaften). Darunter sind zahlreiche persönliche Briefe, aber auch kürzere (bis zu elf Seiten) wissenschaftliche Arbeiten.

Hans Schmidkunz

Mentor und „wissenschaftlicher Freund" von Schmidkunz in Wien war Alois Höfler. Dieser weckte in Schmidkunz das Interesse für mathematische, physikalische und astronomische Fragestellungen, was vermutlich ein Grund dafür war, dass Schmidkunz, nach seiner Übersiedlung nach Berlin 1897, mit dem bekannten Berliner Astronomen Wilhelm Foerster Kontakt aufnahm. Höfler initiierte ebenfalls Schmidkunz' spätere Reformbestrebungen auf pädagogischem Gebiet. Während des Studiums interessierte sich Schmidkunz auch für Logik; dies war wohl der Grund für die Bedeutung, die er später der Ausbildung in Logik beimaß (*Logik und Pädagogik,* 1920; *Logik mit pädagogischen Anwendungen,* 1927). Nicht unerwähnt in diesem Zusammenhang soll Twardowskis Lehrbuch *Zasadnicze pojęcia dydaktyki i logiki* (Grundbegriffe der Pädagogik und Logik) von 1901 bleiben.

Von 1889 bis 1894 war Schmidkunz Privatdozent für Philosophie an der Universität München, wo er über Psychologie las, u.a. das Phänomen der Hypnose. Sie dienten als Grundlage für seine Arbeit *Der Hypnotismus in gemeinfaßlicher Darstellung* (1892), welche wiederum – vergeblich – als Basis für eine Habilitation an der Universität Kiel dienen sollte (*Ein Gesetz des Begriffswandels,* 1896).

Ab der Mitte des 19. Jhs. rückte die Pädagogik, vornehmlich die Hochschulpädagogik, in den Mittelpunkt seines Interesses. Am 17. Juli 1898 entstand auf seine Initiative in Berlin der Verband für Hochschulpädagogik. Dieser bildete das organisatorische Rückgrat für seine Reformtätigkeit auf diesem Gebiet. 1907 erschien seine bahnbrechende Arbeit *Einleitung in die akademische Pädagogik*, die quasi eine Zusammenfassung der Diskussion innerhalb des Verbandes war. Dieses Forum vergrößerte sich, als die Gesellschaft für Hochschulpädagogik (1910–1934) ins Leben gerufen wurde; das einzige polnische Mitglied war Twardowski. Der Großteil der Artikel zur Hochschulreform erschien in der *Zeitschrift für Hochschulpädagogik*. 1922 wurde er zum Professor für Universitätspädagogik in Greifswald berufen, nachdem er zuvor auf Grund seiner bisherigen wissenschaftlichen Leistungen auf seinem Spezialgebiet habilitiert worden war.

Mit seiner ersten Frau Mathilde von Portheim hatte er drei Kinder: Walter, Hans und Hedwig. Walter Schmidkunz (1887–1961) wurde auch ein bekannter katholischer Schriftsteller und Brauchtumsforscher. Mit seiner zweiten Frau Cäcilie Nätkansson hatte er einen Sohn (Arne, gefallen im Zweiten Weltkrieg). Er starb am 9. Februar 1934 in Greifswald. Auf Wunsch der Tochter Hedwig Isemann wurde er in Nordhausen am Harz beigesetzt.

2. Twardowski und die Frauen

Wie aus den *Tagebüchern* aus der Theresianumszeit hervorgeht, spielten die Jugendliebschaften eine größere Rolle in Twardowskis Leben als die Kollegen.

Das erste Mädchen, in das er verliebt war, war Anna Graft. In den *Tagebüchern* erinnert er sich:

(24. Mai 1885.) Ich sah [in Weidling] Fräulein eine gewisse Anna Graft, in die ich mich angeblich als neunjähriges Kind verliebte.

Als Theresianer hatte Twardowski Glück bei den Mädchen. Zumindest schätzte er selbst es so ein. So beschreibt er in den *Tagebüchern* für Maria Gąsowska seinen Geburtstag im Elternhaus:

(22. Oktober 1882.) Heute verbrachte ich einen netten Sonntag. Am Nachmittag kamen einige Burschen und vier bekannte junge Damen. Als sie erfuhren, dass ich heute Geburtstag habe, versetzten sie das Theater, in das sie bereits Eintrittskarten hatten, um bei mir zu feiern. Wieder erhielt ich Beweise, dass alle mich lieben. Zu diesem Anlass [erhielt ich] verschiedene Geschenke: […] von Zosia [seiner älteren Schwester] Briefpapier, von Zochna Świtalska, die jetzt bei uns ist (aus

Przeworsk [der Tochter des städtischen Apothekers]), ein Portemonnaie oder Geldbörserl aus Perlen, und (hört, hört!) eins der Mädchen löste von ihrem Busen ein Veilchensträußchen und gab es mir als Geschenk! Allzu komisch.

Twardowski fühlte sich in Gesellschaft von Frauen wohl. Er schrieb in den *Tagebüchern*:

(25. Dezember 1882.) Es gefällt mir, mich mit Mädchen zu unterhalten, weil es mir die angenehmste Gesellschaft ist; ich hab ausreichend Glück bei den Frauen.

Dass ihm alle „Fräulein", die er kennen lernte, gefielen, beruhte auf Gegenseitigkeit: Zumindest schrieb er nur über die, denen auch er gefiel, bzw. nur in Superlativen über sie. In den *Tagebüchern* finden sich zahlreiche Einträge voller Komplimente zu Aussehen, Charakter oder Intelligenz der „Fräulein" aus seiner Umgebung. So etwa beschreibt er Zofia Bażanówna, die Schwester eines Kollegen:

(25. Dezember 1882.) Am Nachmittag waren wir bei Onkel Emil [Emil und Olga Kuhn]. Dort gab es eine ziemlich große Gesellschaft, unter anderem Fräulein Bażanówna in meinem Alter: sehr nett und nicht minder hübsch. Ein frisches rosa Gesichtchen, kohlschwarz die Augen, dunkles Haar, gut gewachsen, römisches Profil – kurz: ein Mädel zum Anbeißen. Wir unterhielten[1] uns vorzüglich.

Einige Formulierungen mögen dem heutigen Leser seltsam vorkommen, vor allem, wenn man bedenkt, dass sie von einem 15jährigen stammen. Man muss sich jedoch in Erinnerung rufen, dass Twardowskis damalige Schreibweise den Duktus der „Salons" wie auch die Lyrik des 19. Jahrhunderts wiedergibt. Außerdem bleibt unklar, ob es sich hierbei nicht um eine bewusste Stilisierung handelt, die bei der ursprünglichen Adressatin der *Tagebücher* auf einen entsprechenden Effekt hin kalkuliert wurde. Es war dies Maria Gąsowska, von der Twardowski wusste, dass sie eine leidenschaftliche Leserin von Liebesromanen war.

---

1 Im 19. Jahrhundert bedeutete das Wort „ubawić się" (deutsch „unterhalten sich") „spędzić przyjemnie czas" (deutsch: „die Zeit angenehm verbringen") – anders als in der heutigen Umgangssprache der Jugend.

2.1. Maria Gąsowska

Kazimierz' erste große Liebe war seine Cousine Maria Gąsowska. Von
den Angehörigen und ihm selbst wurde sie „Misia" genannt. Nicht nur
Twardowski selbst verdankte ihr viel, indem er unter dem Einfluss dieses
beinahe zwei Jahre lang anhaltenden Gefühls (das übrigens eine „Fern-
beziehung" war) rasch reifte. Auch die Twardowski-Forschung ist ihr zu
Dank verpflichtet. Für sie begann Kazimierz, für die ersten zwei Jahre, im
Theresianum seine Tagebücher zu verfassen. Es ist unklar, ob Twardowski, wenn nicht diese ersten jugendlichen Tagebücher entstanden wären,
als Erwachsener ein Diarium geführt hätte. Dabei sind letztere nicht nur
eine Fundgrube über den Autor, einer Koryphäe der polnischen Philosophie, sondern auch eine Chronik zum Leben der polnischen Intelligenz
im Lemberg der Zwischenkriegszeit. Das Verhältnis zu Maria Gąsowska
ist darüber hinaus die einzige Jugendliebe, deren Schicksal sich zumindest
für einen gewissen Abschnitt von beiden Seiten verfolgen lässt. Im Sommer 1882 tauschte Twardowski nämlich seine *Tagebücher* aus dem Schuljahr
1881/1882 mit denen Marias von September-Dezember 1881. Ihre blieben
erhalten, seine dagegen sind wahrscheinlich verloren gegangen.

Maria machte ihre Eintragungen sehr regelmäßig: täglich zumindest ein
paar Sätze. Intimere Passagen wurden, wohl aus Furcht, jemand Unbefug-
ter könnte den Inhalt zu Gesicht bekommen, „chiffriert". Der Code war
allerdings nicht ausgefeilt – es gelang, ihn ohne größere Probleme zu „kna-
cken". Im Normalteil (und auch das nicht konsequent) wird aus Kazimierz
die Freundin „Kazia" und im codierten „Liebster", „Liebe", „Geliebte"
oder „Reizende". Einige *Tagebuchauszüge* von Gąsowskas (Codiertes kursiv
gesetzt):

(22. September 1881.) Ich bin ein wenig beunruhigt, dass Kazia mir so
lange nicht geschrieben hat. Vielleicht ist sie krank, die Teuerste? *Wenn
Du wüßtest, wie traurig ich ohne Dich bin! Könntest Du Dich nicht erbarmen und
zu mir kommen? Etwa nicht? Ich möchte schließlich wissen, ob Du zu den Feiertagen kommst oder nicht … Diese Ungewissheit ist nämlich fürchterlich für mich.
Als Betthupferl umarm ich Dich eine Million Mal – Deine sehnsüchtige Mimi…*
(11. Oktober 1881.) Ein doppelt glücklicher Tag. Ich bekam einen Brief
von Kazia und die Nachricht, dass Tonuś [Antoni, Bruder von Emilia
Kuhn] und Milka [Emila Kuhn, die Frau von Władysław] am Donners-
tag kommen. *Gute Nacht Geliebter mein.*

(4. November 1881.) Kazia ist nicht mehr in Tarnów und Wanda [Tante von Maria, die Frau von Juliusz Kuhn] über den ganzen Winter nach Italien gefahren. Sie sind nicht da und ich bin oft traurig. Ich schreibe zwar oft an Kazia und wir lieben uns recht innig, jedoch kann mir sie ein Brief ersetzten? Was kann ich schon tun? Ich muss mich eben in das fügen, was nicht zu ändern ist. Vielleicht wird es mit Gottes Hilfe besser? *Teuerster! Vergib mir, dass ich heut soviel Belangloses schrieb … Aber es war nicht beabsichtigt, sondern einfach so, um mir den Kummer von der Seele zu schreiben … Es stellt sich mir die Frage, ob das alte Glück sich mit dem heutigen vergleichen kann? Aber nicht doch! Nein mein Liebster! Um wieviel glücklicher bin ich heut, um wieviel … weil Du mich lieb … Du, mein Liebling!*

Maria Gąsowska – *Tagebücher*

Maria wurde am 27. Februar 1865 als Tochter von Edward Gąsowski (1837–1910) und Joanna née Szöles de Paidly (1843–1885) in Lemberg geboren. Ihre jüngere Schwester Jadwiga (vulgo Dziunia) (1869–1927), heiratete 1893 den Dichter Jan Kasprowicz und später (1905) den Schriftsteller Stanisław Przybyszewski. Die jüngste der Gąsowski-Töchter, Anna (vulgo Andzia) (1876–1944), heiratete einen Mann namens Pohoski.

Maria war also um fast zwei Jahre älter als Kazimierz. Dieser Unterschied hätte wahrscheinlich keine Rolle gespielt, wenn beide zum Zeitpunkt des Kennenlernens älter gewesen wären. Als sie sich jedoch ineinander verliebten, war sie eine 18jährige Partie und er ein 16jähriger Jüngling, der noch dazu im Theresianum „eingesperrt" war. In diesem Alter war der Unterschied beträchtlich und wahrscheinlich der Grund für das allmähliche Erkalten der Gefühle.

Jadwiga Gąsowska, die jüngere   Anna Gąsowska, die jüngste Schwester
Schwester von Maria   von Maria

Auf Leben und Persönlichkeit von Maria kann man hauptsächlich auf
Basis der *Tagebücher* rückschließen. Ihr Vater war Bahnbeamter, lebte von
1875 bis 1880 in Sambor und darauf (ab 1886) in Tarnów, wo er mit der
Familie in einem Zinshaus der Stadt in der sogenannten Spieglówka – wo
die Seminarstraße (heute Piłsudskistraße) und die Kurkowastraße (heute
Słowackistraße) aufeinanderstoßen. Maria besuchte als Externe (im Gegen-
satz zu den Internatsschülerinnen) die Höhere Frauenschule der Ursulinen.
Im Gegensatz zum Theresianum wurde diese Schule ohne rigorose Disziplin geleitet. Maria hatte für die schulische Ausbildung, obwohl sie einige
Lehrerinnen, darunter Schwester Karolcia (Karolina Pałągowska) und Miss
Mary (O'Mengher) sehr schätzte, nicht viel übrig. Sofern die Aufzeichnun-
gen nicht nur Pose sind, belegt dies das *Tagebuch*:

(9. September 1881.) [In der Schule] haben wir jetzt […] überaus herzliche, wenn auch nicht immer ehrliche, Begrüßungen. Die Mutter Oberin
[Antonina Bronikowska] regte sich im Unterricht so sehr auf, dass sie
vor Ärger ganz gelb wurde. […] Im Kloster nichts Neues. Langweilig
wie immer – kaum auszuhalten. Neu dazugekommen sind nur vier alte
Jungfern, zwei Hunde und Katzen. Wir haben 28 Neue im Internat; ich
kenne noch keine einzige.
(29. September 1881.) Heute ist Feiertag – schulfrei und daher für mich
ein schöner Tag.

Misia nutzte jede Gelegenheit, nicht in die Schule gehen zu müssen. Die
Vorwände waren unterschiedlich:

(23. September 1881.) Es regnet ununterbrochen – und außerdem ist es
fürchterlich kalt. Also ging ich gleich gar nicht in die Schule.
(7. Oktober 1881.) Heute war ich nicht in der Schule und lag nur im
Bett, weil ich Halsschmerzen habe und heiser bin.
(8. November 1881.) Ich ging nicht in die Schule, weil der Onkel [Juli-
usz Kuhn] kam.

Dagegen war sie bemüht, ihre Pflichten gewissenhaft zu erfüllen und sich
ordentlich auf den Unterricht vorzubereiten.

Marias Polnisch war sehr gut, und man muss sagen, um einiges besser
als das von Twardowski im Gymnasium. Das rührte sicher auch von ihrer
umfangreichen Lektüre her. Daneben hörte sie viel Musik und spielte selbst
nicht schlecht Klavier (und vermutlich Hackbrett). Das kam nicht von ungefähr, da beide Elternteile literarisch-künstlerische Ambitionen hegten.
Ihre Lieblingsbeschäftigung war, am Fenster zu stehen und das Geschehen
draußen zu beobachten.

(8. September 1881.) Am Nachmittag marschierte eine Riesenmenge
in den Ogród Strzelecki [Schützengarten],[2] daher bin ich am Fenster
gesessen.
(10. September 1881.) Es wird schon Abend; darum gehe ich ans Fenster. Sehr viele Menschen gehen vorüber, vor allem jede Menge Juden.

In den *Tagebücher* beklagt sie sich oft über Langeweile. Sie fand das Leben in
Tarnów monoton und hielt die Stadt selbst für tiefste Provinz:

(25. Oktober 1881.) Ich weiß zwar nicht, ob es überall so häßlich ist, wie
hier – ich glaube aber nur in Tarnów.
(26. Oktober 1881.) Ach, ist Tarnów eine langweilige Stadt; keinerlei
Zerstreuung oder Abwechslung gibt es. Immer und immer und ewig
das Gleiche. Wenn es doch wenigstens ein Theater gäbe; aber nicht
einmal das.

Die Monotonie in Tarnów wurde höchstens durch sporadische Theateraufführungen und saisonale Konzerte unterbrochen. Vor allem aber gab
es als Abwechslung gesellschaftliche Zusammenkünfte, die Gąsowska voll

---

2   „Schützengarten" nannte man den Stadtpark in Tarnów, und so wird er bis heute ge-
    nannt.

Ungeduld erwartete. Es waren dies Besuche bei Freunden und Bekannten,
und sie kam jeder Einladung gerne nach.

Anscheinend verfügte Maria über eine gesunde Portion Humor. Sie
schrieb etwa:

(4. Oktober 1881.) Wie dankbar bin ich doch dem Kaiser, dass er heute
Namenstag hat. Was für eine Freude – schulfrei! Noch besser wäre frei-
lich, wenn er Franz und Joseph begehen würde.

Auch hatte sie eine Neigung zur Introspektion und analysierte ihr Verhalten und ihre Stimmungen. Entsprechenden Niederschlag finden wir in den
Tagebüchern:

(5. Oktober 1881.) Heute war mir wirklich sehr langweilig. Ich las und
spielte. Heute bin ich auf die ganze Welt furchtbar böse.

(5. November 1881.) Ich lachte den ganzen Tag. So böse ich gestern
war, so lustig bin ich heute … Vielleicht gar zu sehr, weil Mutter Antonina zu mir sagte: „Mariechen! Was bist Du heut auch entrückt (Klos-
terjargon)“. Was weiß ich warum? Ich hätte nämlich eher Grund traurig
als glücklich zu sein. Eine andere würde an meiner statt oft zutiefst
melancholisch aus Langeweile. Ich hätte größte Lust, irgendwohin zu
fahren – […] z. B. nach Grybów oder Sącz. Aber daraus wird nichts!
Heilige Muttergottes! Es heißt daheim hocken und leiden! Wie war ich
noch vor einem Augenblick übermütig und jetzt werde ich ganz senti-
mental-melancholisch. Nein und nochmals nein! Bis zum Abend bleibe
ich bei guter Laune, wer weiß denn schon, was morgen sein wird. Damit
sei's genug; vielleicht findet sich später was Lustiges zum Aufschreiben,
denn derzeit fällt mir rein gar nichts ein.

(26. November 1881.) Ich weiß nicht warum, aber in letzter Zeit bin ich
oft so in Gedanken versunken, dass ich gar nicht weiß, was ich antworten soll, wenn ich plötzlich angesprochen werde.

(1. Dezember 1881.) Seit langem weinte ich heute das erste Mal. Und
warum? Wozu? Das weiß ich selbst nicht. Denn egal ob ich lerne, oder
spiele oder lese, ständig ist mir schwer ums Herz, fühl ich mich be-
drückt und traurig. So einsam bin ich dieses Jahr, wie nie zuvor – weil
ich mich niemandem anvertrauen kann, niemandem mein Herz aus-
schütten. Nicht nur, dass meine zwei liebsten Freundinnen nicht da
sind, gibt es nicht einmal eine Kollegin oder Mitschülerin, mit der ich
herzlich und offen reden könnte. Daher bin ich einsilbig und grantig ge-

worden. Würde jemand dieses Tagebuch lesen, müsste er denken: „Was ist sie doch sentimental!". Aber so ist es nicht, nein! Alles, was ich hier schreibe ist die Wahrheit! Es gibt einen Grund, der Schuld an meiner Traurigkeit hat und doch kann ich nicht darüber schreiben – es geht nicht. Auch könnte man auf den Gedanken kommen, dass ich launisch sei; einmal himmelhoch jauchzend anderntags zu Tode betrübt. Aber das stimmt nicht. Es gibt zwar manchmal unbeschwerte Augenblicke, doch sind sie selten und meine Stimmung ist so, wie es im Tagebuch steht.

Twardowski verliebte sich wahrscheinlich im Sommer 1881, als er bei der Familie in Tarnów war, in Maria. Die Gefühle wurden erwidert, dennoch verbargen sie Kazimierz und Maria anfangs vor der Familie. Wie stark diese von Seiten Twardowskis waren, lässt sich an den Sehnsuchtsbekundungen Ende August 1881 in den *Tagebüchern* ermessen. Er fuhr nach Nowy Sącz, wo er bei seiner Familie war und erwartete, sich dort für ein paar Tage wieder mit Misia treffen zu können. Er notierte:

(25. August 1881.) Könnte man doch wenigstens ein Küsschen senden! Aber es geht nicht. Danach ging ich wegen der Zeitungen ins Restaurant, trank aber kein Bier, weil mir nach Deinem Anblick nichts schmecken kann. Und jetzt sitze ich hier und schreibe.
(27. August 1881.) Heute Abend müssen wir [...] zur Probe für's morgige Konzert gehen. Komm Du auch, sonst habe ich dort keine Freude und statt der Noten werde ich die uns bekannte Melodie spielen. [...] Das wäre aber ein Reinfall. Jetzt mache ich mich an die Nüsse, die Onkel [Maciej] P[ostępski] heute brachte. Vielleicht wurden sie von Deinen süßen Händen abgerissen!
(29. August 1881.) Ich gehe um ½ zwölf schlafen und stehe um ½ sieben auf, um Dich am Zug abholen zu können. Und Du verschläfst! Wie konntest Du nur! Es ist wirklich zum Aus-der-Haut-Fahren, aber ich kann Dir nicht böse sein. Sei also unbesorgt.
(5. September 1881.) Dein Medaillon trage ich. Ich hab auch ein Vergißmeinnicht hineingetan und werde Deine Locke dazu tun. Ach! Wie schwer ist es ohne Dich!

Maria kam als letzte nach Sącz; den Augenblick der Ankunft beschreibt Twardowski in den *Tagebücher* so:

(31. September 1881.) Schließlich ist die Langweilerin angekommen. Mit einem kühlen „Guten Tag!" begrüßte sie mich. Was soll ich schreiben? Dass ich im siebenten Himmel bin?

Von Sącz aus unternahmen Kazio und Misia (wahrscheinlich geheim und alleine) einen Tagesausflug nach Rytro. Kazimierz notierte:

(5. September 1881.) Morgen werden wir um diese Zeit – so Gott will – gemeinsam im Waggon sitzen.
(6. September 1881.) Und so war es auch.

Maria beschreibt die Vorgänge dagegen folgendermaßen:

(6. September 1881.) Um vier am Nachmittag fuhren wir von Rytro weg und waren um sechs in Nowy Sącz, wo wir bei der Tante einen guten Kaffee getrunken haben. Danach fuhr ich mit Kazio weiter und um ½ acht aßen wir in Grybów zu Abend. Es war eine wundervolle Mondnacht – *und ich war so glücklich!* Um ½ elf fuhren wir nach Tarnów; wir verabschiedeten Kazio, der weiter musste und fuhren selbst nach Hause. Hier erwartete uns die Großmutter. Wir gingen gleich zu Bett, aber ich konnte lange nicht einschlafen *(weil ich an Dich dachte)*.

Maria blieb also in Tarnów und Kazimierz fuhr nach Wien. In Rytro mussten allerdings bedeutende Entscheidungen getroffen worden sein. Twardowski berief sich später mehrfach darauf, ohne jedoch explizit deren Inhalt zu erwähnen.

Trotz der Trennung dauerte der Gefühlsüberschwang bis in die nächsten Ferien (1882) an, als sich die Verliebten erneut in Tarnów begegneten. Die Abfahrt aus Tarnów und erneute Trennung im August 1882 machte dem 16jährigen schwer zu schaffen und mündete in eine mehrmonatige „Melancholie". Die Sehnsucht nach Maria vermischte sich in jenen Tagen mit der nach Polen. Es ist schwer zu beurteilen, bis zu welchem Grad Maria in Kazimierz diese patriotischen Gefühle erweckte. Jedenfalls spielte er, wie wir wissen, in jenen Tagen mit dem Gedanken, nach Galizien – und zu Misia – zu fahren. Einige Ausschnitte aus den *Tagebüchern* jener Zeit:

(15. September 1882.) So vergingen die Ferien. Für ein Jahr bin ich wieder im Theresianum; verurteilt zu einem Jahr Trennung von Dir. Meine Liebste! Ich bin beruhigt! Du bist schon mein! Ich habe keine Angst

vor Untreue. Hier sprach ich einmal mit Mama über Dich, über meine Zukunft, und Mutter [meinte]: „Glaubst Du, dass sie auf Dich warten wird?". Ich sagte: „Aber woher …" und wurde rot …

(16. September 1882.) Könnte ich doch nur zu Dir fliegen, um nur einen Augenblick ganz allein mit Dir zu sein! Deinen warmen Mund küssen – Dich umarmen! Und [hören]: „Unartiger Cousin!". [Und] fliehen …

(17. September 1882.) Wann werde ich Dich wieder sehen, die Du mein Leben versüßt, die Du meine einzige Hoffnung bist, mein Paradies?

(18. September 1882.) O! ich brauche keine Pause! Nein! Ich würde so rasch wie möglich arbeiten, um dieses Leiden zu beenden, um bei Dir auf Deinen Knien zu ruhen. O! Gott, wie bin ich traurig!

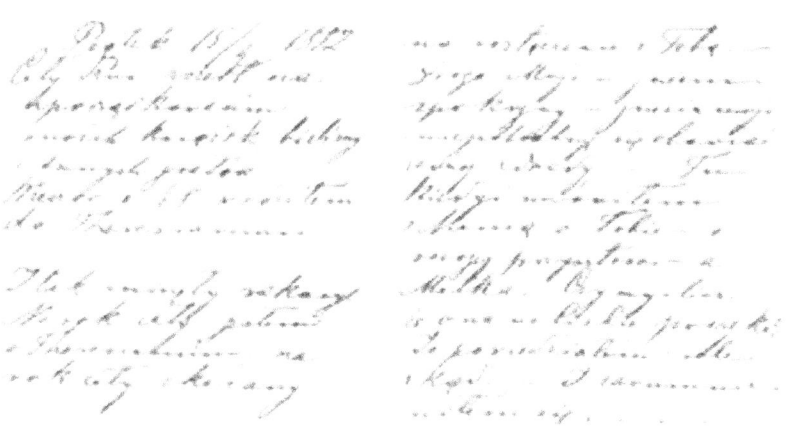

Kazimierz Twardowski – *Tagebücher*

Als Adressatin seiner Tagebücher wurde Maria zur Vertrauten in allen Belangen. Ihr übermittelte er seine Niedergeschlagenheit und das Übermaß an Arbeit, ihr beschrieb er die Widrigkeiten, die ihm widerfuhren und mit ihr teilte er seine Freuden. Er schrieb ihr sogar über andere Mädchen, die er traf, wenn er auch jeweils anfügte, dass ihm deren Gegenwart nur dadurch angenehm sei, da sie ihn an seine Misia erinnerten.

Das Maria (vermutlich in Rytro) abgegebene Treuegelöbnis war ihm sehr wichtig:

(31. Dezember 1882.) Du meine Liebe – vergisst Du auch nicht auf dem Ballparkett Deinen treuen Kerl? O! Er erinnert sich stets Deiner

in fröhlicher und ausgelassener Runde. Er erinnert sich an Dich, wenn
ihm ein Mädchen ins Ohr flüstert: „Kommen Sie mit! Gehen wir!".
Nein, nein, nein! Ich habe meine Misia! Auch wenn sie mir stirbt, um
einem anderen geboren zu werden, lebe ich nur für sie, oder für die
Erinnerung an sie …

Kazimierz und Maria tauschten nicht offen Briefe aus. Sie tauschten jedoch, wie bereits erwähnt, über Twardowskis Schwester Zosia Nachrichten
aus, die offensichtlich in deren Gefühlsleben eingeweiht worden war. Maria
hängte in ihren Briefen „Grüße an den Cousin" an und Kazimierz tat Glei-
ches in den Briefen von Zofia an Maria. Vor jedem sonntäglichen „Ausgang" im Theresianum erwartete Kazimierz, dass zu Hause eine Nachricht
von Misia auf ihn warten möge.

Zum Jahreswechsel 1882/83 gab es erste Anzeichen für ein Scheitern
der Beziehung von Maria und Kazimierz. Die Anhänge von Maria an Zosia
werden seltener und „kühler". Trotzdem notierte Kazimierz in der Silves-
ternacht:

(31. Dezember 1882.) In diesem ganzen Jahr gab es zwei glückliche
Tage – den 6. und 7. September in Tarnów – bei Dir.

Im Fasching 1883 fuhr Maria nach Lemberg. Über seine Vorahnungen
in Zusammenhang mit dieser Reise schrieb Kazimierz:

(5. Januar 1883.) Ich las heute Deinen Brief, den Du in Tarnow vor der
Abreise in die „Lembergerstadt" geschrieben hattest. Ehrlich gesagt,
bin ich etwas verwirrt. Was soll das Ganze von Miecio, Staś dem süßen
Kerl etc.; über mich kein Wort. [...] Du fährst nach Lemberg. Gute Unterhaltung! Aber wenn Du in den erleuchteten Sälen tanzt und mit den
„ansehnlichen" Jünglingen sprichst, vergiss Deinen treuen Kazik nicht,
der bei seiner Lampe über Plutarch, Homer oder Vergil sitzt und „O!
Mihi praeteritos refrat si Juppiter annos!" singt.[3]

Diese Fahrt nach Lemberg zeigte sich in der Tat entscheidend für das
Schicksal der jugendlichen Liebe. Nach einem Monat des Schweigens erhielt Kazimierz die nächsten schlechten Nachrichten:

---

3   „Oh, gäbe mir doch Jupiter die vergangenen Jahre wieder!" (Vergil, Aen. VIII. 560).

(6. Februar 1883.) Am Vormittag, als ich aus der Schule zurück kam, erhielt ich einen Brief von Dir. Er machte mich traurig. Oh! Steht da doch deutlich, dass ich Dich langweile. Versteht sich, dass es in Lemberg ganz andere gibt als mich, viel Hübschere. Oh, Meine Misia! Was sagtest Du mir einst und immer wieder in Rytro? Was schriebst Du in Deinen Tagebüchern? Sollte das alles [...] nicht wahr gewesen sein?

Danach folgte ein mehrwöchiges Schweigen seitens Misia. An seinem Geburtstag notierte Kazimierz:

(27. Februar 1883.) Heute bist du 18 geworden. Das ist er! Der Beweis, warum Du Dich immer weiter von mir entfernst. Werde glücklich! Du wirst mir immer lieb sein, ich werde die süßen Momente in Rytro nie vergessen. Nein, nie! Aber mach, was Dir gefällt. Ich wünsche Dir, mein Engel, alles Glück. Mir kommt vor, als müsste ich heute von Dir Abschied nehmen auf immer.

Die Entscheidung zur Trennung fiel jedoch erst im April, nach weiteren Wochen zwischen Hoffen und Bangen:

(10. April 1883.) Ich erhielt einen Brief von Zosia; ich schrieb oder besser schrieb mich bei Misias Brief dazu. Entscheidung in unserer Frage. Draußen Regen.
(11. April 1883.) Ich schickte heute meinen Brief an Misia mit meinem Entschluss. Kann mir auch nur irgend jemand Vorwürfe machen? Darf ich die arme Misia wegen ihres Versprechens in Schach halten, da sie ohne mich glücklicher wird, und ich nie im Stande sein werde, ihre Liebe zu vergelten, da ich Sklave meiner Pflicht bin, die mich weiß Gott wohin bringen wird und nicht zulässt, sich dieses seligen Glücks erfüllter Hoffnung zu erfreuen.

Nach dieser Trennung versuchte Twardowski noch einmal, mit Misia in Kontakt zu treten, gab aber schließlich auf:

(9. Mai 1883.) Bezüglich der Beständigkeit und Treue von Misia gab ich jegliche Hoffnung auf. Vielleicht ist es besser so.

Ab diesem Zeitpunkt sind die *Tagebuch*-Aufzeichnungen nicht mehr an Gąsowska adressiert und weniger intim. Twardowski macht von seinem

Notizheft immer weniger Gebrauch, da der stärkste Antrieb, die Gefühlsebene, weggefallen ist. In den ersten Wochen nach der Trennung finden sich noch zahlreiche Vermerke über den Verlust der ersten großen Liebe.

> (12. April 1883.) Ich fühle, dass ich meine teure Misia verloren habe. Mein Gott! Hätte ich anders handeln können? Gott ist mein Zeuge, dass ich unsere Verbindung deswegen aufgab, damit sie durch das gegebene Versprechen nicht gebunden sei.
> (13. April 1883.) So ganz allein auf der Welt ist mir recht elend. Ich lebe innerhalb meiner Pflichten, arbeite soviel ich kann, hab aber doch so gar keine Hoffnung auf die Erfüllung meiner Wünsche, die nur menschlich – und rein – sind!

Gąsowska kommt noch zweimal später in den *Tagebüchern* vor:

> (21. Oktober 1883.) Am selben Tag kam ein junger Offizier Hr. [Julian] R[udnicki?] nach Tarnów, um sich Misia zu erklären.
> (18. November 1883.) Misia schrieb, dass sie sich nicht, wie es geheißen hat, verlobt hätte.

Die letzte Erwähnung von Maria – obwohl sie nicht beim Namen genannt wird – ist im Brief an Krypiakiewicz vom 30. April 1885 enthalten:

> Ich habe nur einmal wirklich geliebt – alle anderen Affären waren nur Spiel und Strohfeuer [urschriftlich]. Und die Gegenseitigkeit der Gefühle bei meiner ersten Liebe habe ich selbst geweckt, denn diese Person war anfangs völlig gleichgültig gegenüber meiner Person. Aber das Gefühl, das ich in ihr geweckt habe, war so stark, dass Du Dich wunderst, wenn ich Dir ein paar Absätze aus ihrem Tagebuch vorlese, das sich in meinen Händen befindet.

Maria war kein glückliches Schicksal beschieden. Um 1887 heiratete sie Gustaw Grüner (etwa 1857–1912?), den Sohn von Zygmunt Grüner (sen.) (1816–1890), einem Maler und Zeichner aus Tarnów. Kurz darauf gebar sie einen Sohn, Zygmunt (jun.), verstarb aber während oder kurz nach der Geburt. Die Erziehung des kleinen Zygmunt übernahm ihre jüngste Schwester Anna. Dieser Zygmunt starb um 1905 als Student der Medizin in München.

2.2. *Wanda Lange*

Eine besondere und lange Bekanntschaft verband Twardowski mit Wanda Lange. Wir wissen, dass sie mit dem Vater in Prag lebte, doch sind die Beziehungen zwischen ihrer Familie und den Twardowskis ungewiss. Kazimierz erwähnt einmal lapidar, dass Wanda in Begleitung von Vater und Bruder bei ihnen zu Hause aufgetaucht sei. Aus den Berichten von Kazimierz lässt sich schließen, dass Wanda eine gute Ausbildung hatte, intelligent und heiter war. Sie kannte einige Sprachen, darunter Griechisch und Latein, und war an klassischer Literatur interessiert. Darüber hinaus besaß sie eine gute Stimme und war eine überdurchschnittliche Sängerin.

Die ersten Eindrücke von einem Treffen mit Wanda zeugen noch von einer gewissen Reserviertheit:

(18. Januar 1883.) Am Abend machte ich mich ein Stündchen frei. Das (sehr?) angenehme Fräulein Lange war bei uns. Man kann sich sehr gut mit ihr unterhalten, doch ist sie mir zu modern. Soweit ich das heute beurteile, gefallen mir ihre Lebensprinzipien mit einer Ausnahme nicht. Diese Ausnahme ist: immer in allem ehrlich zu sein.

Bereits anderntags, nach einer gemeinsamen Veranstaltung im Hotel Victoria (vermutlich der sogenannte „Polnische Abend") schrieb er demgegenüber:

(19. Januar 1883.) Lang und sehr kurzweilig mit Fräulein L. amüsiert; wir fanden eine geistige Verwandtschaft und freundeten uns an.

Mehr noch: für Wanda war er bereit den Schulunterricht sausen zu lassen, was unter anderen Umständen undenkbar gewesen wäre:

(20. Januar 1883.) Ich war um neun zur Messe im Theresianum. Nach der Messe ging ich nach Hause. Ich ging nicht in die Schule (ich!), weil ich es vorzog, Frl. Lange Wien zu zeigen. Wir sprachen viel über philosophische und andere Fragen.

Wanda und Kazimierz verbrachten damals einige Tage in Wien und Wanda übernachtete bei den Twardowskis. Seine Gefühle Wanda gegenüber bezeichnete Twardowski nach einem ersten Treffen als „freundschaftlich":

(24. Januar 1883.) Ich lernte eine fröhliche Gefährtin kennen und kann frei sagen, dass wir uns angefreundet haben.

Vielleicht hing das damit zusammen, dass er noch Gefühle für Misia hegte. Aber auch später vermeidet Twardowski den Begriff „Liebe" in seinem Verhältnis zu Wanda. Ob es einen äußeren Grund gab oder sie dagegen war, ist unbekannt.

In der Beziehungschronik zwischen Kazimierz und Wanda gab es allerdings zwei leidenschaftliche Intermezzi. Das erste war im März 1883 nach Ostern, welche Twardowski mit Wanda als Gast ihres Vaters in Prag verbrachte. Am besten illustrieren dies die Tagebuchauszüge:

(28. März 1883.) Heute war es traurig nach den wunderbaren Tagen in Prag. Obwohl ich mich beherrschen musste, um mich nicht in Wanda zu verlieben, verkehrte ich doch in herzlicher Freundschaft mit ihr und nutzte die Ferien solange es ging. In Prag habe ich alles besichtigt; die Stadt gefällt mir sehr.
(29. März 1883.) Mir kommt vor, als würden gegen meinen Willen tiefere Gefühle Wandzia gegenüber meinen Geist beherrschen. Soll mir keiner Vorwürfe deswegen machen, möchte doch Misia, wie es scheint, eine Fortführung unseres Verhältnisses nicht wünschen.
(30. März 1883.) Heute bin ich noch nicht im Stande zu sagen, ob Misia oder Wanda gewinnen wird. Aber das wird hauptsächlich von Misias letzter Antwort anhängen.

Misia gewann, obwohl das fast schon der Moment der Trennung war:

(31. März 1883.) Der Verstand blieb Sieger über dem Herzen. Es gelang diese schöne, aber unziemliche Liebe zu Wandzia zu vertreiben. So Gott will, bleibt Misia bei mir, die ich bitten werde, mir diese kurze untreue Episode zu verzeihen. Das junge Herz wendet sich stets Richtung Veränderung; wie gut, dass mein Verstand so alt ist, dass er über das gute, wenn auch allzu weiche und empfängliche Herz zu herrschen weiß.

Mit Wanda unterhält er jedoch weiterhin beste freundschaftliche Beziehungen. Man schrieb sich regelmäßig und traf sich ab und zu in Wien:

(24. Februar 1884.) Am Nachmittag war W. Lange bei uns, die einzige Freundin, die ich derzeit habe – einen Freund außer Papa habe ich jetzt nicht. Wir saßen zusammen und waren spazieren. Um halb acht bin ich ins Theresianum zurück.
(1. März 1884.) Wanda war noch bei uns; alles wie gehabt mit unserer Freundschaft.

Im Jahr darauf schrieb er:

(1. Februar 1885.) Nach langer Zeit schrieb mir Wanda letzte Woche. Ihr Brief freute mich sehr. Sie liebt mich immer als Freund und bis jetzt hatte ich keinen Grund zu bedauern, dass ich mich mit ihr angefreundet habe. Am 23. Jänner sind es zwei Jahre, dass ich sie näher kennengelernt habe.

Ein weiteres Treffen fand im Mai 1885 statt. Es war allerdings nach der langen Abstinenz recht kühl:

(8. Mai 1885.) Am Sonntag (eigentlich am Samstag 2. Mai) kam Wanda. Mich wundert, dass ich ihr gegenüber so gleichgültig bin …

Aber diese Distanziertheit währt nicht lange:

(17. Mai 1885.) Wanda war bereits zweimal bei mir in der Anstalt. Sie ist mir nicht so gleichgültig, wie mir schien. Unsere Freundschaft wurde auf's Neue gestärkt. Ich habe jetzt zwei freundschaftlich verbundene Wesen: Krypiakiewicz und Wanda. Mir geht es gut dabei und ich wünsche mir nichts weiter, als diese Freundschaft aufrecht zu erhalten und den Freunden verbunden zu bleiben. Was Krypiakiewicz betrifft, so bleibe ich in der Zwischenzeit bei ihm, während Wanda höchstwahrscheinlich ein *Engagement* in Pest bekommt.

Mehr noch – es folgte das nächste Entflammen der Liebe.

(25. Mai 1885.) Am Vormittag war ich mit Wanda einkaufen und dann allein bei Familie Hartmann [Emil von Hartmann – Redakteur der Wiener *Deutschen Kunst- und Musikzeitung*] und Ganster. Am Nachmittag war ich mit Wanda bei der Reichsbrücke. Danach kehrten wir über den Prater nach Hause zurück und waren gemeinsam noch im Schwarzenberg-

park. Nach der Rückkehr heftige Gefühlsregungen. Leidenschaftliche Gefühle Wandzia gegenüber erwachten in mir – noch mehr angefacht [durch] den K[uss], den ihr auf den Mund zu drücken sie mir gestattete. Aber es hilft alles nichts – so einem Gefühl muss man abschwören.

Tags darauf schrieb er:

(26. Mai 1885.) Heute beruhigte ich mich schließlich. Die ganze Zeit hatte ich mit dem leidenschaftlichen Ausbruch meines Herzens zu kämpfen. Wanda fuhr gestern am Vormittag ab und hinterließ mir zum Abschied einen herzlichen Brief.

Am 27. Mai 1885 bestätigte er sein ausschließlich freundschaftliches Verhältnis zu Wanda in einem Brief an Krypiakiewicz:

Ich muss Dir einiges zu meinem Verhältnis zu Wanda erklären. Wir nennen das Freundschaft und ich gebe gerne zu, dass ich ihr wahrer Freund sein möchte. Sie hat sich ebenfalls als meine Freundin erwiesen. Vielleicht ist dies eine etwas komische Freundschaft, aber ich bin sehr froh darüber, da ich in Wanda eine sehr vorteilhafte Vervollständigung meines Ichs sehe, und zwar auf diese Weise, dass Wanda es hervorragend versteht, mich aufzuheitern und mit ein paar Stunden auf sehr vorteilhafte Weise zu erheitern. Außerdem ist uns die Liebe zur Musik gemein.

Dies sind die letzten Worte von Twardowski über Wanda Lange, die erhalten geblieben sind. Wir wissen nichts über das weitere Schicksal ihrer Bekanntschaft – oder auch darüber, was aus Wanda selbst wurde.

2.3. Emilie Gattinger

Emilie war eine von vier Töchtern der Familie Gattinger, die Twardowski während des ersten Aufenthaltes in Neumarkt im Sommer 1883 kennenlernte. Eine Zeit lang war man gezwungen, in Neumarkt dasselbe Haus zu teilen, da eine Mitbewohnerin in der vorigen Wohnung, Wanda Młodzianowska (eine Nichte von Olga Kuhn, der Tante Kazimierzs), an Typhus erkrankte und daher isoliert werden musste. Twardowski verliebte sich in Emilie, unterhielt aber auch nähere Kontakte zu ihrer Schwester Bianca. In den Aufzeichnungen nach den Ferien 1883 lesen wir:

Am 29. Juli gab ich Emilie die Hand. Wir überreichten uns Vergißmeinnicht. Am 19. August verständigte ich mich mit Bianca – sie ist meine
Freundin und ich bin ihr Freund. Das ist das Wichtigste aus den Ferien.

Nach der Rückkehr aus Neumarkt lebte Twardowski diesmal in guter Stim-
mung im Theresianum, da er sich freute, dass er seine Liebe um sich hatte.
Von da an besuchte er die Gattingers regelmäßig und plauderte mit den
Eltern, mit Emilie, Bianca und deren älterer Schwester Hermine. Hier der
Bericht so eines Besuches:

(4. Oktober 1883.) Ich war am Nachmittag bei meiner geliebten Emilie
und Bianca. Ich kam fröhlich in die Anstalt zurück. Auf die Photographie, die ich meinen Mädchen kaufte (auf der Photographie ist Schloß
Lind bei Neumarkt), schrieb ich:

  Es ist dies zwar ein nur ganz kleines Bild
  Des Schlosses, wo wir einst zusammen waren;
  Jedoch wie jedes Bild auf seine Urform zielt
  so mögt mehr als es selbst, ihr seines Sinn bewahren.

Schloss Lind bei Neumarkt

Die beiden Gattinger-Töchter nannte er „gute Mädchen", und Emilie
seine „schöne" und „geliebte". Die Besuche bei den Gattingers hielten einige Monate an. Twardowski schien darüber zufrieden zu sein.

Nach gewisser Zeit ergaben sich allerdings Schwierigkeiten. Seine Eltern sahen diesen Umgang nicht gern. Ein Zeichen dieses Missfallens war
etwa, dass sich Twardowskis Mutter anfangs weigerte, ihm die Erlaubnis
zu erteilen, das von der Familie Gattinger angebotene „Du" anzunehmen.
Schließlich erhielt er sie doch. Der Hauptgrund für die Ablehnung einer
allzu engen Beziehung zu dieser Familie war wahrscheinlich, dass sie keine
Polen waren, Kazimierz aber eine Polin heiraten sollte. Daher warnte die
Mutter Kazimierz vor Schritten, die von den Gattingers als Vorwand hätten
verwendet werden können, eine Ehe zwischen Kazimierz und Emilie zu
erzwingen:

> (4. November 1883.) Mama machte mich aufmerksam, ich möchte vor-
> sichtig sein, dass man mich nicht zu einer Heirat mit Emilie zwingen
> könne, wie das angeblich einem unserer Bekannten widerfahren ist, da
> ich doch so oft bei ihnen verkehre. Ich rief mir erneut ins Gedächtnis,
> dass es eine deutsche Familie ist und dass Mama und Papa es sicher des-
> halb nicht gerne sehen, dass ich so vertrauten Umgang mit ihnen habe.

Twardowski respektierte den elterlichen Willen, obwohl ihm in dieser Zeit,
ein halbes Jahr nach der Beendigung des Verhältnisses mit Misia, sein polnisches Selbstverständnis näheren Kontakt mit jungen deutschen Frauen
nicht prinzipiell verbot. Über seine gespaltenen Gefühle schrieb er:

> (4. November 1883.) Ich bin ein treuer Pole und werde kein schlechtes
> Beispiel geben indem ich eine Nicht-Polin heirate. Aber ist es mir jetzt
> verboten, weiterhin Emilie zu lieben? Ein schwer zu lösende Aufgabe.

Schließlich kühlte sein Verhältnis zur Familie Gattinger ab. Dabei war
der Anlass banal: Twardowski bat Emilie und Bianca darum, Tagebücher
zu schreiben, die sie später mit dem seinen tauschen sollten (so wie vormals
mit Maria). Er erhielt eine Absage. Damals notierte er:

> (14. Dezember 1883.) Aus der Absage meiner Bitte seitens Bianca zog
> ich einige Schlüsse. […] Aber Bianca sagte mir, dass […] sie keine Ta-
> gebücher an mich richten könnte, weil sie nichts ohne Wissen der El-
> tern tun möchte. Also schrieb ich damals an Papa; ich beschrieb mein

Verhältnis zu den Gatt[ingers]. Dabei hieß mir die Antwort Obacht zu geben, dass ich in keine Falle tappe.
(2. Februar 1884.) Ich war bei Familie Gattinger. Ich unterhielt mich gut, kam aber zur Überzeugung, dass unser Verhältnis beiderseits an Vertrauen und Herzlichkeit einbüßt.

Danach enden die Eintragungen bezüglich Emilie und Bianca. Offenbar fand die Freundschaft ein Ende und die Gefühle erloschen.

2.4. Helena Gostkowska

Die Gefühle für Helena Gostkowska hielten verhältnismäßig kurz an und basierten eher auf Vermutungen und Unausgesprochenem, als offenen Geständnissen. Twardowski sah auch von Anfang an keine großen Chancen für diese Beziehung, und vermutlich war ihm bewusst, dass eine Ehe mit Baronin Gostkowska ohnehin unmöglich ist.
Die Gostkowska-Episode begann bei einem Ball im Hause Tarnawski im Februar 1885. Twardowski kam mit Kopfschmerzen auf die Veranstaltung und vermerkte in den *Tagebüchern*:

(7. Februar 1885.) Ich wollte nicht viel tanzen, aber die Damen waren derart hinter mir her, dass ich schwer absagen konnte.

Beim Eintritt kam es zu einem – für die Leser und den Verfasser der *Tagebücher* gleichermaßen unverständlichen – Wortwechsel zwischen Kazimierz und Helena:

Sie: „Wie schade, dass Sie schon gehen." (Ich war zur Skadrille verabredet, die ich jedoch nicht mit ihr tanzen konnte, weil ich noch zu zweien musste.) Ich: „Mir tut es sicher mehr leid, dass ich weg muss". Sie: „Wer weiß?". Ich: „Wunder gibt's keine auf dieser Welt." Sie: „Sie sind ja der Welt gegenüber sehr negativ eingestellt. Dazu braucht's doch keine Wunder." Ich: „Der Pessimist irrt seltener als der Optimist. Ich fall Ihnen zu Füßen. Adieu." Ein sehr zweideutiges Gespräch. Entweder [ist sie] eine Spötterin oder [mir] geneigt. Sie versprach mir, ich würde in einem Jahr, am 7. Februar 1886, was läuten hören. Nicht früher. Ich könnte sie lieben, wenn es mir erlaubt wäre. O Elend!

Seine Gefühle nach diesem Gespräch brachte Kazimierz in dem polnischen Gedicht zum Ausdruck.

Mitten im Tanz schlugen die Uhren –
Musste ich von Dir scheiden;
Mein Herz rief „Bleib!",
Ich aber befahl dem Herzen zu schweigen.

Mir tat es leid, doch auch anderen,
So sagtest Du.
Warum also ließest Du mich gehen
Hießest mich nicht zu bleiben?

Spielte Dein Mund
Mit dem mir so glückseligen Wort?
Wolltest Du mit dem heiligen Gefühl spielen –
Dem unausgesprochenen und teuren?

Sag's mir meine Liebe, weil ich den Verstand verliere.
Den Seelenfrieden verlor ich.
Soll ich auf steinigem Grund zerschlagen
Weil ich die Sterne ergriff?

Trotz der Überspanntheit notiert Twardowski mit einer gewissen Distanz:

(22. Februar 1884.) Besonders dieser Buchstabe G verfolgt mich. Alle Damen, an die ich mich kürzer oder länger gebunden habe, fangen auf G an: [Elli] Grove, Gąsowska, Ganster – und jetzt Gostkowska!

Bezüglich der Gefühle zu den Fräulein Grove und Ganster fehlen in den *Tagebüchern* detailliertere Informationen.

Helena war die Tochter von Baron Roman Gostkowski (1837–1912), Physiker und Fachmann für Mechanik, welcher damals in Wien lebte und später Professor an der Lemberger Polytechnik wurde. Er war Autor zahlreicher physikalischer und technischer Abhandlungen und auch einer der ersten, die sich theoretisch mit der Raumfahrt beschäftigten. Seine zweite Tochter, Zofia Anna, zählte zu den ersten weiblichen Politikerinnen (sie hatte einen Sitz im Sejm) und heiratete den späteren Premier Jędrzej Edward Moraczewski, einen Bahningenieur. Aus Twardowskis *Tagebüchern* geht hervor, dass ihm der Baron sehr gewogen war. Anscheinend sah er in ihm aber eher den künftigen Wissenschaftler und keinen Schwiegersohn. Wie erwähnt, weckte Gostkowski in Twardowski das Interesse an den Naturwissenschaften und der Technik.

Helena traf er anschließend noch mehrmals. Nachdem es allerdings keinerlei Anzeichen von „Geneigtheit" ihrerseits gab, beschloss er, sich gefühlsmäßig nicht zu engagieren. Über die Etappen dieses Erlöschens erfahren wir mehr aus den *Tagebüchern* und der Korrespondenz. Twardowski schrieb am 28. April 1885 an Krypiakiewicz:

Was meine Person und Fräulein H. G. betrifft, so bin ich in folgender Lage. Vollständig habe ich mich noch nicht von ihrem Einfluss befreien können. Das sehe ich unter anderem daran, dass ich jedes Mal, wenn ich in den Garten gehe, zu den Fenstern von Minister [Florian] Ziemiałkowski hochsehe, ob ich sie dort zufällig nicht erkenne (da sie dort sehr häufig verkehrt). Aber ich versuche, diese Gefühle in mir zu dämpfen. Und ich erwarte, dass mir das schließlich vollständig gelingt.

Ein paar Tage später notierte er in den *Tagebüchern*:

(8. Mai 1884.) Ich kämpfte lange mit mir, um die Hoffnung auf Glück […] in Person von Fräulein Helena Gostkowska zu überwinden. Weil dieses Glück aber so unsicher war, musste ich sämtliche Hoffnung fahren lassen, um nicht Zeit für Überlegungen auf ein eventuelles Glück oder Liebe zu verschwenden. Ist das nicht eine Ironie der Welt? Einer unbarmherzigen Welt!

Schließlich schrieb er an seinen Freund:

(27. Mai 1885.) Ich wunderte mich […], wie es sein konnte, dass ich anfangs meines Gefühls für Fräulein H. G. nicht bewusst war. Am Sonntag war ich in der Lage, mir selbst zu erklären, was das für ein Gefühl war und ist, und jetzt stellt sich die ganze Sache für mich folgendermaßen dar. Fräulein H. G. ist das lieblichste Fräulein, eine Polin, die ich aus Wien kenne und deshalb sehr gern gesehen habe. Und weil auch Frau G. und das Fräulein zu mir sehr zuvorkommend waren, fühle und fühlte ich eine komische Neigung zu dieser Familie, die mir Liebe zu sein schien.

2.5. Eliza Albrecht

Eliza, die tragischste Liebe seines Lebens, lernte Twardowski, ähnlich wie
die Gattinger-Schwestern, während der Ferien in Neumarkt kennen. Über
ihre Herkunft ist so gut wie nichts bekannt, nicht einmal, ob sie Deutsche
oder Polin war. Das erste Mal taucht sie in den *Tagebüchern* als „Elise" auf
(ihr Vorname klang also deutsch) und erst später in der polnischen Variante
„Eliza". Twardowski erwähnt auch die Sprache, in der er mit ihr kommu-
nizierte, nicht (was er übrigens auch bezüglich anderer Personen nie tat).
Belegt ist nur, dass Eliza, vermutlich als Gesellschaftsdame, mit Familie
Uhl nach Neumarkt kam. Eliza vertraute Kazimierz an, dass Herr Uhl ihr
gegenüber schlimme Absichten hege. Er notierte in den *Tagebüchern*:

> (9. September 1885.) Ich erfuhr von ihr [Eliza], dass Hr. Uhl zuerst eine
> Gouvernante suchte, um sie dann als Mätresse zu gewinnen! Aber das
> lass ich ihm nicht durchgehen!

Eliza wohnte in Wien bei ihrer Tante. In den *Tagebüchern* werden keine anderen Verwandten erwähnt. Wahrscheinlich war sie Waise.

Den ersten Eindruck, den sie auf Twardowski machte, beschreibt er
kurz: „Ein schönes und bezauberndes Mädchen". Obwohl er in diesem Jahr
mit dem Vorsatz, sich nicht zu verlieben nach Neumarkt gekommen war,
verfiel er sukzessive Elizas Charme:

> (8. August 1885.) Ich konnte mich hinsichtlich des Umgangs mit schö-
> nen Mädchen nicht vollkommen verbessern, wie zum Beispiel bei Fräu-
> lein Albrecht. Obwohl ich mir fest vornahm mich auf keine *exclusive* zu
> konzentrieren, zieht mich Fräulein Albrecht doch mit unwiderstehli-
> cher Kraft an. Was tun?

Über das Verhältnis zu Eliza dachte er anfangs allerdings in der Kategorie
einer zwischenzeitlichen Sommerliebe:

> (8. August 1885.) Wir sprachen offen miteinander, sodass mir niemand
> vorwerfen kann, ich hätte sie getäuscht oder hätte dies vor. Und jetzt
> nutzen wir unsere Jugend, natürlich nur die wenigen Tage, da sie hier
> ist, bis Ende August und dann ist ohnehin Schluss. Ich hab vor im
> September nach Galizien zu fahren und in der ersten Oktoberhälfte
> zurückzukommen.

Die Situation änderte sich mit der Erkrankung von Eliza. Ende August zeigten sich erste Anzeichen einer galoppierenden Schwindsucht:

> (25. August 1885.) Ich weiß nicht, wie das enden wird. Gestern hatte sie [Eliza] einen Blutsturz; jetzt liegt die Ärmste und ich laufe bedrückt umher, weil mir das Mädchen leid tut.

Anfang September, als der blutige Husten aufhörte, kehrte Eliza nach Wien zurück und Kazimierz blieb noch in Neumarkt. Nach einigen Tagen vermerkte er:

> (12. September 1885.) Heute erhielt ich einen Brief von Eliza. Er war lang und herzlich, wie ich ihn nicht zu erhoffen wagte. Ich hatte Freude dran.

Neumarkt

Gleich nach der Rückkehr nach Wien setzten die Besuche bei Eliza in der Wohnung ihrer Tante ein. Anfangs war ihr Zustand stabil, verschlechterte sich aber bald darauf rapide. Kazimierz' Visiten wurden häufiger:

anfänglich jeden zweiten Tag, später täglich und schließlich gar mehrmals pro Tag. Diese Krankenbesuche beunruhigten die Eltern, und Twardowski zeichnet, wie bereits erwähnt, ein unangenehmes Gespräch diesbezüglich mit seiner Schwester Zofia auf. Ende September wurde der Zustand so kritisch, dass Eliza die Sterbesakramente erhielt. Es war allerdings nur eine schwere Krise.

Das Verhältnis von Kazimierz zu Eliza war das reifste in seinem bisherigen Gefühlsleben und bestand auf zwei Ebenen. Einerseits war das Verhältnis von der Sorge um ihre Gesundheit geprägt und das vor allem angesichts der schlechten ärztlichen Prognosen:

> (11. November 1885.) Als ich Eliza verließ, erfuhr ich von ihrer Tante, dass Dr. [Julius] Heitzmann nach der Untersuchung gemeint hätte, dass schon ein Wunder passieren müsste, wenn sie Weihnachten erleben sollte. So war also meine Hoffnung, ihre Krankheit ließe sich doch heilen, vergeblich. Heute sind es sieben Wochen, da meine arme Eliza bettlägrig ist. Zwei Tage war sie auf. Dabei ist sie so voll Hoffnung, so frisch und hübsch, das es einem im Herzen weh tut sie anzusehen.

Die zweite Ebene war die stille Freude, die Zeichen von Verbundenheit und Liebe, die er in ihrem Verhalten herauslas:

> (18. Oktober 1885.) Ich war am Vormittag bei Eliza, von der ich erstmals mit einem Gefühl von Freiheit und Glück wegging. Ihr geht es gut und heute erhielt ich so deutliche Beweise von Gegenseitigkeit, dass kein Grund für Traurigkeit besteht.

Ende November / Anfang Dezember beschließt Twardowski die Stellung in Jezupol anzunehmen und Wien zu verlassen. Dieser Entschluss zu einem Zeitpunkt, da sich Eliza seit Wochen in einem kritischen Zustand befindet, erscheint überraschend. Es ist schwer zu sagen, was der Auslöser war. Fest steht, dass er sich des Schmerzes, den diese Entscheidung bei der Geliebten auslösen musste, bewusst war:

> (23. November 1885.) Ich fürchte, dass meine Abreise meine arme Eliza allzusehr mitnehmen wird. Für mich als gesunden Menschen wird es sehr schwierig, mich von ihr zu trennen. Was dann erst bei ihr, der übermäßig Geschwächten! Ich war den ganzen Vormittag über bei ihr. Sie weinte als sie erfuhr, dass ich wahrscheinlich fahren werde. Am Nach-

mittag war ich nochmals bei meiner unschätzbaren Eliza. Die Krankheitssymptome werden immer ungünstiger.

Von September bis Dezember 1885 führte er seine Aufzeichnungen täglich, genauso wie in der Zeit der intensivsten Gefühlswallungen zu Maria Gąsowska. Täglich wird auch die kranke Eliza erwähnt. In Jezupol dagegen öffnet er das *Tagebuch* selten. Ein kurzer Eintrag zu Eliza findet sich im Jänner:

(17. Januar 1886.) Ich erhielt heute einen Brief von Elizas Tante, dass es um Eliza ganz, ganz schlecht steht. Sie erhielt zum zweiten Mal die Sterbesakramente. Weil ich sie lange nicht gesehen habe, wird meine Liebe zur ihr immer größer.

Nach dem Jahreswechsel, der im *Tagebuch* nicht berücksichtigt wurde, findet sich eine letzte Erwähnung von Eliza:

(17. Februar 1887.) Während meines Aufenthaltes in Wien starb Eliza am 19. März um halb vier in der Früh. Noch im letzten Moment träumte sie von mir und was ich an ihr verlor, spüre ich immer mehr.

Ob er sich vor ihrem Tod noch mit ihr traf, ist ungewiss.

2.6. Kazimiera Kołodziejska

Unbekannt ist auch Twardowskis Gefühlsleben zwischen 1886 (dem Todesjahr von Eliza) und 1891 (Verlobung mit Kazimiera Kołodziejska). Sicher tauchten in den Studentenjahren andere Frauen auf. Es lässt sich jedoch nicht sagen, wie tief die Gefühle waren bzw. wie lange die tragische Beziehung zu Eliza nachwirkte.

Kazimiera Twardowska, geb. Kołodziejska (etwa 1890)

Vom Gefühl der Einsamkeit und der Leere nach dem Verlust von Eliza zeugen folgende Worte aus einem Brief an Krypiakiewicz:

(20. September 1886.) Wer jemanden hat, der ihn [...] umsorgt, der ihm Anhänglichkeit und Mitgefühl auf [...] süße Art zum Ausdruck bringt, der muss wahrhaft glücklich sein. Ich weiß nicht, was ich dafür geben würde, wenn ich es denn besäße. Leider sind dies vergebliche Träume. Du siehst, was für ein Dummkopf ich bin – bei jeder Gelegenheit beklage ich mich über meine Einsamkeit.

Davon kann ebenfalls das folgende – für einen Zwanzigjährigen ziemlich lustig klingende – Bekenntnis zeugen:

(28. Oktober 1886) Ich bin ein alter Junggeselle. Verschiedene Dummheiten, über die ich selbst lachte, wenn ich sie bei alten Jungfern und alten Junggesellen sah, habe ich selbst begangen, und [...] ich kann mit einem Hund so zärtlich spielen, wie *anno dazumal* [urschriftlich] mit den Frauen.

Lassen sich bei den Beziehungen des jungen Twardowski Gemeinsamkeiten festmachen? Leider wissen wir zu wenig und vor allem zu wenig aus neutralen Quellen, um etwas mit Sicherheit sagen zu können.
    Feststellen lässt sich aber erstens, dass Twardowski bei seinen Herzdamen neben dem Äußeren vor allem Verantwortungsbewusstsein für Wort und Tat schätzte, zweitens bevorzugte er intelligente Frauen mit Ausbildung, Partnerinnen für hochstehende Diskussionen, drittens musikalische

Begabung. (Maria etwa spielte Klavier und Wanda sang) und viertens suchte er heitere Frauen; vielleicht ein unbewusstes Bestreben, seine melancholische Veranlagung auszugleichen. Es gibt auch keinerlei Anzeichen dafür, dass für Twardowski bei der Auswahl der Kandidatinnen der Aspekt einer eventuellen Mitgift, wie damals in seinen Kreisen üblich, eine Rolle gespielt hätte (er war sich bewusst, dass er selbst, als Adeliger ohne Grundbesitz, keine gute Partie war). Daher verwundert es nicht, dass seine künftige Frau nicht „viel mitbrachte", dafür aber in sich jene Eigenschaften vereinte, die er an Frauen so sehr schätzte.

Kazimiera Kołodziejska war um zwei Jahre älter. Wie aus der erhaltenen Korrespondenz hervorgeht, war sie sprachlich begabt, eine ausgesprochene Frohnatur und tief gläubig. Letzteres wirkte gewissen areligiösen Tendenzen entgegen, die Twardowski noch im Theresianum zu entwickeln begann. Twardowski hielt bis an sein Lebensende rigoros am Prinzip der Trennung von Glauben und Wissen bzw. Theologie und Philosophie sowie Kirchen- und Staatsangelegenheiten fest. Trotz gegenteiliger Behauptungen brachte ihn dieses Prinzip jedoch niemals dazu, aktiv gegen den Glauben, die Theologie oder die Kirche aufzutreten. Dies war sicher auch das Verdienst des vermittelnden Eintretens seiner Frau. Der gemeinsame Haushalt wurde von Frauen dominiert: die Twardowskis hatten drei Töchter.

In späteren Jahren engagierte sich Twardowski für eine wohlverstandene Emanzipation der Frauen, indem er vor allem Möglichkeiten für eine gute Ausbildung schuf. Daher gehörte er dem Gründungskomitee der Towarzystwo Prywatnego Gimnazjum Żeńskiego we Lwowie (Gesellschaft für das Privatgymnasium für Mädchen in Lemberg) an. Es war die erste Schule dieser Art in Galizien, und alle drei Töchter Twardowskis besuchten diese Institution. Auch unter seinen Schülern gab es zahlreiche Frauen. Der Frauenanteil in der Lemberg-Warschau-Schule ist europaweit einmalig.

Die Famile Twardowski in Poronin

Kapitel 6

Die Persönlichkeit

Prägend für die Persönlichkeit Twardowskis waren die Wiener Jahre. Nach Lemberg kam er als Erwachsener mit ausgeformtem Charakter, Temperament und Intellekt.

1. Der Charakter

Twardowski war ein fleißiger Mensch. Als Beispiel an Arbeitsamkeit bezeichnete er seinen Vater und das Umfeld, in dem er aufwuchs, d.h. das deutsche Volk. Er bemerkte:[1]

> Ich wurde in einer Atmosphäre von Arbeit bzw. einem Arbeitskult erzogen. Ich lebte fast dreißig Jahre in Wien unter Deutschen, bevor sich mein sehnlichster Wunsch, einen Lehrstuhl an einer polnischen Universität zu erhalten, erfüllte. Als ich aber ins Land kam, merkte ich voll Schrecken, dass unsere Gesellschaft ein anderes Verhältnis zur Arbeit hat, als die westlichen. Dort bildet die Arbeit den Haupt- und normalen Teil des Lebens, ihre Notwendigkeit ist allgemein bekannt und das Bedürfnis sie bestmöglich zu nutzen bei der überwiegenden Mehrzahl der Menschen gegeben. Bei uns ist das leider allzu oft anders.

Der Fleiß, wie er von den Zöglingen des Theresianums erwartet wurde, war für Twardowski etwas Natürliches. Auch außerhalb der schulischen Disziplin arbeitete er intensiv, selbst wenn er sich dagegen zeitweise auflehnte. Er meinte gar, die Schule würde ihn in seiner Arbeit behindern, da sie ihm verwehre sich so zu organisieren, um bestmögliche Resultate zu erzielen. Sein inneres Bedürfnis, die Zeit möglichst gewinnbringend für eine gute Sache zu nutzen – „in Tat für das Wohl meiner Familie und die Menschheit" – hatte er von den Stoikern, deren Lehre er während der Schulzeit kennengelernt hatte, übernommen. In diesem Zusammenhang schrieb er in einem Brief an den Vater am 5. Februar 1882:

---

1 Twardowski (1936), S. 779.

Sollen sie ruhig sagen: man lebt nur einmal und daher muss der Mensch sich ordentlich vergnügen etc. Meiner Meinung nach lebt man nur einmal und muss daher die Zeit nutzen und möglichst viel arbeiten. Kraszewskis Lebensweisheit: „Das Leben eine Krankheit, Arbeit die *Arznei*" habe ich für mich abgewandelt in: „Das Leben eine Krankheit, Arbeit die *Linderung*".

Twardowski war aber kein, wie man heutzutage formulieren würde, Workaholic. Er schätzte Erholung und nutzte freie Tage für kurzweiligen Zeitvertreib, den er schätzte und offensichtlich brauchte. In ähnlicher Weise sehnte er sich nach den Ferien, die er in vollen Zügen und ohne schlechtes Gewissen genoss. Twardowski war ein pflichtbewusster Mensch.

Sein Pflichtbewusstsein ist in einem größeren Zusammenhang zu sehen: Es beinhaltete nicht nur, den Verpflichtungen gegenüber Eltern und Vaterland sowie jenen Aufgaben nachzukommen, die von der Schule vorgegeben waren, sondern auch freiwillig übernommene Pflichten zu erfüllen – auch in Beziehung gegenüber sich selbst. In den *Tagebüchern* schrieb er:

(24. Oktober 1882.) Ein heiliges Ziel werde ich vor Augen haben: meiner Eltern und Deinen Wünschen zu genügen. Oh! Denn es ist ein heiliges Gefühl, wenn ich mit den Worten: „Ich habe ausgehalten und beflissen meine Pflicht erfüllt" vor Dich treten werde können.

(23. November 1882.) Oh! Ist meine Pflicht nämlich noch so schwer, so mag es so sein, damit ich einst mit meiner Misia den Menschen ins Gesicht sagen kann: „Ich bin meinem Motto Suaviter in modo, firmiter in re! treu geblieben".

Kazimierz Twardowski (1886)

Twardowski war auch ehrgeizig. In der Schule trieb ihn der Ehrgeiz, Bester sein zu müssen sogar dazu, seine Gesundheit zu riskieren. Das war auch der Grund für extreme Reaktionen bei Misserfolgen. Der Ehrgeiz trieb ihn auch dazu, sich hohe Ziele zu stecken und diese konsequent zu verfolgen. Darüber hinaus wollte er alle Erfolge nur sich selbst verdanken:

(31. März 1883.) Davon, dass ich hier [im Theresianum] mit der Ausbildung fertig bin, habe ich nichts; vielleicht noch soviel, dass ich als Ex-Theresianer leichter überall reinkomme. Aber in Wahrheit möchte ich mir alles selbst verdanken, denn solchen Zufälligkeiten.

Natürlich hatte er nicht immer ausreichend Energie, um in allen Vorsätzen durchzuhalten und alle begonnen Arbeiten auszuführen (teilweise waren die Ziele und Vorsätze auch einfach zu hochgesteckt ...). Dabei war sich Twardowski der eigenen Schwächen durchaus bewusst und zeigte ein deutliches Bedürfnis, an sich selbst zu arbeiten. So verließ er Wien als gefestigter und standhafter Charakter.

Es muss auch unterstrichen werden, dass die Ziele Twardowskis, die er beharrlich anstrebte, keinesfalls auf die Erlangung von Ruhm und Vermögen ausgerichtet waren. In einem Brief an Krypiakiewicz schrieb er am 6. Dezember 1886 dazu:

Der einzige Ruhm, der etwas wert ist, ist der Ruhm von Kopernikus, Newton oder auch Beethoven oder Chopin. Aber zu unseren Lebzeiten erfahren wir ihn nicht, und nach dem Tode kann er dir egal sein. [...] Im [...] wissenschaftlichen Leben ist der Hauptgewinn für die unternommenen Anstrengungen oft die Freude, die man in der Arbeit selbst findet. [...] Ich brauche keinen Ruhm, ich brauche keine Berühmtheit – ich strebe danach, einmal eine Stellung zu erhalten, die mir Auskommen und Möglichkeit wissenschaftlicher Arbeit gibt. Zweitens strebe ich danach, einmal von einem Kreis Menschen umgeben zu sein, die meinem Herzen teuer sind.

Zweifellos prädestinierten diese Charaktereigenschaften Twardowski für jene Rolle, die er in Lemberg und allgemein in Polen spielte sollte: als Lehrer von Gottes Gnaden, großer Gelehrter und freisinniger Bürger.[2]

2   Anspielung an den Titel eines Buches, das 1938 in Lemberg von Schülern und Freunden nach seinem Tod herausgegeben wurde: *Kazimierz Twardowski: nauczyciel – uczony – obywatel* (Lehrer – Gelehrter – Bürger), Lwów 1938, PTF.

2. Das Temperament

Twardowski hielt sich selbst für einen Melancholiker, und in der Tat hatte
er lange Phasen von Niedergeschlagenheit, wie aus den Erinnerungen hervorgeht. So etwa 1882, als sich die Sehnsucht nach Maria – und Polen – mit
dem Widerwillen dem Theresianum gegenüber vermischte:

> (28. September 1882.) Ich traf meinen Klavierlehrer am Gang. Er
> nimmt mich bei der Hand und die ist kalt wie bei einem Toten. *„Was ist
> ihnen?" – „Ich bin nicht ganz normal." – „Ja, sie sind gemütskrank, ich habe es
> bemerkt"* [urschriftlich].

Er selbst merkte eine Übereinstimmung zwischen dem eigenen Erleben
und der Stimmung der Lyrik von Słowacki:

> (20. September 1882.) Heute las ich einen wunderbaren Abschnitt von
> Słowacki,[3] den ich auf […] [mich] übertragen kann und bin's froh, dass
> ich nicht der Einzige bin, der ähnlich fühlt […]. Es freut mich, dass ich
> nicht der einzige bin, der ähnlich fühlte, wie das ist:
>
> Oui, quand les souffrances m'auront brûlé,
> Je vais alors éclairer les hommes avec la pourriture de mes os.
> Les talents, ce sont des lanternes dans la main des fous,
> Avec la lumière, il vont tout droit se noyer dans un fleuve.
> Il vaut mieux occulter la lumière et fermer les papupières
> Ou alors acheter de la raison, des rêve froids,
> Et payer pour cette marchandise avec tout le trésor des rêves …

Eine ähnlich depressive Zeit durchlief Twardowski in Jezupol. Über den
Zustand seines Geistes schrieb er – nicht ohne Selbstironie – an Krypiakiewicz:

> (8. August 1886.) Wir werden wirklich viel zu erzählen haben, dass un-
> bedingt etwas mit mir getan werden muss: andernfalls – wie ich Dir
> bereits gesagt habe – gibt es nur zwei Wege für mich – und jetzt habe
> ich einen dritten gefunden: *id serto* eine Kugel in den Kopf. *Probatum est.*

---

3   *Kordian*, Akt I, Szene II. Kordian zu Laure (übersetzt von J. Donguy und M. Masłowski).

(25. Oktober 1886.) Du hast ein Wort für die Bezeichnung seines Zustandes gefunden, mir fällt es schwerer in einem Worte dies auszudrücken, was mit mir geschieht. Am besten wäre vielleicht die Aussage, dass ich apathisch bin. Ich bin nicht mehr verrückt; ich bin ruhig, dabei aber sehr traurig eingestellt.

(3. Oktober 1886) Daher rate ich Dir, die „Träume eines 27-jährigen Jünglings" herauszugeben, und wenn ich dieses Alter erreiche, gebe ich ein Buch mit demselben Titel und dem Zusatz „Serie 2" heraus. Denn es ist mehr als sicher, dass ich – der ich an der Jezupoler Hochschule als Hörer und an der Jezupoler Universität als Professor eingeschrieben bin – ebenfalls keine Zeit und keine Möglichkeit haben werde, meine Träume lange vor dem dritten Kreuz umzusetzen. Auch für mich ist wie für Dich das Leben ohne Gefühle ein Leben ohne Sinn – auf mich warten noch sieben Jahre ohne Sinn – die sieben schönsten Jahre im Leben – und das soll Leben sein?

Es gab auch Zeiten heftiger Stimmungswechsel: an einem Tag traurig und reserviert, anderntags fröhlich und hoffnungsvoll. Nach Wochen der Niedergeschlagenheit schrieb er etwa:

(13. Oktober 1882.) Ach ja, irgendwie geht's auf der Welt. Ich bin ausgesprochen fröhlich. Warum, weiß ich nicht. Ich hab ja jede Menge zu lernen, allerlei Unbill und trotzdem lache ich und lass es mir gut gehen. Das sind die Jahre der Jugend! Zumindest werde ich nicht mehr so schlimm krank wie früher.

Er war auch bemüht, diese depressiven Phasen zu bekämpfen, wozu ihn der Vater ermunterte. Oft versprach er sich selbst, sich „zusammenzureißen". Dies war ein typisches Zeichen der oben erwähnten Arbeit an der eigenen Persönlichkeit, der Bekämpfung persönlicher Schwächen:

(9. März 1883.) Ich entdeckte heute ein wirkungsvolles geistiges Mittel gegen die Traurigkeit; wer immer Ehr- und Schamgefühl gegenüber sich selbst empfindet, muss mit diesem Mittel geheilt werden. Vielleicht verfasse ich eine umfassendere Mitteilung zu diesem Gegenstand.

(7. April 1885.) Ich beschloss, so wenig Negatives ins Tagebuch einzutragen, wie möglich. Daher werde ich mich des Trübsinns erwehren, um mich später nicht selbst zu betrügen.

Twardowski war sich bewusst, dass äußere Faktoren Einfluss auf seine Psyche haben können, zum Beispiel die Literatur und hier vor allem die Lyrik. Sicherlich war auch die Musik, seine große Leidenschaft nach der Philosophie, so ein Faktor.

Dem Bild des Melancholikers Twardowski gegenüber steht das des Salonlöwen und Bonvivants. Aus Eigenberichten wissen wir, dass er sich bei Treffen mit Gleichaltrigen allgemein „wohl" fühlte und oft im Mittelpunkt stand. Er nahm seine Umgebung positiv wahr, was sich mit einem verhältnismäßig starken Selbstbewusstsein verband. Fast alle Frauen, mit denen er nicht nur oberflächlich in Kontakt trat, waren für ihn „schön". Die Tanzabende waren in seinen Aussagen in überwiegender Mehrheit gelungen, die Konzerte, Ausstellungen, sogar Sehenswürdigkeiten, die er besuchte, fast immer interessant. Seine eigenen musikalischen Auftritte bewertete er, genauso wie seine Prüfungsantworten, überwiegend gelungen, und die eigene Zukunft sah er im Wesentlichen in hellen Farben. Außerdem war er kontaktfreudig und im gesellschaftlichen Umgang nicht schüchtern.

Alles in allem war er also eine seltene Verbindung: die originelle Vereinigung eines Extravertierten und eines Melancholikers.

3. Der Intellekt

Es gibt zerstreute Geister, deren Wissen riesige Gebiete abdeckt, deren Kompetenz allerdings oberflächlich bleibt, da sie sich nicht auf Details konzentrieren können.

Es gibt gesammelte Geister: ihre Gedanken sind gebündelt, sie erreichen nicht alle Sphären, dort aber, wo sie Lichtstrahlen gleich eindringen, leuchten sie alles bis in die kleinsten Winkel, bis zum Grund aus.

Twardowski verließ Wien mit gesammeltem Geist. Er konzentrierte sich auf wenige Bereiche und war gewillt, diese eben „bis zum Grund auszuleuchten". Eigentlich kann man sagen, dass in Wien jenes Programm entstand, das er in Lemberg realisierte – und das mit äußerster Konsequenz! Eine Andacht auf etwas schließt anderes nicht aus, sondern benötigt Phantasie. In Wien zeigte sich, dass es Twardowski daran nicht mangelte.

Manchmal wird der Verstand als analytisch oder synthetisch klassifiziert. In der Tat gibt es Menschen – und somit Philosophen – die das „Zerlegen" des Forschungsgegenstandes beherrschen. Danach werden diese kleinsten Teile beschrieben und erklärt. Sie sind jedoch hilflos, wenn es um die Darstellung dieser Teile in einem Ganzen geht: es fehlt ihnen das Talent zur Synthese. Bereits in Wien zeigte sich, dass Twardowski über dieser Klassifizierung steht. In den Schriften aus der Wiener Zeit erkennt man bereits die gelungene Symbiose von Analyse und Synthese.

Dabei kann die Analyse fragmentarisch bleiben und das Ergebnis des synthetischen Verfahrens sich als Phantasieprodukt herausstellen. Damit es nicht soweit kommt, heißt es, Analyse und Synthese einer intellektuellen Regelung zu unterwerfen. Und diese Disziplin in eigener Sache war das wohl wichtigste Handwerk, das sich der Philosoph Twardowski in Wien erwarb und das er in Lemberg gewinnbringend einsetzen konnte.

Kapitel 7

Die Weltanschauung

Twardowski war dafür bekannt, dass er sich als Erwachsener nicht öffentlich zu lebensanschaulichen Fragen äußerte. Dies erachtete er als seine persönliche Pflicht sowie als Pflicht des Philosophieprofessors. Das bedeutet allerdings keineswegs, dass ihm die Thematik fremd gewesen wäre. Sein Schüler (und Schwiegersohn) Kazimierz Ajdukieiwcz bezeichnete diese Einstellung als „Askese":[1]

> Obwohl er die Frage der Weltanschauung offiziell verwarf, da er nicht nur keine Möglichkeit für eine wissenschaftliche Lösung sah, sondern auch ihre Formulierung für unmöglich hielt, durchlebte er diese Problemstellung intensiv und hatte dazu eine eigene Meinung. Diese hielt er jedoch für seine Privatsache, zu unreif um sie wissenschaftlich verantwortlich zu verkünden oder zu versuchen, andere dafür zu vereinnahmen. Als Rationalist war er jeglicher kodifizierten und dogmatisierten Konfession feind, und erachtete es eines Wissenschaftlers unwürdig, irgendeiner Organisation anzugehören, deren Mitglieder zum Bekenntnis bestimmter Feststellungen, ohne Rücksicht darauf, ob diese berechtigt sind oder nicht, verpflichtet werden.

Die wichtigsten weltanschaulichen Elemente, die Twardowski in seiner Jugend „zutiefst erlebte" und zu denen er damals schon einen bewussten „eigenen Standpunkt" einnahm, waren Patriotismus und Religion.

1. Imperialer und lokaler Patriotismus

Im Fall Twardowskis, der ein Staatsbürger der multinationalen k. u. k. Monarchie war, ist der Begriff „Patriotismus" zweischneidig. Man kann nämlich ein – wenn man das so sagen darf – imperialer, gesamt-österreichischer Patriot sein. Man kann aber auch ein – wieder, wenn man das so sagen darf – ethnischer, also in gewissem Sinne lokaler Patriot sein (aber nur in

---

1   Ajdukiewicz (1959), S. 35.

gewissem Sinne, denn soweit beispielsweise der tschechische, slowakische oder auch ungarische Ethnos prinzipiell im Ganzen innerhalb des österreichischen Imperiums anzusiedeln war, so befand sich in seinen Grenzen doch nur ein Teil des polnischen Ethnos – der Rest gehörte zu Preußen und Russland). Die deutsche Sprache unterscheidet diese beiden Arten ziemlich gut – und nennt ihre Subjekte entsprechend „Heimat" und „Vaterland".

In den zugänglich Quellen findet sich kein Hinweis dafür, dass es bei Twardowski einen imperialen Patriotismus gegeben hätte. Andererseits lassen weder Verhalten noch Aussagen Twardowskis aus dieser Zeit auch nur den Hauch eines Verdachtes auf Illoyalität gegenüber dem Vaterland aufkommen. Der Patriotismus von Twardowski war also ein lokaler Patriotismus. So war auch – wie es scheint – der Patriotismus seiner Eltern und eines großen Teils der Wiener Polen, unter denen Twardowski aufwuchs.

Im Leben des jungen Twardowski gab es Momente, da dieser Patriotismus eine romantische Richtung einschlug. In dieser Zeit verband sich die Liebe zum polnischen Vaterland mit der zu Maria, die in der galizischen Heimat lebte. Damals vermerkte er in den *Tagebüchern*:

> (22. September 1882.) Ich bin im Stande viel zu ertragen, aber das eine liegt mir so schwer am Herzen wie nichts sonst. Und immer frage ich mich aufs Neue: Warum kann ich meine Ausbildung nicht im Vaterland unter Landsleuten abschließen? Warum unter Fremden? Dieser Gedanke nimmt manchmal derart Überhand, dass ich ans Fenster gehe und am Gitter zu rütteln anfange, dass die Mauer bröckelt, bis man mir befiehlt, mich hinzusetzen [?]. Wenn ich aber allein bin, ganz allein, und so ein Gedanke überkommt mich, beiße ich mir ständig auf die Lippen, was ich, oh Gott, für Krämpfe bekomme. *Warum bin ich nicht in meinem Land?!* Mir fehlt der Atem. Ich sterbe. Oh, ich Unglücklicher! Mein Unglück bringt mich um den Verstand!
> (24. September 1882.) Ich weiß nicht, warum mich heuer mein Vaterland so dauert. Höre ich ein deutsches Wort, bin ich unglücklich. Wenn ich in der Lektüre versinke, […] unterbreche und ein deutsches Wort höre, zerreißt mir dieses eine Wort mein Herz und sagt: „Du Verbannter, Du Verurteilter, auf dass Du unter Fremden lebest und Deines Vaterlandes Erde nicht sehest."

Wie sehn ich mich nach Dir, Patria mea!
Wie lieb ich Dich Heimat meine.
Und denk ich an Dich drückt mich die Träne,

Sitz ich da wie ein Kind und weine.

(30. September 1882.) Vielleicht wird die Stimme „Eil nach Hause ins Vaterland, dort wo Deiner Väter Paradies" leiser, kann ich jedoch mein Vaterland vergessen? Kann ich, ohne ans Vaterland zu denken, frei sein von Gewissensbissen? Und wozu mir so eine Zukunft?

Später begann Twardowskis Patriotismus schrittweise eine, wenn man das so sagen kann, positivistische Färbung anzunehmen. Im Vordergrund standen dann nicht mehr exaltierte Gefühle, sondern rationale Postulate zur Kultivierung nationaler polnischer Traditionen, zum Erhalt des polnischen historischen Gedächtnisses, zur Sorge um den entsprechenden Platz der polnischen Kultur und vor allem zur Arbeit für Polen und das polnische Volk. Sein Vater und Bruder nahmen die Arbeit für Polen in Wien auf. Sein stärkstes Verlangen dagegen war von Anfang an, Wien zu verlassen und sich der Arbeit für das Vaterland *im Vaterland* hinzugeben (das heißt auf jenem ehemals polnischen Gebiet, das damals zur k. u. k. Monarchie gehörte). In den *Tagebüchern* schrieb er:

(9. Mai 1883.) Nichts Neues. Draußen ist es sehr warm. Ich lerne wiederum sehr viel und habe keine Zeit, mich mit Dingen zu beschäftigen, die Polen beinhalten und betreffen, was mir sehr ungelegen ist.

In diesem Zusammenhang sei auf einen Ausschnitt aus einem Brief an den Vater vom 23. Mai 1885 hingewiesen:

Was meinen Aufenthalt in Lemberg betrifft, stelle ich mir das so vor: Das Ziel meines Lebens ist die Arbeit für's Land. Früher oder später werde ich nach Galizien gehen müssen.

Dieses Vorhaben konnte er, wie bekannt, realisieren. In einem freien Polen konnte sich Twardowskis Patriotismus, den er mit einer konsequent apolitischen Haltung verband, voll entfalten. Diesen apolitischen Patriotismus brachte er in einem Brief vom 24. Dezember 1922 an den Bruder Juliusz zum Ausdruck. Diesem war ein paar Tage zuvor von Władysław Sikorski der Posten des Innenministers angetragen worden. Auf Druck konservativer Kreise im Sejm musste das Angebot jedoch zurückgezogen werden. Die vorherige Zusage seitens Juliusz' kommentierte er folgendermaßen:

Über Deine Zusage, obwohl ihr diesmal kein Erfolg beschieden war, freue ich mich sehr, hast Du doch auf diese Art *ein vollkommen reines und ruhiges Gewissen* – und *wolltest* Dich immerhin, einer so schwierigen und unerhört undankbaren Aufgabe annehmen – weshalb es also *nicht Deine* Schuld ist, wenn Du nicht, Deinen Fähigkeiten und Deiner Erfahrung gemäß, im Vaterland für das Vaterland arbeiten kannst. [...] Auf Grund der letzten Geschehnisse ist eine große Niedergeschlagenheit in mir. Seit dem 16. d.M. (die Ermordung von [Gabriel] Narutowicz) ist in mir etwas zusammengestürzt – *ist etwas zerbrochen! Es scheint, als ob dies die letzte Hoffnung war ...!*[2]

2. Die Religion

Das Verhältnis Twardowskis zur Religion ist einigermaßen kompliziert. Von daheim brachte er eine traditionelle katholische Erziehung mit polnischem Kolorit mit. Sein Haus bezeichnet er dagegen als „gemäßigt religiös". Im Hause der Twardowskis war die Religion eine wichtige Zutat des Polentums. In seiner Autobiographie erinnert sich Twardowski, dass sein „Kinderglauben" bereits während der Schuljahre im Theresianum Einbußen erlitten hätte, die sich unter der Kategorie „Konflikt von Glaube und Vernunft" subsumieren ließen. Der erste Anstoß war die Lektüre von Büchners *Kraft und Stoff* (s. Kapitel 2). Das Aufeinandertreffen von wissenschaftlichem Kritizismus mit naivem Glauben bewirkte eine Intensivierung des religiösen Zweifels. In seiner Autobiographie notierte Twardowski:[3]

Ich prägte mir für die Religionsstunde die Erzählung von dem Durch-zug der Juden durch das Rote Meer ein und malte mir das hierüber in der Schulausgabe der Bibel Erzählte mit lebhaften Farben aus. Auch das eigentliche Wunder, wie das Meer zu beiden Seiten zurücktrat und den Juden den Durchzug ermöglichte, wie das Wasser rechts und links sich zu senkrechten Wänden türmte, in der Mitte auf dem Meeresgrunde eine schöne glatte Fahrbahn zurücklassend – nein – das kam [mir] denn doch nicht recht möglich vor, besonders diese senkrechten durch nichts ge-stützten Wasserwände schienen ein Ding der Unmöglichkeit; und weg war der naive Wunderglaube des Kindes.

---

2   Vgl. Pajewski (1962), S. 143.
3   Twardowski (1926), S. 3.

Und in den *Tagebüchern* heißt es:

> (18. Oktober 1882.) Die Messe ist meiner Meinung nach nicht, was sie
> sein sollte. Ist es nicht schlimmer als Kannibalismus, wenn wir wirklich
> ein Stück Oblate als Zeichen der Verbindung mit unserem Gott essen?
> Was soll diese Oblate darstellen? Jesus Christus. Das bringt mich auf
> den Gedanken, dass es nur *einen* Gott gibt und nicht drei Götter. Denn
> entweder gibt es einen Unterschied zwischen Gott Vater, Sohn und
> Heiligem Geist, [und] dann ist einer von ihnen der wahre Gott, oder es
> gibt keinen Unterschied und es ist nur ein Gott und die Namen „Vater",
> „Sohn" und „Geist" sind menschliche Erfindungen.

Diese Aufzeichnung veranschaulicht den Versuch, Glaubensinhalte rational
zu analysieren. Es kann nicht ausgeschlossen werden, dass mit diesen Versuchen, Glaubensinhalte zu verstehen, der geheimnisvolle Vorfall mit dem
Präfekten in Zusammenhang steht (vgl. Kapitel 2).

In dieser Zeit kommt es zu typischen Erkenntnisdiskrepanzen, wenn
Twardowski seine „bilderstürmerischen" Attacken führt und gleichzeitig
deutlich das Bedürfnis verspürt, seinen Glauben, den er von zu Hause mit-
bringt und mit dessen Tradition er sich identifiziert, aufrecht zu erhalten.

> (21. Oktober 1882.) Vorgestern schrieb ich über meinen Glauben und
> schon heute bin ich zu diesem heiligen Glauben zurückgekehrt, den
> mich die Mutter gelehrt hat, als ich ein Kind war.

Andenken an die Erste Heilige Kommunion von Kazimierz Twardowski

Seine Zweifel bezüglich des Bibelinhaltes und die Schwierigkeiten im Verständnis der Glaubenswahrheiten beeinträchtigen wohl nicht, wie es scheint, den Glauben Twardowskis an die Existenz des Gottes der Vorsehung. Davon zeugen die eigenen Gebete, wie sie Twardowski mehrfach in den *Tagebüchern* aufzeichnete:

(3. Dezember 1882.) Mein Gott! Erbarme Dich meiner! Verwirf mich nicht! Oh, lass mich nicht an meinen eigenen Gedanken zu Grunde gehen! Rette mich aus dem Strudel falscher Hoffnungen und führe mich

zum echten Glück, das du uns versprochen hast, uns die wir uns auf
dieser Welt Deinem heiligsten Willen fügen! Amen!
(17. Dezember 1882.) Wir […] beten jetzt nicht mehr gemeinsam [The-
resianer], sondern jeder bei oder in seinem Bett. Vielleicht interessiert
es Dich, wie mein Gebet [ist]? Vielleicht kannst Du es teilweise erraten?
„Gott! Du weißt, was Not tut! Gib mir, was Du für gut erachtest!".
Aber ich bete auf Latein. „Deus optime maxime scis quae opus dis!".

Dies sind sicher nicht die Worte eines „Gottlosen". Es wäre auch schwer
gefallen, bei einem „Gottlosen" eine Motivation für die Übersetzung der
religiösen Legenden von Joseph Kreibig ins Polnische zu finden, wie sie
von Twardowski für den Wiener *Przełom* angefertigt wurde. Typisch auch
der Kommentar, mit dem er seine Übertragung versah:[4]

Das, was er [Kreibig] schrieb, ist auf seine Art einzigartig. Ich lasse
die psychologischen Elemente beiseite und konzentriere mich auf die
Legende. In jeder Erzählung, die jeweils an eine Heiligenvita angelehnt
ist, steckt ein psychologischer Faktor. Dieser Faktor wird aber entweder durch die Anlage der übernatürlichen Geschehnisse oder durch die
moralische Absicht übertönt. […] Kreibig verfasste nämlich Legenden,
bei denen die menschlichen Faktoren mit der ganzen Bandbreite ihrer
Gefühle und Wünsche im Vordergrund stehen. Das sind Legenden,
in denen der psychologische Faktor für den Leser erkennbar an erster
Stelle steht. In diesem Zauber von Kreibigs Legenden liegt die Ursache für jene Eindrücke, die sie auf Menschen ausüben, die es gewohnt
sind, ins eigene Herz zu blicken. Wer das aber nicht gewohnt ist, kann
diesbezüglich angeregt werden. Darin sehe ich den ethischen Wert der
„psychologischen Legenden".

---

4   Twardowski (1895i), S. 525.

Andenken an die Firmung von Kazimierz Twardowski

Nicht unerwähnt bleiben soll, dass einer von Twardowskis ersten Schülern, Władysław Witwicki, ein ähnliches Verhältnis zur religiösen Literatur hatte, als er die Evangelien übertrug.

Eine Belebung religiöser Gefühle erfährt Twardowski auch bei seiner Hochzeit. Diese religiöse „Erneuerung" schlägt etwa in den Briefen an den Vater aus Leipzig und München durch:

(9. Februar 1891.) Dass wir uns über Ihren Brief, Papa, sehr freuten, schrieb ich bereits. Er enthält soviel angenehme Nachrichten für uns und zeugt von solch einem Wohlwollen der Menschen, die uns ja nichts schuldig sind, uns gegenüber, dass wir wahrhaft nur Gott für seine Gnade und Barmherzigkeit danken können. Sehen Sie, wie Gott ihnen Papa ihr gutes Herz, das sie andern zeigen, vergilt. […] Heute beginnen wir den ersten Monat nach unserer Trauung mit Beichte und hl. Kommunion.

Ein Jahr nach der Hochzeit schreibt er wiederum mit seiner Frau an den Vater, um diesem in dessen Krankheit beizustehen:

(21. April 1893.) Lieber Papa, fangen Sie nur nicht an, an Gottes Barmherzigkeit zu zweifeln! Denn dann ist alles verloren. Fing doch auch
der hl. Petrus an unterzugehen, als sein Vertrauen in Gott schwankte.
Solange er jedoch fest im Glauben war, ging er sicheren Schritts über
die grundlosen Tiefen des Meeres! Glauben Sie, Papa, fest an Gottes
Barmherzigkeit! Haben Sie nicht schon so oft an sich und anderen seine
wunderbare Vorsehung gespürt? Denken Sie nur an die Zeit, als sie so
schwer krank waren. Erinnern Sie sich an die Gefahr, aus der Sie Gottes
Hand damals – und als der Zug mit Ihnen entgleiste – errettete! Schau-
en Sie nur auf die schöne Welt um sich, die Gott uns Menschen erschuf
und der Mut wird in Ihre Seele wiederkehren und neue Vorsätze werden den alten Kummer verdrängen. So wir auch nur einen Funken [der
Liebe] für Gott in uns haben, verlässt Er uns *nie*.

Wie also präsentierte sich letztendlich Twardowskis Weltanschauung?
Die Antwort auf die Frage, ob er an Gott glaubte – und falls ja an „welchen"
Gott – bleibt eine interne Sache seines Gewissens.

In seinem Verhältnis zur Religion gilt es zu differenzieren: das Verhältnis zur katholischen Ethik, zum katholischen Ritus und zum katholischen
Klerus. Im ersten Fall ist eine Widmung bezeichnend, die er in einem Geschenk – Thomas a Kempis, *Die Nachfolge Christi* – an Anna Kasprowicz
vermerkte: „Solltest Du als Erwachsene eine schwere und traurige Stunde
erleben, so schau in dies Büchlein, das Du von Deinem Patenonkel zu Deiner Erstkommunion bekommen hast".[5]

Für den zweiten Fall sei angemerkt, dass er noch als Universitätsprofessor oft das Harmonium während der Messe in der Aula des Juliusz-
Słowacki-Gymnasiums, das seine Töchter besuchten, spielte.

Im dritten Fall sind die zum Teil gespannten Verhältnisse mit einigen
Kirchenvertretern aus Lemberg bekannt. Wahrscheinlich war hier die allgemeine Einstellung Twardowskis „schuld": Er war jeglichem Dogmatis-
mus im Denken feind und ein Verteidiger der universitären Unabhängigkeit
sowie der Objektivität bei der Interpretation von Fakten. Mit zahlreichen
Kirchenvertretern unterhielt Twardowski nicht nur korrekte sondern sogar
herzliche Beziehungen; so zum Beispiel, trotz des Meinungsunterschiedes
in vielen Fragen, zu seinem Schüler Tadeusz Olejniczak, dem späteren Rektor am Päpstlichen Polnischen Kolleg in Rom, und vor allem zu Bolesław
Twardowski, einem Sohn des Onkels von Kazimierz, dem Lemberger Erzbischof.

5   Kasprowicz-Jarocka (1966), S. 50.

3. Erzbischof Bolesław Twardowski

Bolesław Twardowski wurde am 8. Februar 1864 in Lemberg als Sohn von Marcely und Franciszka, geb. Stańkowska, geboren. Seine Ausbildung machte er in Lemberg, wo er maturierte und danach gleichzeitig im Priester-seminar und an der Theologischen Fakultät der Universität studierte. Eben-falls in Lemberg wurde er am 26. Juli 1886 zum Priester geweiht. Danach folgte ein zweijähriges Studium am römischen *Gregorianum*, das er mit einem Doktorat über das kanonische Recht abschloss.

Nach seiner Rückkehr aus Rom fungierte er als Kanzler der Erzdiözese Lemberg (bis 1902) und war danach (ab 1902) Pfarrer in Tarnopol. Wäh-rend des ersten Weltkrieges wurde er von den Russen nach Podwołoczyska verbracht und nach seiner Rückkehr am 14. September 1918 zum Weihbi-schof geweiht. Die Konsekration fand wegen der Belagerung Lembergs durch die Ukrainer erst am 12. Jänner 1919 statt. Als Generalvikar hatte er auch die Funktion des Vizeobmanns der Wydział Centralny Instytutu Ubo-gich (Abteilung Zentralinstitut für Arme) inne und war vor allem Rektor des Priesterseminars in Lemberg. Trotz der schwierigen wirtschaftlichen Lage nach dem Krieg konnten die wichtigsten Bedürfnisse des Seminars gesichert werden. In seine Zeit fällt auch der Ausbau des Gebäudes und die enge Zusammenarbeit mit Erzbischof Józef Bilczewski, der in Twardowski seinen Nachfolger sah.

Bolesław Twardowski

Erzbischof Bilczewski verstarb am 20. März 1923. Zwei Tage später wurde Twardowski Kapitularvikar und erhielt am 3. August 1923 die Nominierungsbulle des Apostolischen Stuhls zum Erzbischof von Lemberg. Die Amtseinführung war am 11. November; darauf begab sich Twardowski nach Rom, wo er das Pallium des Metropoliten erhielt; zweimal empfing ihn Papst Pius XI. zur Audienz.

In seiner zwanzigjährigen Amtszeit konnte sich Erzbischof Twardowski auf mehreren Gebieten auszeichnen. Eine brennende Frage bildeten etwa die durch Kriegseinwirkung beschädigten oder zerstörten Kirchen sowie der Bau neuer Gotteshäuser. In seiner Amtszeit als Erzbischof wurden 19 Kirchen renoviert, und es gab 27 Neubauten von Gemeindekirchen (u.a. in Tarnopol). Das größte Werk diesbezüglich war die Kirche der Ostrobramer Muttergottes in Lemberg-Łyczaków; sie fasste 2200 Personen, wurde 1934 eingeweiht und blieb bis 1939 das nationale römisch-katholische Sanktuarium Lembergs. Nach dem Krieg wurde sie nicht verwendet und in den 1990er Jahren der griechisch-katholischen Gemeinde überlassen.

Erzbischof Twardowski legte großen Wert auf caritative Aktivitäten der Kirche. Er bekämpfte Hunger und Arbeitslosigkeit auf dem Gebiet der Erzdiözese, besonders während der Weltwirtschaftskrise. 1930 eröffnete er ein Sekretariat Apostolstwa Chorych we Lwowie (Sekretariat des Krankenapostolats in Lemberg); diese Institution wurde später von der polnischen Bischofskonferenz für das ganze Land übernommen.

Er war auch ein Befürworter der Akcja Katolicka (Katholische Aktion) und organisierte zweimal einen Fortbildungskurs für die Aktion. Weiters unterstütze er die katholische Presse und eröffnete 1937 ein Instytut Wyższej Kultury Religijnej we Lwowie (Institut für Höhere Religiöse Kultur in Lemberg), das er den Professoren der Theologischen Fakultät an der Jan Kazimierz Universität unterstellte. Als Spezialist für kanonisches Recht führte er während der Synode der Erzdiözese Lemberg die Kodifikation der lokalen Jurisdikation durch.

Am Tag des Ausbruchs des Zweiten Weltkrieges stellte er den Priestern zahlreiche Vollmachten aus, um die Aufrechterhaltung der religiösen Verwaltungsstruktur während des Krieges zu sichern. Trotz der Kriegshandlungen 1939–1941 initiierte er Treffen der Geistlichkeit, während derer unter anderem Gegenmaßnahmen zur atheistischen und antikirchlichen Propaganda besprochen wurden. In seinen letzten Lebensjahren wurde er Zeuge der bewussten Zerstörung der jahrhundertelangen römisch-katholischen Tradition der Erzdiözese Lemberg und der Stadt zuerst durch die nazistische und dann die sowjetische Besatzung: die Schließung des Pries-

terseminars, Verfolgung der Priester des lateinischen Ritus und schließlich
Progrome an Polen allgemein durch extremistische ukrainische Gruppie-
rungen (polnische Quellen schätzen die Zahl der Mord- und Folteropfer
auf über 50 000). Er wandte sich an der griechisch-katholischen Erzbischof
Andrzej Szeptycki mit einem Appell zur Einstellung der Übergriffe und
1944 auch an den Krakauer Erzbischof Adam Stefan Sapieha mit der Bitte
um Intervention beim Generalgouverneur Hans Frank, in beiden Fällen
vergeblich. Es kann aber nicht ausgeschlossen werden, dass er bei der Herausgabe des letzten Hirtenbriefes „Du sollst nicht töten" mitgewirkt hat.

Hinzugefügt werden soll hier, dass sich Twardowski persönlich um Hilfe bemühte. Mehrfach intervenierte er für den von den Deutschen verhaf-
teten und internierten Stanisław Frankl, Professor der Theologie der Lemberger Universität, und in seiner Residenz versteckte er die jüdische Familie
von Dr. Władysław Elmer, einem herausragenden Physiopathologen.

Er starb am 22. November 1944 auf Grund eines Herz- und Lungen-
leidens und wurde auf seine Wunsch in der Krypta der Kirche der Ostrobramer Muttergottes beigesetzt; sein Herz ruht in der Chormauer des
Karmeliterinnenklosters. Als beide Stätten von den Sowjets profaniert wurden, kamen seine Gebeine in die Krypta der Erzbischöflichen Basilika in
Lemberg. Das Herz fand sich nach dem Krieg in Włocławek, wohin es von
den aus Lemberg deportierten Nonnen gebracht worden war.

Kazimierz und Bolesław Twardowski standen in einem enger Verbindung. In den *Tagebüchern* variiert die Bezeichnung des Cousins zwischen
„Bischof", „Erzbischof", „Priester Bolek" oder einfach „Bolek". Erhalten
blieb die herzliche Korrespondenz von 1923 bis 1937.

Als Antwort auf die Einladung zur Inthronisation schrieb Kazimierz in
einem Brief vom 22. September 1923:

> Lieber Bruder!
> Unter der unzähligen Schar, die Dir in diesen Tagen ihre Glückwünsche
> überbringen, reihe auch ich mich ein, um meiner aufrichtigen Freude
> Ausdruck zu verleihen, dass Du auf den erzbischöflichen Stuhl erho-
> ben wirst.
> Darüber bin ich aus dreierlei Gründen froh.
> Erstens freut es mich aus familiären Gründen. Obwohl wir uns
> selten sehen, sind wir nahe Blutsverwandte, waren doch unsere Väter
> leibliche Brüder. Ich kann mich zwar nicht an die Person Deines Vaters
> erinnern, doch lebt die Erinnerung an ihn in mir; von ihm habe ich
> Orgelbrands großartiges Werk, die *Wielka Encyklopedia* [Große Enzy-

klopädie], mit der er mich beschenkte, als ich zehn war. Die Bände schauen mich vom Bord in meinem Arbeitszimmer an, recht oft lese ich darin und sooft ich daraus Wissen beziehe, denke ich mit wehmütiger Dankbarkeit an meinen Onkel Marcely, der mich so reich beschenkte.

Zweitens freut es mich aus menschlichen Gründen, sehe ich doch in Deiner Ernennung zum Erzbischof den seltenen Fall, dass der Gerechtigkeit Genüge getan wird. Denn die Ehre, die Dir zuteil wurde, hast Du vollauf verdient. Du hast sie verdient durch dein ganzes bisheriges Leben, das nicht nur einmal unter übermäßig schwierigen Bedingungen der gewissenhaften Pflichterfüllung gewidmet war; Du hast sie dadurch verdient, indem Du niemals in Deiner Arbeit weder Anerkennung noch Lob gesucht hast, sondern einzig jener Idee gedient hast, die Du Dir seit frühester Jugend als Leitstern für Dein Leben erwähltest. Ich weiß, dass Du Dich ohne Murren und frohen Geistes dem Willen der Vorsehung unterworfen hättest, wenn ein anderer auf dem Stuhl des Lemberger Erzbistums anstatt Deiner jetzt Platz nähme, und dass Du genauso wie bisher arbeiten und weitermachen würdest; berufen, ein so hohes Kirchenamt zu bekleiden, schwelgst Du weder im Stolz, noch findest Du Freude, die vollkommen verständlich wäre, die aber von Deinem Bewusstsein der schwierigen Pflichten gedämpft wird, die auf deine Schulter gelegt werden, und vom Gefühl der großen Verantwortung, die Du ab jetzt wirst tragen müssen. Aber erlaube, dass ich mich von ganzem Herzen freue, wenn ich sehe, dass sogar in der jetzigen Zeit, in der bei der Besetzung verschiedener Positionen nebensächliche Gründe die Oberhand gewinnen, es doch manchmal vorkommt, so wie in diesem Fall, dass die wesentlichen Gründe entscheiden und als Folge der richtige Mann an der richtigen Position stehen wird.

Drittens freut es mich in religiöser Hinsicht. Vielleicht erstaunt Dich dieses Bekenntnis, aber Du wirst mich verstehen, wenn Du Dich an das erinnerst, was ich Dir über religiöse Überzeugungen sagte, als Du mich einmal in meinem ehemaligen Arbeitszimmer an der alten Universität besuchtest. Obwohl ich selbst kein gläubiger Katholik bin, versuche ich nicht nur, ein guter Christ zu sein, sondern wünsche, möglichst viele Menschen mögen gute Christen sein. Ich bin mir auch dessen bewusst, dass der überwiegende Großteil der Menschen sich diesem Ideal nur im Rahmen eines Bekenntnisses bzw. einer Kirche annähern kann. Doch geht es darum, dass sich innerhalb dieses Rahmens der christliche Geist und die christliche Tat tatsächlich bestmöglich entwickeln, damit der Geist Christi nicht durch die Theologie in den Hintergrund gedrängt wird und das Wirken des Evangeliums nicht hinter Praktiken verschwindet. Ich bin also der Überzeugung, dass Du, indem Dein Blick von Deiner eigenen langjährigen Erfahrung in der Seelsorge geschärft wurde, selbst die Notwendigkeit für ein Wirken in dieser Richtung verspürst und dass Du mit Hilfe der Dir untergebenen Geistlichkeit nach allen Kräften danach streben wirst, dass die Deinem erzbischöflichen Amt anvertrauten Gläubigen, nicht nur gläubig Christus bekennen, sondern ihm auch nachfolgen und wünsche Dir aus tiefstem Herzen, dass Gott Dir unerschöpfliche Kräfte in Deiner Arbeit geben möge, in der Du auf große innere und äußere Hindernisse stoßen wirst, und dass es sein Wille sei, in einem so verstandenen Wirken, Dir das allerbeste Gelingen zuteil werden zu lassen.

Dies sind meine Wünsche, die ich Dir in Bälde mündlich zu überbringen gedachte. Aber in einem mündlichen Gespräch könnte ich Dir das alles unter Umständen nicht sagen, was ich hier ehrlich und direkt von Herzen geschrieben habe, von Bruder zu Bruder, von Philosoph zu Kaplan.

Ich erinnere mich lebhaft jenes Tages, als Du als junger Kaplan Deine ersten Schritte getan, Deine erste Messe in der Kirche der Sakramentinnen gelesen hast; ich war damals als blutjunger Philosoph dabei. Viele Jahre sind seit jenem Tag ins Land gezogen und nicht oft erlaubten unsere Lebenswege, uns zu treffen. Heute sind wir keineswegs mehr jung und bis zum Grab ist es sicher kein weiter Weg mehr. Solange uns aber noch bestimmt ist, zu leben und zu wirken, wollen wir nicht nachlassen in der Arbeit, die uns trotz aller Unterschiede verbinden kann und uns stets verbinden soll, was der eigentliche Inhalt der Lehre Christi ist: die Liebe zu Gott und den Nächsten!

Mit einem herzlichen Händedruck – Dein [Kazimierz].

Hier ein Brief von Bolesław, verfasst in Obroszyn, der erzbischöflichen Residenz in Lemberg, am 2. August 1935:

Lieber Kazimierz!
Von ganzen Herzen danke ich Dir für Deine Wünsche zum Namenstag und dass Du an mich gedacht hast.

Du hast schon Recht, dass wir uns selten sehen, weil Dir Dein Gesundheitszustand nicht erlaubt, das Haus zu verlassen, und bei mir sind es die Arbeit und tägliche Geschäftigkeit. Nicht selten sind die Tage, an denen der Warteraum von Interessenten wimmelt – und meistens kommen sie mit sehr unguten Angelegenheiten. Dabei 72 Jahre auf dem Buckel – daher ist die Müdigkeit nur zu verständlich. Und außer den Audienzen braucht die Diözese sehr viel Arbeit, sodass ich meiner Briefpflicht [nicht nachkommen kann] [und] von Zeit [zu Zeit] nach Obroszyn fahren muss, um alles zu schaffen.

Trotz allem werde ich mich bemühen, Dich, mein Lieber, nach meiner Rückkehr nach Lemberg zu besuchen und zumindest ein paar Augenblicke mit Dir zu verbringen, weil ich aus Deinen Briefen eine Zuneigung Deinerseits herauslese, und ich Dir weder fremd noch gleichgültig bin.

Ich bleibe zwar in Obroszyn, aber nicht zur Erholung, denn täglich erledige ich die Post und [Kanzlei-] Angelegenheiten. Vielleicht fahre ich im September nach Morszyn [Kurort in der Woiwodschaft Stanisławów], um meinen Zucker runter zu bekommen, weil sich auch bei mir die Zuckerkrankheit eingenistet hat, wenn auch, Gott-Sei-Dank, nicht allzu gefährlich. Im l[etzten] Jahr war ich in Morszczyn und habe einen normalen Zustand erreicht.

Aniela [Aniela Dzierżyńska, die Schwester von Bolesław] ist arm dran, unbeholfen, hat großen Kummer, weil Muszka [Franciszka Twardowska, die Mutter von Bolesław] sich in Żegiestów die Hand gebrochen hat. Ich erwarte heute bessere Neuigkeiten, nachdem sie nach Lemberg zurück ist, wo sie eine sorgfältige Pflege hat.

Verzeih mir, mein Lieber, dass ich Dir soviel Zeit geraubt habe, mit dem Lesen dieser allzu langwierigen Epistel – ich grüße Dich herzlich – Dein + Bolesław.

Abschließend eine Karte von Bolesław an Kazimierz vom 24. Jänner 1936 als Anekdote:

Lieber Kazimierz!
Ich brauche unser Wappen in Farbe. Ich bitte Dich also herzlichst, dass Du mir Dein Ad[els]diplom borgst, auf dem das Wappen authentisch dargestellt ist.
Mit Dank im Voraus und lieben Grüßen – Dein + Bolesław.

Abschließend sei angemerkt, dass die beiden Cousins die Ansichten zur Rolle der Kirche im öffentlichen Leben verbanden. Kazimierz Twardowski war ein Gegner von politischen Funktionen bei Priestern und sprach sich auch für einen Laizismus der Universität aus (zum Beispiel weigerte er sich,

Kreuze in den Hörsälen aufzuhängen). Eine ähnliche Haltung, zumindest im ersten Fall, nahm Bolesław Twardowski ein, der den Priestern seiner Diözese verbot, an politischen Aktivitäten teilzunehmen (etwa für das Parlament zu kandidieren).

Kapitel 8

In Lemberg

Mit der Ankunft in Lemberg 1895 begann ein neues Kapitel im Leben von Kazimierz Twardowski. In seinen Lemberger Jahren wurde Twatdowski tonangebend für die zeitgenössische polnische Philosophie und bis zu einem gewissen Grad auch für die Entwicklung des Modells einer modernen polnischen Universität. Diese Zeit ist genau genommen nicht Thema der vorliegenden Abhandlung, es wäre allerdings nicht zielführend, mit dem Abreisedatum aus Wien abzuschließen, ohne die Lemberger Periode nicht zumindest zu skizzieren. In dieser Zeit kamen nämlich seine in der Jugend geförderten Talente bzw. das in Wien erworbene Wissen und die erlernten Fähigkeiten in der Philosophie wie in der polnischen Kultur allgemein zum Tragen.

Lemberg, Ende des 19. Jh.

Twardowski war 35 Jahre lang Professor für Philosophie in Lemberg. Die Antrittsvorlesung hielt er am 15. November 1896, die letzte Vorlesung am

30. April 1931. Er blieb seiner Stadt treu, obwohl ihm mehrfach ein Lehrstuhl in der Hauptstadt Warschau angeboten wurde. Die Rolle eines Univer-
sitätsprofessors erfüllte er mit entsprechender Umsicht und Würde.

Władysław Tatarkiewicz, der sich seiner engen Beziehung zu Twardowski und seiner Schule bewusst war, teilte Professoren in drei Kategorien ein:
Lehrer, Organisatoren und Gelehrte. Bei jedem Professor, der schließlich
alle Kategorien bedienen muss, würde eine dieser Funktionen dominieren.
Welche Rolle hatte bei Twardowski Vorrang? Polnische Philosophiehistoriker rücken vor allem Twardowskis Lehr- und organisatorische Tätigkeit in
den Vordergrund und weisen darauf hin, dass die eigentliche wissenschaftliche Arbeit nach seiner Abreise aus Wien einigermaßen in den Hintergrund
gerückt sei. Zweifellos gab es während der Lemberger Professur von Twardowski Augenblicke, die beinahe ausnahmslos der Organisation gewidmet
waren (wie etwa während seines „Kriegsrektorats"), oder fast ausschließlich
der Lehre dienten. Während dieser Abschnitte erachtete Twardowski die
Konzentration auf organisatorische Tätigkeiten und Lehre als absolut vorrangig. Nimmt man allerdings das wissenschaftliche Opus, das in Lemberg
entstanden ist, eingehender unter die Lupe und berücksichtigt man jene
theoretischen Ansätze, die dort entstanden sind und an Schüler weiterge-
geben wurden, welche diese dann mit Erfolg weiter verfolgten, kann man
sich schwer des Eindrucks erwehren, dass der Gelehrte Twardowski auch
weiterhin nicht ausreichend bekannt ist und folglich nicht entsprechend gewürdigt wird.

1. Der Lehrer – Twardowskis pädagogische Aktivität in Lemberg

Im Innenhof der Universität Wien befindet sich eine Büste von Franz Brentano mit der Inschrift „Dem großen Lehrer der Philosophie". Würde sich
eine ähnlich Sentenz auf der Büste von Kazimierz Twardowski finden, wäre
sie genauso zutreffend; mehr noch, darf man annehmen, dass Twardowski
selbst darauf stolz wäre. Der philosophische Unterricht war nämlich für
ihn, wie für seinen großen Wiener Meister, eine der wichtigsten Lebensauf-
gaben. Vielleicht hieße es nur die Inschrift zu erweitern um: „Dem großen
Lehrer der Philosophie und der Philosophen".

In einer polnischen Stadt und auf Polnisch Philosophie zu lesen war
Twardowskis großer Traum. Die Stelle in Lemberg war zwar die Erfüllung
dieses Traumes, die Anfänge jedoch waren eine gewisse Enttäuschung. Sowohl die Studieneinteilung als auch das Verhältnis der Studierenden zu ih-

rem Fach waren weit von seinen Erwartungen entfernt. Allerdings schrieb
er sich die Änderung der Zustände auf seine Fahnen. In der Praxis bedeutete das *de facto* die vollständige Restrukturierung des Philosophieunterrichts.

Einer seiner Schüler, die ihm am nächsten standen, war Tadeusz
Kotarbiński. Dieser beschrieb die Anfangssituation in Lemberg folgendermaßen:[1]

> Twardowski war der Meinung, dass es vor allem seine Aufgabe sei, die
> Philosophie aufzubauen. Rasch musste er allerdings zur Kenntnis neh-
> men, dass er vor allem den unbedarften Köpfen den Inhalt des Faches
> beibringen musste. Kurz darauf wiederum wurde ihm klar, dass er vor
> allem das Philosophieren selbst zu lehren hatte, und schließlich sah er
> ein, dass die Studenten erst Mal arbeiten lernen mussten; gute Arbeit im
> Allgemeinen, durch das Vorbild, das er in seiner Funktion als Professor
> für Philosophie gab. Er hatte nämlich eine Anzahl kluger Köpfe vor
> sich, die freilich undiszipliniert waren und eine Neigung zum Phanta-
> sieren hatten, wozu sie auch noch animiert wurden. Sie waren mit all-
> gemeinen Untugenden behaftet, die diametral der nötigen Effektivität
> im Wege standen.

Seine Aufgabe sah er nicht bloß in der Organisation eines zeitgemäßen Phi-
losophiestudiums.[2] Er wollte den jungen Anwärtern der Philosophie jene
Gedanken und Herangehensweise an philosophische Fragen nahebringen,
mit denen er selbst in Wien, vor allem bei Brentano, in Kontakt gekommen
war. In seiner Autobiographie schreibt er:[3]

> Ich fühlte mich sonach berufen, die Art, in welcher ich von Franz Bren-
> tano zu philosophieren gelernt, unter meine Landsleute zu tragen und
> insbesondere die akademische Jugend in den Geist und die Methode
> dieser Philosophie einzuführen.

---

1   Kotarbiński (1959), S. 2.
2   Es besteht kein Zweifel, dass die Diskussionen mit dem Freund und großen Reforma-
    tor der Hochschulbildung, Hans Schmidkunz, Einfluss auf Twardowskis Vorstellung
    von einem modernen akademischen Unterricht hatten.
3   Twardowski (1926), S. 14.

Kazimierz Twardowski mit Schülern

Die Organisation eines ernstzunehmenden Philosopiestudiums begann Twardowski mit der Ausarbeitung und dem Abhalten von Einführungsvorlesungen, welche die Studenten an allgemeine philosophische Fragen heranführen sollte. Für Studenten der Philosophischen Fakultät hielt Twardowski Einführungsvorlesungen aus praktisch allen Subdisziplinen und aus Philosophiegeschichte. Alle Vorlesungen waren gewissenhaft vorbereitet, und die Thematik wurde alle paar Jahre erneut aufgenommen. Er legte sie zuerst schriftlich nieder und las sie danach vor. Die schriftlichen Fassungen überließ er den Studenten, um zu verhindern, dass diese ihr Wissen aus schlecht erstellten Notizen erlangen. Ein einmalig gehaltener Vortragszyklus wurde nicht wiederholt, weil Twardowski der Ansicht war, es sei seine Pflicht, über den aktuellen Forschungsstand in der gegebenen Disziplin zu unterrichten. Darüber vermerkte er:[4]

Meine Lehrtätigkeit nahm und nimmt mich sehr in Anspruch. Die Vorbereitung der Hauptkollegien über Logik, Psychologie, Ethik und Geschichte der Philosophie, welche gleich wie die gelegentlichen Spezialkollegien dem Fortschritte der Wissenschaft gerecht werden müssen (es widerstrebt mir, bei der Wiederholung selbst eines Hauptkollegs,

---

4   Twardowski (1926), S. 18.

das vier Jahre vorher der Vorlesung zu Grunde gelegte Kollegienheft einfach herunterzulesen) kostet sehr viel Zeit.

Die Studenten des ersten Jahrgangs erinnern sich, dass nach seinem Eintreffen in Lemberg die Hörsäle leer waren. In der Vorlesung erschienen anfangs ein paar Personen, die sehen wollte, wie der Neue aus Wien so ist. Sukzessive füllten sich die Reihen während der Vorlesung des jungen Professors. Sein Vortrag und Verhalten erregten gleichermaßen Aufmerksamkeit wie Anerkennung für den Gegenstand selbst. Schließlich reichte der Platz im Hörsaal nicht mehr für die Interessenten, weshalb für die Lehrveranstaltungen von Twardowski ein großer Konzertsaal angemietet werden musste. Dies war umso ungewöhnlicher, als Twardowski von seinen Hörern überdurchschnittliche Disziplin erwartete. Ein weiterer Abschnitt aus Kotarbińskis Erinnerungen:[5]

> Was für ein Leichtsinn. Morgens kommen sie nicht aus den Federn, dann zu spät zur Vorlesung, und die Abgabetermine für ihre Arbeiten halten sie nicht ein. Das ist nicht gut … Man muss ihnen Manieren beibringen. Daher setzen wir die Vorlesung im Sommersemester auf sechs Uhr morgens an. Die Zuspätkommer werden wir so zusammenstauchen, dass diese verschlafenen Trödler vor Scham vergehen. So werden also die Ansprüche höher, sehr viel höher und damit einhergehend wird man anfangen, von selbst streng zu sich zu sein.

In der Tat fing Twardowski mit seinen Lehrveranstaltungen sehr früh an und tolerierte keine Verspätungen. Er selbst war auch nie verspätet und ließ auch, außer bei wirklich gewichtigen Gründen, keine Vorlesung ausfallen. So lehrte er seine Studenten am eigenen Beispiel Pflicht- und Verantwortungsbewusstsein.

Neben den allgemeinen Vorlesungen hatte Twardowski, wiederum nach dem Vorbild Brentanos, den Ehrgeiz, für einen kleinen Kreis an Schülern Veranstaltungen abzuhalten, in denen selbständiges philosophisches Denken gelernt werden sollte. Zu Anfang nahm er an allen Treffen des bereits bestehenden Philosophiekreises in Lemberg teil, aber bereits 1897/1898 betrieb er die Einrichtung des ersten philosophischen Seminars auf Universitätsebene in Polen.

---

5   Kotarbiński (1959), S. 3.

Um in den inneren Zirkel der Seminare bei Twardowski vorzudringen, war zuvor die Teilnahme an einem Proseminar nötig. Hier musste jeder Teilnehmer (und es waren deren an die 100!) wöchentlich die Zusammenfassung des zu behandelnden philosophischen Textes vorbereiten und abgeben. Eine ausgewählte Zusammenfassung wurde verlesen und anschließend von den Teilnehmern besprochen. Zuerst wurde die Treue gegenüber dem Original behandelt und erst in weiterer Folge die im Text enthaltene Idee besprochen. Über die Seminarteilnahme entschieden Frequenz, Pünktlichkeit, die Qualität der Zusammenfassung sowie die Qualität der sogenannten Aufnahmearbeit.

Bei den Sitzungen im Seminar trafen sich Studenten ab dem dritten Semester aufwärts und bereiteten unter der Leitung Twardowskis ihre ersten selbständigen Arbeiten vor. Außerdem wurden die Texte der Klassiker (stets im Original) analysiert. Zum Semesterende war jeder Teilnehmer verpflichtet, eine Arbeit abzugeben, wobei auch nicht die geringste Terminüberschreitung bei der Abgabe erlaubt wurde.

Der Altbau der Lemberger Universität

Alle Teilnehmer hatten von 7 bis 22 Uhr Zugang zum Lesesaal, zu dem jeder einen Schlüssel hatte. In diesem Lesesaal wiederum hatte jeder Seminarteilnehmer einen eigenen Schreibtisch und konnte auf jene Sammlung zugreifen, die Twardowski für das Seminar aus seiner eigenen Bibliothek zur Verfügung stellte (1930 waren das bereits 8 000 Stück). Twardowski verbrachte acht bis neun Stunden täglich im Seminar. Er besuchte den Lesesaal und besprach sich mit seinen Studenten. Außerdem gab es für sie zwischen zwölf und eins eine eigene Sprechstunde. Hier hatte jeder Teilnehmer das Recht auf einen direkten Kontakt zum Professor. Das philosophische Seminar Twardowskis fand jahrelang in der św.-Mikołaj- Straße statt. Erst als die Lemberger Universität 1923 das ehemalige Gebäude des Galizischen Landtages erhielt, wurden auch Bibliothek und Lesesaal dorthin verlegt. Außerdem waren auch die Hörsäle sowie Professoren- und Assistentenzimmer dort untergebracht. Dem philosophischen Seminar von Twardowski wurde auch das Labor für Experimentalpsychologie angegliedert, das 1920 mit dem Entstehen des Psychologischen Instituts unabhängig wurde.

Auf diese Art brachte Twardowski seinen Schülern selbständiges philosophisches Arbeiten bei. Nach Jahren schrieb er darüber:[6]

Selbständigkeit des Denkens schien mir immer neben der richtigen Methode und der reinen Liebe zur Wahrheit die sicherste Gewähr für den Erfolg wissenschaftlicher Arbeit zu bieten.

Es sei nochmals nachdrücklich darauf hingewiesen, dass Twardowskis Lehrmethode darauf beruhte, dass er seinen Studenten nicht vorgegebene philosophische Lösungen oder Ansichten eintrichterte. Twardowski lehrte vor allem Methoden zum Erreichen eigenständiger Forschungsergebnisse. Kazimierz Ajdukiewicz beschrieb dieses „philosophische Einmaleins":[7]

Die wesentlichen Lehrinhalte [der gediegenen Methode wissenschaftlichen Arbeitens] lassen sich wie folgt zusammenfassen: denke so, dass du weißt, worüber du denkst; sprich so, dass du nicht nur weißt, wovon du sprichst, sondern auch so, dass du sicher sein kannst, dass dein aufmerksames Gegenüber an dasselbe denkt wie du; was immer du feststellst, tu es mit so einer Entschiedenheit, wie es nur kraft deiner logischen Argumentation möglich ist. Das war das Einmaleins ordentlichen Denkens und manch einer mag es auf die leichte Schulter genommen oder als Tafelklasslerweisheit abgetan haben. Aber diese Tafelklasslerweisheit wurde oftmals von Mittelschülern und gar Akademikern nicht berücksichtigt. Diese wissenschaftliche *Kinderstube* [urschriftlich] ging

---

6 Twardowski (1926), S. 14.
7 Ajdukiewicz (1959), S. 31-32.

auch vielen ab, die im Rufe eines großen Gelehrten standen, welchen sie mit spektakulärer vorgeblicher Tiefe auf Basis trüber Gedankenströme errangen. Das didaktische Werk Twardowskis besteht eben darin, sich von diesen Methoden zu befreien, um in klarer Strömung zu erkennen, ob es sich um Tiefen oder eine Furt handelt, um in den Hörern das Bedürfnis nach klaren Gedanken bzw. Abscheu vor dem vorgeblichem Tiefgang der Floskel zu wecken.

Eine ähnliche Beschreibung für die Methoden des „Philosophierens", wie sie Twardowski lehrte, findet man bei Kotarbiński:[8]

> Chaotische, ungenaue, nebulöse Texte auf kreative Art interpretieren. Die Intention des Autors erfassen und versuchen, dessen Gedanken besser auszudrücken, als jener es im Stande war: auf diesem Weg dem Text Klarheit verleihen … Und es gibt einen Weg, um sicher zu gehen, ob der Gedanke des Autors klar genug ist: ihn in allgemein verständlichen Worten für Personen mit Maturaniveau zusammenzufassen. … So eine Zusammenfassung gelingt mühelos, wenn es den Ideen nicht an Klarheit fehlt, andernfalls geht's wie über einen frisch gepflügten Acker … Es ist unnötig hinzuzufügen, dass diese unabdingbare Forderung nach Klarheit […] nicht nur vollständig auf geschriebene oder gedruckte Texte angewandt werden kann, sondern ebenfalls auf mündliche Äußerungen. Daher ein letztes Gebot in unserer Liste, das hieraus abzuleiten ist: Helft einander gegenseitig philosophieren, indem ihr erhellende Diskussion führt und zwingt Euch dabei mittels Einforderung eindeutiger Aussagen zu gegenseitiger Begriffsklärung.

Kurz gesagt, zeichnete sich ein typischer Vertreter der Twardowski-Schule durch die Postulate nach Präzision und Fundiertheit aus. Gemäß dem Postulat nach Präzision sollte jegliche Feststellung mit größtmöglicher Klarheit und Genauigkeit geäußert werden. Gemäß dem Postulat nach Fundiertheit gilt es, jede These mit jenem Grad an Sicherheit zu verlautbaren, der direkt proportional zum Grad seiner Begründung ist. Ajdukiewicz bezeichnete diese Haltung als „Antiirrationalismus".

Das Wesentliche der Twardowskischen Philosophie war also nicht der Inhalt von Ideen, sondern die Art ihrer Präsentation und Begründung:[9]

---

8   Kotarbiński (1959), S. 3-4.
9   Twardowski (1926), S. 14.

Denn es geht mir vor allem darum, den sich der Philosophie widmen-
den Studierenden den richtigen Weg zum Ziele zu weisen, das Ziel aber
sie selbst finden zu lassen, auch wenn dasselbe mit dem von mir vermu-
teten nicht ganz übereinstimmen sollte.

Kotarbiński trifft diese Intention, wenn er schreibt:[10]

Er vertrat weder Materialismus, noch Spiritualismus, noch Determinis-
mus, noch Indeterminismus oder sonst eine Metaphysik. Er gab seinen
Schülern ein Begriffs- und Methodenwerkzeug und jeder musste seine
Hütte selber bauen …

Ähnlich die Einschätzung von Ajdukiewicz:[11]

Twardowski errichtete keine philosophische Schule, die sich an charak-
teristischen Aussagen erkennen ließe. Dafür war das eine andere Schule,
die man nicht als philosophische bezeichnen kann, weil sie eine Schule
im weiteren Sinn war: eine Schule für gediegenes Denken.

So erklärt sich, weshalb die Twardowski-Schüler keine gemeinsame Idee
oder gar Lebensanschauung verband. Unter ihnen fanden sich ontologische
Dualisten und Monisten, axologische Absolutisten und Relativisten, Anhänger und Gegner der mehrwertigen Logik, Konservative und Sozialisten,
Priester und Atheisten …

Twardowski fasste sein Aufgabengebiet als Lehrer weit auf: obwohl er
die Schaffung eines Zirkels engster Schüler als Hauptaufgabe sah, hatte er
den Anspruch, mit Philosophie – in ihrer Ausprägung als gediegenes Denken – weitere Kreis zu erreichen. Mit den allgemeinen Vorlesungen für die
gesamte Universität konnte er damit Studenten aller Studienrichtungen erreichen. Mit den Vorlesungen außerhalb der Universität drang er zu Menschen vor, die mit dem Hochschulwesen nicht verbunden waren und außerhalb der akademischen Zentren wohnten. Schließlich wandte er sich mittels
der philosophischen Zeitschriften, die er redigierte, an alle Interessierten.
Diesem Ziel sollten ebenfalls seine Veröffentlichungen mit didaktischem
Charakter dienen: *Podstawowe pojęcia logiki i dydaktyki* (Grundlegende Begriffe

10 Kotarbiński (1959), S. 4.
11 Ajdukiewicz (1959), S. 32.

der Logik und Didaktik) sowie *Sześć wykładów o filozofii średniowiecznej* (Sechs Vorlesungen zur mittelalterlichen Philosophie).

Durch all diese Unternehmungen, die er konsequent verfolgte, gelang es Twardowski, eine eigene philosophische Schule zu schaffen. Nicht ohne Stolz vermerkte er:[12]

> Gleichzeitig war auf diese Weise die Lemberger Universität zum Ausgangspunkt einer bestimmten, vom Geist Franz Brentanos getragenen Richtung philosophischen Denkens in Polen geworden, und ich kann mit wahrer Befriedigung feststellen, daß es seither üblich geworden ist, in diesem Sinne von einer Lemberger Schule polnischer Philosophie zu sprechen.

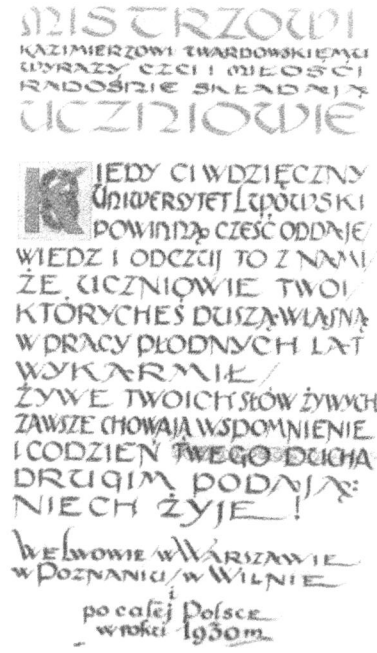

Diplom für Kazimierz Twardowski von den Schülern

Nach dem ersten Weltkrieg erreichte die Twardowskische Schule andere philosophische Einrichtungen in Polen: zum Lemberger Flügel gesellte sich vor allem der Warschauer. Grund hierfür war, dass die Lehrstühle für

---

12   Twardowski (1926), S. 16.

Philosophie und Logik in Warschau von Twardowski-Schülern der ersten Generation übernommen wurden. So entstand die Lemberger-Warschauer Schule.

Jene Grundlagen, die den Studenten eingeimpft worden waren, erwiesen sich als dauerhaftestes Erbe Twardowskis. Noch einmal Ajdukiewicz:[13]

> Die Saat, die er in den Seelen seiner Hörer hinterließ, wurde von diesen weitergegeben. Die treue Einhaltung der Gebote von Gediegenheit und Redlichkeit in der Philosophie und allen anderen Wissenschaften zeichnet die Twardowski-Schüler und deren Schüler aus. Sie wirken auch auf die Vertreter verschiedener philosophischer Provenienz, die mehr oder weniger üppig in Polen sprießen, und bewirken, dass auch diese anderen philosophischen Richtungen in Polen auf einem höheren wissenschaftlichen Niveau stehen als anderswo. Das gediegene Denken wurde den Seelen der polnischen Gelehrten eingetrichtert, wurde zur Gewohnheit und ein ewiger und unschätzbarer Verdienst von Twardowski, für den wir alle, die wir in Polen Philosophie betreiben, unabhängig von der Position, eine tiefe Dankbarkeit empfinden.

Diese „Saat" konnten weder der Zweite Weltkrieg, der in anderer Hinsicht für die polnische Kultur verheerend war, noch die ideologiedominierten Nachkriegsjahre, die in diesem „gediegenen Denken" einen Hauptfeind sahen, zerstören.

2. Der Organisator – Twardowskis öffentliche Aktivität in Lemberg

Die organisatorische Aktivität Twardowskis beschränkte sich nicht auf die Bildung eines modernen philosophischen Seminars an der Universität Lemberg.

Als 1898 in Warschau auf Initiative von Władysław Weryho die Zeitschrift *Przegląd Filozoficzny* (Philosophische Rundschau) entstand, nahm Twardowski einen intensiven Kontakt auf und wurde ab 1906 offiziell der Lemberger Redakteur der Zeitschrift. Unabhängig davon initiierte er 1911 in Lemberg den *Ruch Filozoficzny* (Die Philosophische Bewegung). Diese Zeitschrift machte es sich zum Anliegen, Informations- und Integrationsorgan für die polnische Philosophie zu sein sowie über das philosophische

---

13 Ajdukiewicz (1959), S. 35.

Leben im Land zu informieren. Im *Ruch Filozoficzny* erschienen u.a. die Berichte über die Sitzungen der Polskie Towarzystwo Filozoficzne (Polnische Philosophischen Gesellschaft), die ein unschätzbares Kompendium zur Lemberger Philosophie und die Anfänge oder ersten Ideen der später führenden Philosophen des Landes darstellen. Sowohl der *Przegląd Filozoficzny* als auch *Ruch Filozoficzny* wurden während des zweiten Weltkrieges von den Okkupanten eingestellt, danach für einige Jahre wieder aufgenommen, bevor sie erneut durch das kommunistische Regime geschlossen wurden. Der *Ruch Filozoficzny* wurde schließlich 1958 und *Przegląd Filozoficzny* gar erst 1989 reaktiviert. Beide erscheinen bis heute.

Die Polnische Philosophische Gesellschaft wurde 1904 von Twardowski ins Leben gerufen. Es war dies die erste formale und über viele Jahre die bedeutendste Gesellschaft dieser Art in Polen. Bereits 1909 beging man feierlich die hundertste Sitzung.

Auch die Organisation des I Polski Zjazd Filozoficzny (1. Polnischen Philosophentreffens) 1923 in Lemberg war ein großes Unterfangen. In der Eröffnungsrede Twardowskis am 10. Februar hieß es u.a.:[14]

Den polnischen Philosophen fehlt es nicht […] an Hochschulen, die künftige Wissenschaftler dieser Disziplin ausbilden, es fehlt nicht am Handwerkszeug für selbständiges kreatives Arbeiten, es fehlt auch nicht an Möglichkeiten sich untereinander zu verständigen, sich – auch in der Gesellschaft – Gehör zu verschaffen.

Es geht […] [jedoch] darum, all diese Gelegenheiten und Möglichkeiten bestmöglich zu nutzen, damit die philosophische Forschung eine immer höhere Dichte erreicht und unter ihrem Einfluss sich die philosophische Art zu denken immer weiter verbreitet. Dieser Wunsch beruht nicht auf dem Egoismus des Faches, der manche Vertreter diverser Spezialrichtungen veranlasst, in ihr die jeweilige Arznei für sämtlichen Fehl und Tadel zu sehen. Philosophie ist nämlich weder einseitig noch überheblich, vielmehr kritisch und nüchtern genug, um zu verstehen, dass im gesamten Kosmos der menschlichen Gedanken, sämtliche Richtungen und Spekulationen ihre Berechtigung haben und einen eigenen Vorteil bringen. Die Tatsache aber, dass Philosophie das Ganze betrachtet und sich nicht mit Fragmentarischem begnügt, dass sie mit allen Kräften versucht, einen allgemeinen Standpunkt einzunehmen und den Blick von außen und oben auf bestimmte Details zu richten,

---

14 *Księga pamiątkowa* (1927), S. 263 (11).

eben diese Tatsache berechtigt sie zu dem Wunsch, dass die philosophische Sicht auf die Welt und ihre Angelegenheiten besonders jene
durchdringt, die auf diese Angelegenheiten Einfluss nehmen möchten,
sei es mittelbar, als Erzieher der jungen Generation, oder auch [...]
unmittelbarer, mittels Wort, Schrift oder Tat vor allem in der Arena
des öffentlichen Lebens. Mit zunehmender Befriedigung dieses Wun-
sches wird es immer weniger Gründe zur Beschwerde über eine Be-
schränkung auf enge persönliche Partei- oder Standesinteressen, auf
Doktrin oder Formeln, auf Schlagwörter oder Programme geben. Alle
diese Dinge, die es bestimmt geben wird, werden immer besser auf ihr
tatsächliches Maß und ihre tatsächliche Bedeutung gebracht, als Teil
eines größeren Ganzen, dem sie sämtlich zu dienen haben.

Als „Lieblingsuniversität" bezeichnete Twardowski die Lemberger
Alma mater. Ihr widmete er in ihrer Gesamtheit viel Zeit, und zu ihren
Gunsten brachte er sein überdurchschnittliches Organisationstalent ein.
Die Rolle Twardowskis an der Lemberger Universität charakterisiert am
besten Ajdukiewicz: „Er [Twardowski] war – wenn man so sagen kann –
das Rückgrat dieser Universität".

Hier eine Auflistung der wichtigsten Erfolge in Zusammenhang mit
der Lemberger Universität: Von 1901–1903 installierte er die Powszechne
Wykłady Uniwersyteckie we Lwowie (Allgemeine Lemberger Universitäts-
vorlesungen), an denen er selbst teilnahm. Im Studienjahr 1900/1901 war
er Prodekan und 1905/1906 Dekan der Philosophischen Fakultät. Schließlich wurde er 1914/1915 zum Rektor gewählt. Sein Rektorat verlängerte
sich um zwei Jahre und dauerte bis 1917. (Da er für einen Teil in davon
Wien verbrachte, ist Kapitel 9 diesem Abschnitt gewidmet).

Bronze-Medaille nach einem Entwurf von Władysław Witwicki (1930)

Im akademischen Jahr 1908/1909 wurde Twardowski mit der Um-
strukturierung der Universitätsverwaltung beauftragt. Er verfasste ein erstes
Regelwerk und Anweisungen für Dekane, Beamte und Studenten, welche
die Abläufe an der Universität verbessern sollten. Er reformierte die Funk-
tionsweise der Universitätskanzlei, trieb die Dezentralisierung voran und
normierte die Immatrikulation. Eine gewisse Zeit führte er selbst die Universitätskanzlei, indem er als gewöhnlicher Beamter arbeitete.

Große Aktivität zeigte Twardowski als Vorsitzender und später einfa-
ches Mitglied der Towarzystwo Nauczycieli Szkół Wyższych (Gesellschaft
der Hochschullehrer); so richtet er einen Fonds für Professorenwitwen und
-waisen ein und initiierte eine Organisation für Sommerlager für Mittel-
schüler.

In seinem gesamten öffentlichen Handeln ließ er sich von bestimmten
Grundsätzen leiten. Twardowski verteidigte die Würde und Unabhängigkeit
von Universität und Professoren. An seinem eigenen Beispiel demonstrier-
te er der Umgebung, worin diese Würde und Unabhängigkeit bestand. Als
Professor und als Mensch behandelte er alle gleich, unabhängig von Religi-
onszugehörigkeit oder politischer Überzeugung und enthielt sich selbst in
Lemberg genauso wie zuvor in Wien jeglicher öffentlicher Stellungnahme
auf diesem Gebiet. Ajdukiewicz beschrieb diese Haltung:[15]

[Alle, die ihn kannten,] bezeugen auch, dass der Professor alle gleich
behandelte. Unter seinen Hörern waren Polen, Juden und Ukrainer.
Trotz des Zeitgeistes, der das zumindest nicht begünstigte, machte
Twardowski keinerlei Unterschied. Die Studierenden aller drei Nationalitäten vergalten es ihm mit gleichem Respekt und Verbundenheit.
Derart, indem er vor allem mit eigenem Beispiel voranging, erzog er
seine Umgebung in Respekt für Wahrheit und Gerechtigkeit, weckte
das Verantwortungsgefühl, ein Gefühl für systematisches Arbeiten und
Wohlwollen anderen gegenüber.

Dieses Wohlwollen und die Zuverlässigkeit zeigten sich bei Twardowski
auch in seinen privaten Kontakten. Er war dafür bekannt, niemandem Hilfe
zu versagen, der diese wirklich benötigte und sich an ihn wandte. Seinen
Haushalt führte er außergewöhnlich schlicht, da er einen nicht unerhebli-
chen Teil seines Professorengehalts für Stipendien und die Unterstützung
von Studenten in finanziellen Notlagen aufwandte. Im direkten Kontakt

---

15   Ajdukiewicz (1959), S. 33.

war er stets taktvoll, dezent und voll persönlichem Charme. In Wien resultierte daraus, dass er ein gern gesehener Gast war, und in Lemberg erreichte er damit seine Umgebung, um in gemeinsamen Unternehmungen zu Gunsten der Universität, der Stadt und des Landes aktiv zu werden.

Seine öffentlichen Aktivitäten betrachtete er als weiteren Ausdruck – nämlich als praktische Anwendung – der Philosophie:[16]

> Wenn man meiner Wirksamkeit auf diesen verschiedenen Gebieten praktischer Betätigung so freundlich war, Anerkennung zu zollen, war ich immer aufrichtig bestrebt, das Verdienst nicht mir, sondern der mir anerzogenen und von mir nur weitergebildeten philosophischen Denkweise zuzuschreiben. Studiert ordentlich Philosophie, und ihr werdet es ebenso treffen. Dies war der Grundgedanke meiner Antworten auf das mir gespendete Lob, wie ich denn auch sonst nicht müde wurde, die Philosophie nicht nur als die Königin der Wissenschaften, sondern auch als Leitstern im Leben zu preisen.

3. Der Gelehrte – Twardowskis wissenschaftliche Aktivität in Lemberg

Twardowskis philosophische Anschauungen, vor allem jene, auf welche die Philosophie, mit der er in Wien in Berührung gekommen war, Einfluss hatte, werden gesondert im Kapitel 10 behandelt. Hier sei nur die allgemeine Einstellung Twardowskis zu seinem eigenen philosophischen Schaffen skizziert.

Es wurde bereits erwähnt, dass im Bewusstsein zahlreicher Schüler und bei Philosophiehistorikern Twardowski vor allem als Lehrer präsent ist. Twardowski selbst schrieb schließlich in seiner Autobiographie:[17]

> Überzeugung und Neigung im Verein mit äußeren Umständen hatten meiner philosophischen Wirksamkeit in Lemberg eine vor allem didaktisch-pädagogische, durch mündliches Wort und Tat unterweisende Richtung gegeben. Der Erfolg bewies, daß sie einem wahrhaften Bedürfnis entgegenkam und hieß mich in ihr verharren.

---

16 Twardowski (1926), S. 17.
17 *Ibid.*

Er veröffentlichte relativ wenige Arbeiten, die das Ergebnis eigener philosophischer Forschung waren. Er gestand auch ein, dass selbst diese Veröffentlichungen auf einem äußeren Impuls beruhten. Entweder waren sie Folge
formaler universitärer Erfordernisse oder Aufträge von Verlagen bzw. den
Überredungskünsten von Mitarbeitern zu verdanken. Es kam sogar vor,
dass Twardowskis Arbeiten ohne sein Zutun, wenn auch mit seinem Wissen, erschienen. Hierfür gab es einige – zusammenhängende – Gründe, die
von Twardowski selbst erwähnt wurden.

Der erste Grund war natürlich der Zeitmangel. Das oben angeführte
Tätigkeitsfeld war enorm. Der Aufgabenbereich hätte eigentlich mehrere
Personen beansprucht. Dabei muss man sich in Erinnerung rufen, dass
er sich all seiner Verpflichtungen gewissenhaft annahm und dass er diese
nicht nur zulänglich sondern zumindest vorzüglich erledigen wollte (um die
Bewertungsskala aus dem Theresianum zu verwenden). Hier war kein Platz
für eitlen Schein und eingebildetes Auftreten.

Der zweite Grund war sein mangelndes Interesse an der Veröffentli-
chung eigener Forschungsresultate in Lemberg. Er zählte zu jenen Menschen, die sich mit dem bloßen Erreichen derselben zufriedengeben. Er
teilte sie mit seinen Studenten, bei der Vorlesung oder im Seminar. Es kam
auch vor, dass Twardowskis Resultate von den Hörern so gut „assimiliert"
wurden, dass letztere bei deren späterer Weiterentwicklung auf die Nen-
nung der Quelle vergaßen. Twardowski war sich dessen bewusst, sah darin
allerdings nichts Verwerfliches:[18]

> Wenn auch auf diese Weise die Ergebnisse meiner Arbeit nicht immer
> unter meinem Namen in weitere Kreise drangen und dringen, so ficht
> mich dies umso weniger an als mich meine Erfahrung belehrt, daß auch
> das gedruckte Wort vor einem ähnlichen Schicksal nicht bewahrt ist.

Ein dritter Grund für die geringe Publikationszahl Twardowskis in Lemberg war das Postulat der Präzision und Fundiertheit. Jeder, der diese Forderung ernst nimmt, weiß, wie sehr sie die abschließende Formgebung der
eigenen Gedanken erschwert. Twardowski ging mit jenen hart ins Gericht,
denen ein Bewusstsein dieser Situation fehlt:[19]

---

18 Twardowski (1926), S. 18.
19 Twardowski (1926), S. 19.

Wie viele philosophische Autoren veröffentlichen Aufsätze, Abhandlungen, ja dickleibige Bücher, in welchen es von Aequivokationen, Unverständlichkeiten, Gedankensprüngen, Inkonsequenzen, verschwommenen Ausdrucksweisen und Paralogismen geradezu wimmelt und kommen dabei samt ihren Verlegern auf ihre Rechnung, indem sie in weitem Leserkreis Anklang und oft Bewunderung finden! Ich könnte solche Autoren um die Leichtigkeit ihrer literarischen Produktion beneiden, wenn ich für die Produkte ihrer Feder nicht Geringschätzung und über ihr für die Entwicklung eines streng-logischen philosophischen Denkens höchst schädliches Gebaren nicht Empörung empfinden würde.

Nur ein geringer Teil der philosophischen Ansichten Twardowskis fand sich also zu seinen Lebzeiten in gedruckter Form wieder. Auch hier war Twardowski seinem Meister Brentano ähnlich. Österreichische Philosophiehistoriker sind bis heute um eine vollständige Rekonstruktion der Ansichten Brentanos auf Grundlage der hinterlassenen Notizen, Handschriften und Berichte seiner Schüler bemüht. Etwas Ähnliches sollte man von den polnischen Philosophiehistorikern in Bezug auf Twardowski erwarten. Sein Nachlass ist nach wie vor ungenügend erforscht und aufgearbeitet. Doch ohne das ist es schwer vorstellbar, dem Gelehrten Twardowski Gerechtigkeit zuteil werden zu lassen.

Kapitel 9

Kriegsepisode

1. Twardowski als Rektor

Im Juni 1914 wurde Kazimierz Twardowski zum Rektor der Universität Lemberg gewählt. Traditionsgemäß sollte er am 23. September das Amt offiziell antreten.

Dabei war in Europa der heraufziehende Krieg greifbar. Am 28. Juni kam es in Sarajewo zu einem Anschlag auf den österreichischen Thronfolger Erzherzog Franz Ferdinand von Österreich-Este, was einen Monat später die Kriegserklärung Österreichs an Serbien zur Folge hatte. Wie in einem Dominospiel traten die mit den Parteien des Konflikts verbündeten Länder dem Krieg bei, wodurch sich bald fast ganz Europa im Kriegszustand befand. Das mit Serbien verbündete Russland begann an der Front in Galizien eine Offensive am 17. August 1914 und nahm in den ersten Septembertagen Lemberg, Przemyśl und anschließend fast ganz Ostgalizien ein.

Kurz vor Kriegsausbruch schrieb Twardowski in einem Brief vom 24. Juli 1914 an Władysław Weryho:[1]

Für mich wird es ein schwieriges Jahr, da viel Arbeit, verbunden mit großer Verantwortung auf mich wartet. Das Jahr wird umso schwieriger werden, wenn zum Zeitpunkt, da ich das Rektorenamt antreten werde, d.h. am 23. September, die politische Situation auf Krieg stehen wird. Es wird mir [trotzdem] leichter fallen, meinen Pflichten nachzukommen und im Rahmen der Möglichkeiten für die Universität nützlich zu sein, die ich von ganzem Herzen lieb gewonnen habe und der ich mich tausendfach verbunden fühle, da ich überzeugt bin, dass soviel wohlwollende und befreundete Seelen in Gedanken und mit ehrlichen Glückwünschen mich in meiner Arbeit begleiten werden.

Während der russischen Offensive war Twardowski mit der Familie in Poronin. Die Einnahme Lembergs machte nicht nur die Übernahme das

---

1   Zitiert nach: Jadczak (1991), S. 426.

Amtes unter normalen Bedingungen zunichte sondern verhinderte auch die Rückkehr. So wie Tausende andere Galizier beschloss er nach Wien zu reisen, wo er mit der Familie am 19. September eintraf. Anfangs wohnte man vermutlich beim Bruder (Brahmsplatz 2), später mietete die Familie eine Wohnung in der Boltzmanngasse 5, im IX. Bezirk.

Am 23. September übernahm er die Funktion des Rektors der Universität Lemberg. Er war um die geliebte Stadt und ihr Schicksal höchst besorgt und dennoch entschlossen, sich für seine Universität und ihr Umfeld unter den gegeben Umständen bestmöglich einzusetzen.

2. Lemberg unter russischer Besatzung

Währenddessen war die Situation in Lemberg dramatisch. Am 30. August rief der scheidende Rektor, Stanisław Starzyński, die in Lemberg gebliebenen Professoren und Senatsmitglieder zusammen, um sie darüber in Kenntnis zu setzen, dass die Regierung verboten hatte, die wichtigsten Objekte der Universität zu evakuieren. Außerdem eröffnete er, dass er angesichts der heranrollenden russischen Offensive Lemberg verlassen würde und riet seinen Kollegen dasselbe.

Auf Anweisung von Starzyński wurden die wichtigsten Gegenstände in ein Gebäude des Botanischen Instituts in der Św.-Mikołaj-Straße ausgelagert. Sie wurden in einer entsprechenden Räumlichkeit verschlossen und Professor Jan Czekanowski brachte den Schlüssel in die Schatzkammer nach Wien. Am 24. September wurde dieser dem neuen Rektor Kazimierz Twardowski übergeben. (Ein entsprechendes Protokoll ist erhalten geblieben.)

Dagegen beschloss Adolf Beck, der damalige Prorektor, trotz der Gefahr mit der Familie in der Stadt auszuharren. Er stand während des Besatzungsjahres der Universität vor und führte seine Funktion mit gutem Gespür und Vorsicht aus. Jahre später beschrieb er bestimmte Vorfälle, die sich während dieser Zeit ereignet hatten.[2]

---

2   Vgl. Beck (1935).

Adolf Beck

Als nach der Abreise Starzyńskis und eines Großteils der Universitäts-
verwaltung an der Hochschule Chaos ausbrach, übernahm Beck die Pflich-
ten des Rektors. Auf diese Weise versuchte er den Besitz der Universität (die
Polizei hatte die Stadt verlassen, Plünderungen setzten ein) und auch das
Recht auf ihre Vertretung gegenüber den anrückenden Russen zu sichern.
Die Mitglieder des bis dahin eingesetzten Senats fassten desgleichen den
Beschluss, solange als Senat die Geschäfte zu führen, bis der im Frühjahr
1914 gewählte Senat seine Tätigkeit aufnehmen werde können. So hatte die
Universität beim Einmarsch der Russen eine legale Vertretung. Ein Teil des
Professorenkollegs schlug die Gründung eines Spezialkomitees für die Zeit
des Krieges vor. Aber sowohl Beck als auch der Bürgermeister Tadeusz
Rutkowski sowie der Vorsitzende des Landtages Henryk Sawczyński, mit
denen Beck Rücksprache hielt, waren davon überzeugt, dass es das Beste
sei, die gewählte Universitätsverwaltung in der bisherigen Form beizubehal-
ten.

Nach dem Einmarsch der russischen Truppen informierte Beck den
Stadtkommandanten, dass er die Funktion des Rektors innehabe. Auf Ge-
heiß der Besatzer öffnete er alle Räumlichkeiten zur Inspektion. Am 24.
September kam der russische Abgeordnete zur Duma, der Adjutant des
Generalgouverneurs für Galizien, Dimitrij Tschichatschew, für eine „Be-
sichtigung und eventuelle Beschlagnahme" an die Universität. Er wurde
durch alle Fakultäten und Gebäude geführt. Dies machte großen Eindruck

und Beck wurde versichert, dass die Universität nicht beschlagnahmt würde, aber auch, dass weder Inskription noch geregelter Lehrbetrieb möglich seien.

Diese Entscheidung wurde durch den Generalgouverneur, Graf Georgij Bobrinski, zu dem Beck am 2. Oktober bestellt wurde, bestätigt. Von da an wandte sich Beck in allen Fragen an Tschichatschew, der im Namen des Gouverneurs unterzeichnete. Damit wurde Beck de facto von der russischen Besatzungsmacht als Lemberger Interimsrektor anerkannt. So hatte die Universität Lemberg im akademischen Jahr 1914/1915 zwei Rektoren: Beck in Lemberg und Twardowski in Wien.

In der Funktion des Rektors in einer besetzten Stadt setzte Beck alles daran, um die Existenz der Universität zu gewährleisten, obwohl keine regulären Lehrveranstaltungen abgehalten wurden. Er bemühte sich also um Unterstützung für alle Professoren und Verwaltungsbediensteten (alle Bezüge wurden mit Oktober eingestellt). Trotz erheblicher Schwierigkeiten konnte er für den Winter Heizmaterial für die Universitätsgebäude sicherstellen und die Funktion der wichtigsten Gebäude aufrecht erhalten. Beck trug um die Professorenwohnungen Sorge, die bei Kriegsbeginn verlassen worden waren. In einem Brief an Twardowski schrieb er am 4. Mai 1915:

> Ich achtete auf die Wohnungen der Kollegen und bemühte mich um die Einsetzung von Aufsichtspersonen, welche Kollegen sind; über beide Wohnungen in der Św.-Zofia-Straße 46 [eine der Wohnungen gehörte Twardowski] hat [Kazimierz] Kwietniewski [Aufsicht].

Viele Professoren flohen vor dem Albtraum des Krieges. Die verbliebenen Gelehrten wurden weiterhin vom Rektor betreut. An zahlreichen Lehrstühlen der Universität wurde, wenn auch eingeschränkt, geforscht. Im Jahr der Okkupation entstanden zahlreiche Arbeiten (die Professoren suchten einen Fluchtweg vor dem Albtraum des Krieges), die Bibliothek hatte geöffnet, und nicht nur Universitäts- sondern auch Angehörige der russischen Armee benutzten sie. Schließlich konnten mit Erlaubnis von Tschichatschev über 150 Lehrberechtigungs- und Doktoratsprüfungen abgenommen werden.

All das konnte Beck leisten, obwohl er ständiger Gefahr ausgesetzt war. Er unterhielt zum Generalgouverneur eine einigermaßen korrekte Beziehung und war durch einen von diesem ausgestellten Ausweis bis zu einem gewissen Grad vor einer Verhaftung sicher.

Das Verhältnis von Beck zur Militärregierung änderte sich drastisch im Juni 1915 mit der deutsch-österreichischen Gegenoffensive. Anfangs sprach die Kommandantur die Empfehlung aus (gleichbedeutend einem Befehl), dass alle Männer zwischen 18 und 50 Jahren Galizien ins Innere Rußlands zu verlassen hätten. Damals unternahm Beck den Versuch, die Professoren unter 50 zu schützen (darunter zwei Philosophen: Jan Łukasiewicz und Mścisław Wartenberg). Es wurde ihm versichert, dass Personen mit einer von ihm ausgestellten Bescheinigung ihrer Unabkömmlichkeit zur Aufrechterhaltung des Universitätsbetriebs einer Deportation entgehen würden. Kurz darauf ging aber das Gerücht um, dass eine bestimmte Gruppe von Personen mit wichtigen Funktionen als Geiseln nach Kiew verschleppt würde. Die Verantwortlichen versicherten Beck, dass er nicht zu den potentiellen Geiseln zähle, da er keine – wie die Russen dies euphemistisch nannten – „wichtige Verwaltungsfunktion" inne habe.

Am 19. Juni versteckte Beck seinen Sohn außerhalb Lembergs, um ihn vor einer eventuellen Deportation zu schützen. Als er am selben Abend in die Stadt zurückkehrte, wurde er sofort verhaftet; auch der Ausweis des Generalgouverneurs half nicht mehr. Kurz vor seiner Verbringung konnte er noch einige Briefe mit Anordnungen zu den wichtigsten Angelegenheiten der Universität sowie sein Testament verfassen. Bereits vor 23 Uhr saß er im Zug nach Kiew. Am 22. Juni zogen die Russen schließlich aus Lemberg ab, und tags darauf kamen die Truppen der Mittelmächte in die Stadt.

3. Die Polen in Wien während des ersten Weltkrieges

Wien war 1914 das Ziel von Tausenden Flüchtlingen aus Galizien. Anfang Oktober wurde ihre Zahl auf 100 000 geschätzt, im Winter 1914/1915 bereits auf 200 000. Dazu zählten Personen von unterschiedlichem gesellschaftlichem Status. Bereits im September 1914 entstand das *Hilfskomitee für Flüchtlinge aus Galizien und der Bukowina*, dessen Mitbegründer und zweiter Vorsitzender Juliusz Twardowski wurde (der erste war Leon Biliński).

Dank der Tätigkeit des Komitees wurde im Jänner 1915 das Dom Polski (Polnisches Haus) für Flüchtlinge eröffnet (Ecke Kohlmarkt und Wallnerstraße). Dort wurden polnische Schulen, Kurse, eine Bibliothek mit polnischer Presse und Büchern und Lesesaal untergebracht, aber auch eine Ausspeisung und ein Ambulatorium. Im Polnischen Haus wurde während des Krieges auch das *Koło Polskie* untergebracht.

In Wien fand auch das aus Krakau am 8. und 9. November 1914 evakuierte Naczelny Komitet Narodowy (Oberstes Nationalkomitee) Zuflucht. Diesem stand Juliusz Leo vor, und nach dessen Rückkehr nach Krakau hatte Władysław Leopold Jaworski diese Funktion inne. Das Komitee war eine Hilfsorganisation für die Polnischen Legionen bzw. Flüchtlinge; Aufgabe des Komitees war es auch, die Wiener Öffentlichkeit mit der polnischen Sache bekanntzumachen. Letzterem diente die ab 1. Jänner 1915 in Deutsch erscheinende Zeitschrift *Polen. Wochenschrift für Polnische Interessen.*

Unter dem Patronat des Komitees erschien auch die polnische Tageszeitung *Wiedeński Kurier Polski* (Wiener Polnischer Kurier) dessen Redakteure der Anwalt Antoni Chmurski und der Schriftsteller Roman Jaworski waren; mit ihnen arbeitete der Journalist Konarski zusammen. Der *Kurier* hatte bei acht Seiten Umfang eine Auflage von 20 000, allerdings keine Sonn- oder Feiertagsnummern. Außer Informationen zum Leben der Flüchtlinge, Konzert-, Theater- und Ausstellungsannoncen mit polnischer Thematik sowie Artikeln über die polnische Diaspora in Wien wurde auch Belletristik veröffentlicht; im *Kurier* wurden literarische Werke, wie die Gedichte und die Prosa von Autoren wie Juliusz Kaden-Bandrowski, dem bereits erwähnten Roman Jaworski, Władysław Orkan, Stanislaw Przybyszewski und Jerzy Żuławski veröffentlicht. Neben dem *Kurier* erschienen auch Zeitschriften in Polnisch. Manche Quellen sprechen von über dreißig Titeln.

Die Redaktion des *Kurier* druckte auch Bücher. Dazu zählte der *Kalendarzyk Polski* (Polnischer Kalender) mit wichtigen Informationen für die Flüchtlinge. Des Weiteren wurde eine Serie, die *Biblioteka Polska*, in Angriff genommen. In dieser erschienen polnische Klassiker und zeitgenössische polnische Literatur. 1915 erschienen zwanzig Bändchen in einer Gesamtauflage von 100 000 Stück.

Im Kriegswien blühte auch das polnische Kunstleben auf. Im Herbst 1914 befand sich die beinahe komplette Truppe des Lemberger Theaters samt Direktor Ludwik Heller dort. Sofort war man bemüht, Aufführungen für Polen auf die Beine zu stellen. Die polnischen Stücke wurden nacheinander auf der Neuen Wiener Bühne, dem Bürgertheater und der Residenzbühne aufgeführt. Innerhalb von 16 Wochen hatte das Ensemble 28 (!) Premieren. Jede Aufführung wurde im Allgemeinen zwei bis vier Mal gespielt. Den Rekord hielt *Wesele (*Die Hochzeit) von Stanisław Wyspiański mit sechs Aufführungen. Obwohl die Truppe im Juni 1915 Wien in Richtung Lemberg verließ, fanden in Wien mehr oder weniger regelmäßig polnische Aufführungen statt. Weiters wurden Konzerte, Dichterlesungen und Ausstellung mit polnischem Hintergrund organisiert. Die größte war hierbei die Ausstellung polnischer Kunst, die am 11. April 1915 im Künstlerhaus eröffnet wurde.

4. Twardowskis Wirken in Wien während des Krieges

Wie erwähnt, wurden Grund- und Mittelschule mit polnischer Unterrichtssprache im Rahmen des Polnischen Hauses organisiert. Neben dem Unterricht wurde dort auch die Fortbildung für die Lehrer organisiert. Über einige Monate erschien in Wien gar die Zeitschrift *Szkoła Polska* (Die Polnische Schule), die der „öffentlichen Erziehung in Kriegszeiten" gewidmet war.

Die Betreuung der polnischen Studenten übernahm dagegen Twardowski als amtierender Rektor der Universität Lemberg mit Hilfe seines Bruders Juliusz persönlich. Es gab auch viele polnische Studenten in Wien, die hauptsächlich aus Lemberg und Krakau nach Wien gekommen waren.

Den Anfang machte eine Übereinkunft, die den polnischen Studenten die Inskription an den Wiener Hochschulen (Universität, Polytechnikum, Veterinärmedizinische Akademie und Akademie der Schönen Künste) ermöglichte. Danach unterstützte Twardowski die Studenten bei Passangelegenheiten und half auch mehrfach bei der Freistellung vom Militärdienst. Schließlich verteilte er auch Kleider- und Medikamentenbons, organisierte Spitals- und Sanatoriumsplätze und half nicht selten mit privater Unterstützung.

Mit jenem Teil der Professorenriege, die in Wien war, nahm er Abschlussprüfungen und Rigorosa ab. Des Weiteren veranstaltete er Kurse und Vorträge. Die Philosophiestudenten versammelte er alle zwei Wochen im Kaffeehaus Elisabethbrücke (Ecke Kärntnerstraße und Friedrichstraße) und setzte so die Arbeit der Polnischen Philosophischen Gesellschaft fort. Das größte Problem war natürlich die finanzielle Situation der Studenten, die in Wien keine Unterhaltsmöglichkeiten hatten. Mit Hilfe des *Hilfskomitees für Flüchtlinge aus Galizien und der Bukowina* sowie der *Betreuung für Galizienflüchtlinge* (Zarząd Opieki nad Wychodźcami z Galicji) gelang es, ein Studentenheim für 270 Personen einzurichten, in dem polnische Studenten gratis übernachten konnten sowie freies Essen und Wäsche hatten. Seine größte Sorge galt dem Unterhalt dieses Heimes. Zu diesem Zwecke verfasste er einen Aufruf:[3]

Ich weiß, dass die Zeit ungünstiger nicht sein könnte, dass meine Bitte Gehör findet. Trotzdem zögere ich nicht, sie zu äußern, bin ich doch überzeugt, dass meine Pflicht, mich um die akademische Jugend zu

---

3   Kazimierz-Twardowski-Archiv.

kümmern, mir das Recht zur Äußerung einer solchen Bitte gibt und ich die Hoffnung hegen kann, dass diese nicht umsonst ist.

Dem Aufruf folgten zahlreiche Einzelpersonen und Institutionen. Die größte Unterstützung kam vom Komitet Pomocy Ofiarom Wojny w Polsce (Komitee zur Unterstützung von Kriegsopfern in Polen), das in der Schweiz von Antoni Osuchowski, Ignacy Paderewski und Henryk Sienkiewicz gegründet worden war. Twardowskis Anliegen wurde dem Komitee von dem bekannten Arzt Roman Rencki vorgetragen. Auf dessen Antrag hin erhielt das Wiener Studentenheim mehrere tausend Franken und konnte somit mehrere Monate lang betrieben werden.

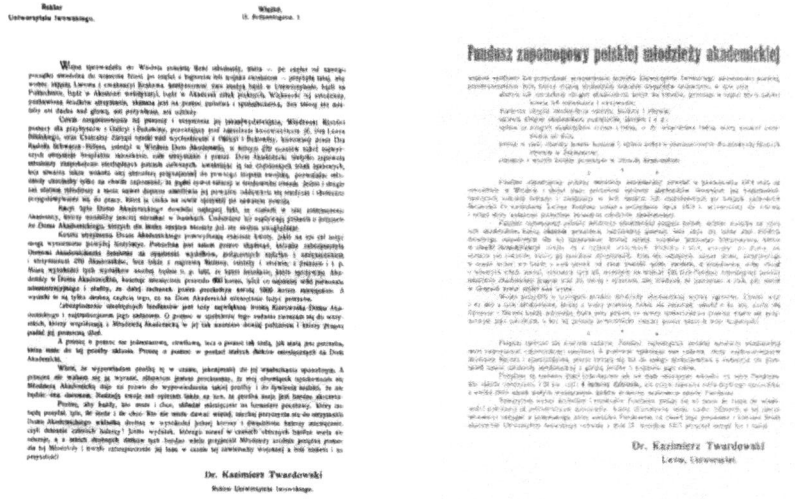

Die Aufrufe 1914 und 1917 betr. Hilfen für die akademische Jugend

Twardowski dankte Rencki für die Intervention in einem Brief am 29. Juni 1915:[4]

Das [die Geldspende vom Komitee] ermöglicht die Fortsetzung der ganzen Aktion, die in Folge der versiegenden Quellen und der wachsenden Teuerungen auf immer größere Schwierigkeiten stieß; mir dagegen bringt sie den Frieden wieder, der in den letzten Wochen von der ständigen Sorge um die finanzielle Grundlage meiner Aktion untergra-

---

4   *Ibid.*

ben wurde. Ich kann also namens der Jugend und in meinem eigenen nicht dankbar genug sein, für die Hilfe, die mir dann gewährt wurde, als sie am meisten von Nöten war.

Twardowskis öffentliches Wirken in Wien beschränkte sich nicht nur auf Universitätsangelegenheiten. Seine Position wird auch durch den offiziellen Besuch des nachmaligen Marschalls von Polen und damaligen Brigadiers Józef Piłsudski in Begleitung seines Adjutanten Dr. Bolesław Wieniawa-Długoszowski am 18. März 1916 belegt. Twardowski führte u.a. in den Sitzungen vom 17., 21. und 23. Jänner 1915 im Polnischen Haus in Wien den Vorsitz, bei denen sich das Komitet Polskiego Archiwum Wojennego (Komitee für das Polnische Kriegsarchiv) konstituierte, das zum Zwecke „der Sammlung und Aufbewahrung sämtlicher Erinnerungsstücke der Teilnahme von Polen am Weltkriege für die Nachkommen" ins Leben gerufen worden war. Das Komitee vertrat u.a. der Twardowski-Schüler Władysław Witwicki, der eine Vignette für Postkarten, die Mittel für die Tätigkeit des Archivs sammeln sollte, sowie das PAW-Abzeichen [Polnisches Kriegsarchiv] entwarf.

Die reichhaltige Sammlung wurde am 16. April 1922 zur Aufbewahrung an die Centralna Biblioteka Wojskowa (Warschauer Militärzentralbibliothek) übergeben; leider wurde sie, wie die gesamte Bibliothek, während des Septemberfeldzuges 1939 zur Gänze ein Raub der Flammen.

Vignette der Propagandapostkarte für das Polnische Kriegsarchiv, Entwurf von Władysław Witwicki

Das ganze Jahr in Wien über, das voll Arbeit für die akademische Jugend war, dachte Twardowski an Lemberg und die Vorgänge dort. Zu Adolf Beck stand er in dürftigem Briefkontakt, der über Dritte hergestellt wurde und ihm Informationen zur Situation in Lemberg aus erster Hand lieferte.

Beck und Twardowski waren sich bereits vor dem Krieg mit Respekt und Sympathie begegnet. Die Zusammenarbeit unter den gegeben Umständen vertiefte dies noch. Die Universität Lemberg hatte Glück, dass in jenen Tagen an seiner Spitze – im okkupierten Lemberg und in Wien – Personen so eines Kalibers standen. Am 15. Dezember 1914 informierte Beck Twardowski über seine Tätigkeit in Lemberg:[5]

> Mein Lieber!
> Wir freuten uns alle über die Neuigkeiten von Dir, die Du in Deinem Brief an [Stanisław] Zakrzewski gesandt hattest. Ich vertrete Dich hier bis zu jenem ersehnten Augenblick, da Du erscheinen wirst und Deine Tätigkeit aufnimmst. Ich trage Sorge um unser Hab und Gut und bemühe mich um eine mehr schlechte als rechte Versorgung der Angestellten und des Lehrpersonals so gut es geht. Sogar für die Kollegen ließ sich was finden. Es sollte noch für zwei oder drei Monate ausreichen. Meine gesamte Familie ist bei mir, wir sind alle wohlauf. Alle unsere Lehrstühle sind erhalten geblieben; in manchen wird wissenschaftlich gearbeitet. Soviel kann ich Dir mitteilen.
> Ich umarme Dich herzlich, verneige mich zutiefst vor den Damen und schicke Grüße an alle Kollegen und Bekannten
> Dein A. Beck.

In einem Brief vom 15. Mai 1915 beschreibt Twardowski sein Wirken in Wien:[6]

> Meine Agenden sind enorm. Eine der wichtigsten ist das Studentenheim für unsere Jugend, in welchem 270 der Ärmsten in Ruhe und frei von Sorgen leben und lernen können. Die Rigorosen finden statt und die juristischen Staatsexamen, außerdem eine Menge unserer Promotionen. Rigorosen aus anderen Fakultäten nehmen wir nicht ab, aber dafür kommen Lehramtsprüfungen vor – teilweise zumindest. Von Zeit zu Zeit versammelt sich der kleine Senat mit 3 weltlichen Dekanen und dem Prorektor. Die Philosophen treffen sich regelmäßig alle zwei Wochen, veranstalten Vorträge, Diskussionen etc. Aber alle sind traurig und sehnsüchtig.

---

5   Zitiert nach: Beck (1935), S. 83.
6   Zitiert nach: Beck (1935), S. 85.

Um den 15. Juni schrieb Beck:

> Ich bewundere Deine Arbeitsenergie, ich bewundere sie, wundere mich
> aber nicht, weil ich Dich kenne. Mach Dir keine Sorgen, mein Lieber,
> um unsere materielle Situation; ich hoffe, dass sogar bei unveränderter
> Situation, die Ressourcen für lange reichen.

In dieser Zeit erhielt Beck finanzielle Hilfe zur Unterstützung der Professoren aus der Kasa Mianowskiego (Mianowski-Kassa, Fond zur Wissen-
schaftsförderung). Die Herkunft dieser Unterstützung musste er allerdings
geheim halten.

Als die Situation an der galizischen Front umschlug und die deutsch-
österreichischen Armeen sich Lemberg näherten, beschloss Twardowski
schnellstmöglich in die Stadt zurückzukehren und das Studentenheim unter
der Obhut des Bruders zu lassen. Am 22. Juni 1915 schrieb er voll Freude
und Hoffnung:[7]

> Das [die Ankunft in Lemberg] wird in kürzester Zeit erfolgen und dann
> nehmen wir diese Bürde von Deinen Schultern, die Du mit solcher
> Hingabe, mit solcher Würde und so nutzbringend die ganze Zeit über
> getragen hast. [...] Der Gedanke, dass ich vielleicht schon in ein paar
> Tagen an Deiner Seite sein werde, in den Mauern unserer teuren Alma
> Mater, erfüllt mich mit feierlicher Freude.

Twardowski wusste nicht, dass Beck drei Tage zuvor von den Russen verhaftet worden war und ihn dieser Brief in Lemberg nicht mehr erreichte.

5. Juliusz Twardowski

Wie schon gesagt, erhielt Kazimierz Twardowski bei der Arbeit in Wien
für das akademische Gemeinwesen die unschätzbare Hilfe seines Bruders
Juliusz.

Juliusz Jan Marian Twardowski wurde am 23. Januar 1874 in Wien geboren. Am 12. Februar d.J. wurde er in der Paulanerkirche in der Favoritenstraße in Wien getauft.

---

7   Zitiert nach: Beck (1935), S. 86.

Juliusz Twardowski

1883 begann er seine Schulzeit in den Einführungsklassen an der Theresianischen Akademie und wurde nach zwei Jahren (1885) auf einem Stipendienplatz (d.i. vom Staat bezahlt), den der ältere Bruder freigemacht hatte, ins Gymnasium übernommen. Einer seiner Professoren war Stanisław
Nowiński, in dieser Zeit Lehrbeauftragter für polnische Literatur.

Die Schule beendete er 1892 und nahm danach ein Jurastudium an
den Universitäten Wien und Lemberg auf, das er 1897 mit dem Doktorti-
tel abschloss. 1898 begann er mit der Arbeit in der Niederösterreichischen
Prokuratur des Schatzes und wechselte bald darauf ins Präsidialbüro der
Österreichischen Handelskammer. Als Ministerialsekretär war er 1897 verantwortlich für zwei neue Einheiten im Ministerium für Öffentliche Arbeiten; hier leitete er zwei Abteilungen, Bau und Ausstellung. 1910 reiste er mit
einer Wirtschaftsmission nach Argentinien, Brasilien und Chile und stellte
dort Untersuchungen zur Emigrations- und Kolonisationspolitik an.

Nach seiner Rückkehr aus Südamerika wurde er Sektionschef im Ministerium für Galizien; hier erhielt er den Titel eines wirklichen Geheimrates
und wurde schließlich 1917–1918 Galizienminister. Während des Ersten
Weltkrieges war er Mitorganisator und erster Obmann des Komitet pomocy dla Uchodźców z Galicji i Bukowiny (Hilfskomitee für Flüchtlinge aus
Galizien und der Bukowina) sowie Mitorganisator des *Wiedeński Kurier Polski* (Wiener Polnischer Kurier) (1914–1919); schließlich half er seinem Bruder Kazimierz bei der Organisation der Hilfe für die polnischen Studenten
in Wien. Als Zeichen der Anerkennung prangt eine Inschrift auf der Bron-
zebüste, die vom Bildhauer Henryk Hochman (der im Warschauer Getto

ermordet wurde) geschaffen wurde und im Museum Przeworsk überdauert hat: „Dem Beschützer der Vertriebenen. In Dankbarkeit und Verehrung".

Nach der Unabhängigkeit Polens wurde er vom Staatsvorsitzenden Józef Piłsudski, zum Bevollmächtigten des Główny Urząd Likwidacyjny (Hauptliquidationsamtes) ernannt, dessen Aufgabe im Finanzausgleich zwischen früheren Österreich und dem wiedergeborenen Polen bestand. Außerdem vertrat er Polen bei der Abgeordnetenkonferenz in Wien.

1921 gründete er die Polnisch-Österreichische Handelskammer, der er bis zum Anschluss an das Dritte Reich vorstand. 1936 wurde in Wien ihm zu Ehren als Gründer und Obmann der Handelskammer einen bronzene Erinnerungsmedaille geprägt.

Er war Präsident der Banku Austrio-Polskiego (Österreich-Polen Bank) (1923–1930) und seit 1920 Mitglied der Polnischen Gesandtschaft in Wien. 1928–1929 leitete er die polnische Delegation, welche die Verhandlungen über ein Handelsabkommen mit Deutschland führte und unterzeichnete im Namen der polnischen Regierung. 1919 heiratete er Paula (Paulina) Smolinowa, geb. Schwabe. Ihr einziger (adoptierter) Sohn Aureliusz, der spätere Ökonom, führte den Namen „Zoepnek-Twardowski".

Zu Beginn des Zweiten Weltkrieges war Juliusz Twardowski in Krakau, wo er Vorsitzender des sogenannten Rada Przyboczna (Beirat) des deutschen Stadtkommissars war. Wie viele andere intervenierte er erfolglos im Falle der Professoren der Jagiellonen-Universität, die von den Nazis festgenommen und im Konzentrationslager Sachsenhausen gefangen gehalten wurden.

In seinem öffentlichen Wirken setzt er das Werk und die Haltung seines Vaters Pius Twardowski fort: das Werk, indem er sich vollständig der polnischen Sache widmete, die Haltung, indem er seine Arbeit für Polen niemals mit einem eingeschränkten Parteiinteresse verband.

So war es kein Zufall, dass er 1924 die Gründung des Związek Stowarzyszeń Polskich w Wiedniu (Verbandes polnischer Vereinigungen in Wien) initiierte, der 13 polnische Vereine in Österreich umfasste. Er war 1924–1929 und 1936–1938 Verbandsobmann und zählte zu den aktivsten Vortragenden in der *Strzecha* – einer der ältesten von diesen Vereinen. 1924–1929 war er auch Obmann der Towarzystwo Opieki nad Szkolnictwem Polskim w Austrii (Gesellschaft zur Betreuung des polnischen Schulwesens in Österreich). In der Zwischenkriegszeit wurde er von der PAU (Polnische Akademie der Künste und Wissenschaften) in das Kuratorium des Fonds für das *Dom Polski* (Polnisches Haus) in Wien entsandt. Er propagierte auch erfolgreich, wie sein Vater, das Andenken an den Entsatz von Wien sowie das literarische Werk von Henryk Sienkiewicz und Stefan Żeromski; nicht zuletzt stand er einem Komitee vor, das sich der Überführung der sterblichen Überreste von Henryk Sienkiewicz aus der Schweiz nach Polen annahm.

Juliusz Twardowski war nicht nur ein fähiger Beamter und in der Öffentlichkeit aktiv, sondern gehörte auch zur polnischen intellektuellen und kulturellen Elite und unterhielt Kontakte zu zahlreichen Geistesgrößen seiner Zeit (u.a. mit Teodor Leszetycki und Leopold Staff).

Juliusz Twardowski war des Weiteren ein vielseitiger und vielseitig gebildeter Publizist. Hauptsächlich in Deutsch veröffentlichte er zahlreiche Arbeiten zu Politik, Wirtschaft, Literatur und Musik. Darunter: „Wagner i wagnerianizm" („Wagner und Wagnerianismus") (1895), „Henryk Melcer – nowy kompozytor polski" („Henryk Melcer – ein neuer polnischer Komponist") (1896), „Unsere katholische Kirchenmusik von heute: eine kritische Studie" (1896), „Statistische Daten über Österreich: mit einem Anhang über Ungarn" (1902), „Die Industrialisierung Galiziens" (1912), „Galizien" (1913), „Illustrierter Führer durch Galizien" (1913), „Balkans et Baltique" (1926), „Goethe und Polen, Polen und Goethe" (1933), „Dr. Karl Graf von Brzezie Lanckoroński" (1935). Im *Wörterbuch des Völkerrechts und der Diplomatie,* hrsg. von Karl Strupp (1924–1929) erstellte er die Artikel zu den polnischen Lemmata.

Er starb am 6. Juni 1945 in Krakau und wurde am Rakowicki-Friedhof beigesetzt (in der Gruft der Familie Aleksander Cukrowicz).

6. Twardowskis Wirken in Lemberg von 1915 bis 1917

Kazimierz Twardowski kehrte schließlich am 5. Juli 1915 nach Lemberg zurück und übernahm die Universitätsleitung, nachdem Beck verhaftet und nach Kiew gebracht worden war. Auf dem Rektorenposten verblieb Twardowski noch zwei weitere Kriegsjahre, in denen er sich bemühte, die Universität vollständig zu reaktivieren. Die gesamte Zeit über hatte er mit unterschiedlichen Schwierigkeiten, mit Widerständen der Offiziellen und mit dem Gespenst einer erneuten Evakuierung zu kämpfen. Auf Grund der Unterbesetzung bei den Verwaltungsposten verband er die Funktion des Rektors mit jener des Verwaltungsdirektors und Finanzbuchhalters.

Twardowski brachte vor allem die Professoren nach Lemberg zurück, die auf eigenen Willen oder unter Zwang die Stadt verlassen hatten. Viele von ihnen waren in Gefangenenlagern, einige in Geiselhaft.

Bereits im akademischen Jahr 1915/1916 wurden fast alle Lehrveranstaltungen wieder aufgenommen, obwohl die Studentenzahl nur ein Fünftel des Vorkriegsstandes betrug. Noch vor Eröffnung des akademischen Jahres wurden allgemeine Universitätskurse in Hygiene und Epidemiologie abgehalten.

Auch Twardowski nahm seine Lehrverpflichtung wieder wahr und hielt für das erste Semester eine Logikvorlesung, eine Übung zur Einführung in die Philosophie, und ein philosophisches Seminar; im Sommersemester theoretisch-praktische Logik, ein philosophisches Seminar und eine psychologische Übung zum Messen der Reaktionszeit. Seine ganze Sorge galt der materiellen Situation von Personal und Studenten.

Bereits im Juli 1915 überführte Twardowski den Fundusz Zapomogowy Polskiej Młodzieży Akademickiej (Hilfsfonds für die Polnische Akademische Jugend) nach Lemberg und verwaltete diesen während seines Rektorats und auch danach. In Summe wurden aus dem Fonds 134 000 Kronen als Beihilfe ausbezahlt. Twardowski ließ auch ein Studentenheim und eine Studentenausspeisung einrichten und sorgte für Kleidersammlungen für seine Schützlinge. Über sein damaliges Tätigkeitsfeld schrieb er in einem Brief vom 27. Dezember 1915 an das Komitet Opieki nad Uchodźcami (Komitee zur Betreuung der Flüchtlinge):[8]

Gleich nach meiner Rückkehr machte ich mich an die Arbeit, welche möglichst weitreichende Erleichterungen für die rückkehrende akademische Jugend zum Ziel hatte. Daher bemühte ich mich und bemühe mich weiterhin um Mittel und Spenden für diesen Zweck. Ich brachte eins der beiden hiesigen Studentenheime in Ordnung. Seit letztem Monat ist eines der Häuser bereits bewohnt und die Bewohner haben dort eine Wohnung mit Heizmaterial und Unterhalt für einen lächerlich geringen Betrag oder – wenn jemand selbst diese Mittel nicht aufbringen kann – gratis. Ich habe vor, so lange ich kann, die Obhut für die nach Lemberg zurückkommende akademische Jugend zu leiten; in diesem Maß bitte ich stets über mich zu verfügen.

Wie erwähnt, musste sich Twardowski mit Schwierigkeiten herumschlagen, die ihm die offizielle österreichische Seite machte. Sie setzten gleich nach seiner Wiederwahl zum Rektor für das akademische Jahr 1915/1916 ein. Der Grund für die Auseinandersetzung war Twardowskis fehlende Zustim-

---

8   Kazimierz-Twardowski-Archiv.

mung dazu, jenen Professoren, die mit der abziehenden russischen Armee Lemberg verlassen und sich auf russischem Gebiet niedergelassen hatten, den Prozess zu machen. Er stellte sich auch entschieden gegen Versuche, der Universität Lemberg ihren polnischen Charakter zu nehmen, der von den Machthabern auf ukrainischen Druck hin unternommen wurde. Über die Widrigkeiten, die ihm von offizieller Seite widerfuhren, schrieb er in einem Brief an Ludwik Ćwikliński am 20. Juni des Jahres 1917:

> Ich möchte keinen Hofratstitel, keinen Orden, kein Kreuz und überhaupt keine Auszeichnung. Aus klarem Grund. Eine Auszeichnung würde ich ja auf Antrag meiner übergeordneten Macht erhalten, die mich im Winterhalbjahr 1915/1916 schlimmer als einen Verbrecher behandelte. Einem Verbrecher gibt man bei der Anklage den Anklageakt in die Hand. Mir dagegen wurde nicht einmal gesagt, wessen ich angeklagt bin. Man beschränkte sich auf ein paar Allgemeinplätze und „vielsagende" Formeln, ohne es zu wagen, etwas Deutliches oder Entschiedenes festzustellen.

Als Twardowski 1917 von Ćwikliński, dem damaligen Leiter der Sektion für Hochschulen im österreichischen Ministerium für Religionen und Bildung, erfuhr, dass die Behörden ihm eine Auszeichnung für seine Verdienste für die Universität verleihen wollen, bat er, diese Prozedur zu blockieren:

> Du kannst Dir also vorstellen, wenn mir auf Antrag dieser Institution eine Auszeichnung beschieden sein sollte, dass ich diese als Schlag ins Gesicht empfinden müsste und nicht auf eine eindeutig klare und deutliche Art reagieren könnte. Sei also bitte so gnädig und setz mich nicht so einer Unannehmlichkeit aus, oder der Notwendigkeit, Schritte zu unternehmen, die allgemein Aufsehen erregen würden. Und Aufsehen – wie Du weißt, schätze ich nicht […]. Mir reicht das Gefühl erfüllter Pflicht und auf den „Dank vom Minoritenplatz",[9] wie Franz Brentano in seiner Abschiedsbroschüre 1895 schrieb, lege ich sowenig Wert, wie er.

Bevor dieser Brief allerdings bei Ćwikiński einlangte, wurde dieser zum Minister ernannt und eine seiner ersten Entscheidungen war – Twardowski das Komturkreuz des Franz-Joseph-Ordens zu verleihen. Schließlich nahm

---

9   Das ist die Anspielung auf den Sitz des Ministeriums.

Twardowski die Auszeichnung doch an, da er Ćwikliński als deren Urheber ansah.

Die dreijährige Periode als Rektor endete für Twardowski 1917 in einer immer noch unsicheren Situation, vor allem angesichts der Unruhen in Russland. Zum neuen Rektor wurde der Theologe und Priester Kazimierz Wais ernannt. Twardowski wurde vom neuen Senat mit dem Kriegsring mit Universitätswappen auf Schild geehrt.

Das Ende seiner Amtsperiode empfand Twardowski als große Erleichterung. Jetzt konnte er sich wieder der wissenschaftlichen Arbeit widmen, die er seit Kriegsausbruch vernachlässigt hatte, und sich wieder auf das Unterrichten konzentrieren. Er konnte damals nicht ahnen, dass er in Kürze nicht nur an einer polnischen Universität Philosophie lehren würde, sondern auch in einem freien Polen.

***

Twardowski starb am 11. Februar 1938. Er fühlte sich vor seinem Tod trotz der schweren Krankheit glücklich. Er hatte die ersehnte Freiheit für sein Vaterland erlebt und war über die Berufswahl zum Universitätsprofessor, die ihm soviel Befriedigung beschert hatte, zufrieden. Er schätzte den Kreis seiner Schüler und konnte vor seinem Tod auf eine Schar heranwachsender talentierter Enkel blicken.

Es war ihm vergönnt, die Katastrophe, die seine geliebte Alma mater, seine geliebte Stadt und sein geliebtes Vaterland zuerst am 1. September 1939 und danach am 17. ereilte, nicht mehr erleben zu müssen.

Kapitel 10

Ein Wiener Philosoph

1. Twardowski als Wiener Philosoph

„Wiener Philosoph" ist zumindest zweideutig. Einerseits bezieht es sich auf in Wien wirkende Philosophen, andererseits postuliert es einen Wiener Stil. Dieses Kapitel behandelt Kazimierz Twardowski als Wiener Philosophen in beiden Bedeutungen. Es behandelt also das Œuvre der Wiener Jahre (d.h. bis zur Übersiedlung nach Lemberg), und außerdem wird Twardowski als Repräsentant der Wiener (bzw. weiter gefasst: österreichischen) Philosophie charakterisiert. Zweifellos zählt nicht nur der „frühe" Twardowski in gewisser Hinsicht zu dieser Tradition.

Edgar Morscher, gewissermaßen ein österreichischer Philosoph in beiden oben beschriebenen Kriterien, meint:[1]

> Ich habe keine Ahnung, was österreichische Philosophie sein soll. […] Ist ein österreichischer Philosoph jemand, der in Österreich geboren wurde, der in Österreich wohnte, der österreichischer Staatsbürger war oder vielleicht in Österreich gelernt hat? Das Problem beginnt hierbei schon mit der Definition des Begriffs „Österreich". Geht es um das heutige, kleine Österreich oder um das Österreich unter der Habsburger Dynastie?

Auffällig ist, dass Twardowski alle von Morscher aufgezählten Kriterien für das Österreichische erfüllt: er wurde in Österreich im engsten Sinn dieses Wortes geboren, hatte hier seine Ausbildung erhalten, war den Großteil seines Lebens österreichischer (Staats-) Bürger und auf österreichischem Gebiet tätig, davon die ersten 30 Jahre in Wien und weitere 25 in Österreich im weiteren Sinn dieses Wortes, d.h. auf dem Gebiet der Habsburgermonarchie – nämlich in Lemberg. Erst seine letzten 20 Lebensjahre verbrachte er in Polen – so hatte sich die Geschichte entwickelt –; Lemberg wurde nach 100-jähriger Unterbrechung erneut eine polnische Stadt.

---

1   Morscher (1987), S. 1, 3-4.

Wenn man auch, nicht unbegründet, den Geburtsort und die Ausbildungsstätten für Kriterien erachtet, die außerhalb einer Zuordnung zu einer bestimmten philosophischen Tradition stehen, so ist es dann nur folgerichtig, einen gemeinsamen Hintergrund, gemeinsame Forschungsmethoden, welche eine Tradition markieren, als entscheidende Kriterien anzuerkennen. Von diesem Standpunkt aus würde die österreichischen Philosophen unter anderem Folgendes verbinden: Philosophie nach dem Vorbild der empirischen Wissenschaften zu betreiben, Sympathie für den Empirismus und den philosophischen Aufbau „von unten", die Ablehnung eines philosophischen Systems, Objektivismus, Interesse an der onthologischen Struktur des Gegenstands, vor allem der Theorie der Teile und des Ganzen sowie die Überzeugung, dass die Sprache der Philosophie präzis zu sein habe.[2]

Diese Kriterien wurden von Twardowski erfüllt. Von Franz Brentano übernahm er die Konzeption einer wissenschaftlichen Philosophie und von Wien allgemein blieb ihm die Ablehnung spekulativer Systeme und das Bedürfnis zur präzisen Analyse auch kleiner Probleme. Er vertrat einen epistemologischen und axiologischen Objektivismus sowie eine differenzierte Theorie des Gegenstands und der Teile. In philosophischen Fragen favorisierte er den klaren Gedanken und das präzise Formulieren.

2. Twardowski, seine Schüler und die österreichischen Philosophen

2.1. Der Einfluss von Brentano auf Twardowski

Von allen österreichischen Philosophen übte Franz Brentano den größten Einfluss auf Twardowski aus, obwohl dieser sicher nicht zu den orthodoxen Brentanisten zu zählen war. Jedenfalls übernahm er von seinem Meister das Leitprogramm, weiters die Methoden des Philosophierens und des Unterrichtens sowie Forschungsansätze und teilweise spezielle Lösungen.

---

2   Vgl. Smith (1994).

Franz Brentano

Was den Ansatz betrifft, so teilte Twardowski erstens Brentanos Überzeugung, dass Philosophie eine Wissenschaft sei und mit wissenschaftlich akzeptierten Methoden betrieben werden solle. Das Gleiche betrifft die Philosophiegeschichte: die eigentliche Methode sei Brentanos Konstruktionsmethode, mit der sich Twardowski solidarisierte und die er wie folgt beschreibt:

Es versteht sich von selbst, dass die Konstruktionsmethode [der Versuch, Gesetze, nach denen die Entwicklung der Philosophie voranschreitet, aufzuzeigen] die wichtigste Stufe in der philosophischen Geschichtsschreibung darstellt und dass nur sie zum Verständnis des geschichtlichen Fortschrittes führt, der sich in den philosophischen Wissenschaften offenbart. [...] Die Literatur kennt nicht viele Werke, die auf echt wissenschaftliche Art, einzig auf Grundlage aufeinanderfolgender historischer Tatsachen [...] den Verlauf der philosophischen Forschung darstellen würden. [...] Wenn man ihren [Brentanos Arbeiten] [...] Inhalt mit dem Inhalt dieser Folianten vergleicht, dann drängt sich einem unfreiwillig der Gedanke auf, dass das Gesetz, welches uns die elementare Logik vom umgekehrten Verhältnis zwischen Inhalt und Umfang [...] der Begriffe vermittelt, auch auf bestimmte philosophische Werke angewandt werden kann.[3]

---

3   Twardowski (1895d), S. 356-366.

Zweitens bedeutet die Philosophie für beide gleichermaßen eine Disziplin, die sich mit der Analyse von Gegenständen beschäftigt, die der äußerlichen Erfahrung zugänglich sind: die philosophische Forschung besteht in der Analyse der Bewusstseinsdaten. Drittens betonen sowohl Brentano als auch Twardowski, dass die Sprache der Philosophie präzise, klar und „stabil" zu sein habe. Daher verfolgten sie viertens mit Nachdruck das Ausmerzen sämtlicher Unklarheiten, mangelnder Präzision und begrifflicher Unentschlossenheit. Das hielt Brentano und Twardowski nicht davon ab, jenen Philosophen Gerechtigkeit zuteil werden zu lassen, deren Schriften nicht den Kriterien der Präzision, Klarheit und sprachlicher Kohärenz entsprechen. So meinte Twardowski etwa über Nietzsche:[4]

> Es ist nicht unbedingt notwendig, etwas wahrhaft Schönes, Vernünftiges oder Erhebendes zu schreiben, um gelesen zu werden, um bei den Zeitgenossen Aufsehen zu erregen, um sich eine literarische Gemeinde zu schaffen. Ganz im Gegenteil: das Mittel hierfür ist: mit Schlagwörtern herumzuwerfen, die der Gesellschaft schmeicheln oder sie entrüsten. Und wenn einer das eine wie das andere beherrscht, dann wird er der populärste Autor. So einer ist Friedrich Nietzsche […]

Bezüglich der Problemstellungen in der Forschung beschäftigten sich beide mit der Analyse der Bewusstseinsdaten und formulierten eigene Vorstellungen und Urteile, eine allgemeine Theorie des Gegenstandes sowie eine originäre Klassifikation der Gegenstände. Beide führten auch Forschungen durch, die man heute als semiotisch bezeichnen würde.

Twardowski trat auch bezüglich die Lehrkunst in Brentanos Fußstapfen. Dieser legte das Schwergewicht vor allem auf die Methoden des Philosophierens: er wies auf zu lösende Probleme hin und verkündete nicht fertige Lösungen. Desgleichen tat später Twardowski in Lemberg.

2.2. Die Brentanisten in der Lemberger-Warschauer Schule

Brentanos Ideen wurden von anderen Vertretern der Lemberger-Warschauer Schule hauptsächlich über die Vermittlung von Twardowski und vor allem vom Lemberger Zweig übernommen. So entwickelte etwa Władysław Witwicki Brentanos deskriptive Psychologie in seinen Arbeiten zur Impression, Vorstellung und Urteil weiter.

---

4   Twardowski (1895a), S. 71.

Jan Łukasiewicz war zwar mit Brentanos Psychologismus nicht ein-
verstanden und hatte kein Verständnis dafür, dass Twardowski diesem
anfangs treu blieb. Den gegen Brentano gerichteten Antipsychologismus
dagegen verband er mit der Radikalität des Brentanoschen Postulats wissenschaftlicher Philosophie. Das Kriterium der Wissenschaftlichkeit wurde
von Łukasiewicz so verschärft, dass ihm einzig die modernen logischen
Richtungen und die, wie man heute sagen würde, logische Philosophie gerecht werden konnten. Hier muss man sich in Erinnerung rufen, dass das
Interesse am Werk Aristoteles', das er von Brentano und Twardowski übernommen hatte, der historische Hintergrund für die logischen Theorien von
Łukasiewicz war. Philososphisch war es die Gegenstandstheorie von Alexius Meinong (Łukasiewicz war als Seminarteilnehmer bei Meinong in Graz
Zeuge ihrer Entstehung).

Der größte Brentanist unter den Twardowski-Schülern war Tadeusz
Czeżowski. Er knüpfte an die Ethiktheorien von Brentano an, erkannte
die idiogenische und existenzialische Urteilstheorie an und teilte Brentanos
Parallelthese von Urteil und Perzeption. Seine Methode der analytischen
Beschreibung entspricht Brentanos Phänomenanalyse.

Schließlich knüpft Kazimierz Ajdukiewicz direkt und indirekt an Brentano an; u.a. in seinen propädeutischen Auffassungen der Psychologie als
Einführung in die Logik, in den frühen Versionen der Bedeutungstheorie
und in der Analyse kategorischer Sätze (vgl. „Założenia logiki tradycyjnej"
[„Voraussetzungen traditioneller Logik"]). Darüber hinaus widmete Ajdukiewicz Brentano einen umfangreichen Abschnitt seiner „Courants et ten-
dances de la philosophie contemporaine". Ein Kapitel zu Brentano findet
sich auch in Tadeusz Kotarbińskis *Dzieje logiki* (Geschichte der Logik). Bezeichnend ist dagegen, dass in der Ajdukiewicz-Anthologie *Główne kierunki
filozofii* (Die Hauptrichtungen der Philosophie)[5] Brentano keinerlei Erwähnung findet.

2.3. Twardowskis Einflüsse auf die Brentano-Schule

Der Gedankenaustausch unter den Brentano-Schülern bewirkte, dass ihr
Einfluss auf Gegenseitigkeit beruhte. So legte etwa Edmund Husserl in
der Rezension *Zur Lehre* dar, dass er von Twardowskis Konzeption der
modifizierenden Beiwörter sowie von der Einführung der Unterscheidung
zwischen materiellen und formalen Vorstellungselementen beeindruckt
war. Kritik übte er dagegen an Twardowskis Psychologismus (ähnlich wie

---

5   Vgl. Ajdukiewicz (1923).

Łukasiewicz); auf einem anderen Blatt steht, dass Husserl eben in der Rezension *Zur Lehre* erstmals seine antipsychologistischen Standpunkte for-
mulierte. Twardowski wiederum bekannte, wie er unter Husserls Einfluss,
besonders nach der Lektüre des 1. Teils der *Logischen Untersuchungen*, sich
schließlich vom Psychologismus abwandte (der erste Band von Husserls
Untersuchungen hatte die gleiche Wirkung auf Łukasiewicz).

Einen ähnlichen Gedankenaustausch gab es zwischen Twardowski und
Meinong. Twardowski skizzierte in einem Brief an Meinong einen Entwurf
zum Urteil (eine Synthese der Ideen von Brentano, Meinong und Höfler
aus einem Konzept von Sigwart). Meinong wiederum schuf seine Gegenstandstheorie u.a. unter dem Einfluss des in *Zur Lehre* enthaltenen Pro-
gramms.

3. Twardowskis philosophische Ansichten während der Wiener Jahre

3.1. Die wichtigsten Arbeiten

Die zwei bedeutendsten Arbeiten, die Twardowski in Wien publizierte, waren seine Doktorarbeit (*Idee und Perception. Eine erkenntnis-theoretische Untersuchung aus Descartes.* Wien 1892, Verlag von Carl Konegen, S: 46) und die
Habilitationsschrift *Zur Lehre vom Inhalt und Gegenstand der Vorstellungen. Eine
psychologische Untersuchung.* Wien 1894, Verlag von Alfred Hölder, S: 112). Darüber hinaus veröffentlichte Twardowski während dieser Zeit in der Wiener
Presse eine Anzahl kleinerer Rezensionen sowie Berichte zur Philosophie
und Musik.

Handschriftlich erhalten blieben die Aufzeichnungen zu den Vorlesungen: im akademischen Jahr 1894/1895 an der Universität Wien zur Logik
sowie, in deutscher Sprache, zur Seele.[6] Zu diesem Thema wurden bloß
zwei Texte in Polnisch gedruckt. Sie waren quasi eine Zusammenfassung
der erwähnten Vorlesungen („Filozofia współczesna o pojęciu duszy" sowie „Metafizyka duszy").

In den Wiener Jahren konzentrierte sich Twardowski vor allem auf
fünf Schwerpunkte: Ontologie (Gegenstandstheorie), Vorstellungs-, Ur-
teils- und Wahrheitstheorie, Grundlagen der Ethik sowie das psychophysische Problem (Theorie der Seele). Dem psychophysischen Problem werde
ich hier besondere Aufmerksamkeit widmen, da die Fragestellungen aus

---

6   Der Text dieser Notizen wurde erst kürzlich veröffentlicht. Vgl. Twardowski (2009).

diesem Bereich verhältnismäßig wenig bekannt sind, während die anderen relativ ausführlich von der Twardowski-Forschung behandelt wurden.

3.2. Ontologie

Nach Roman Ingarden lieferte Twardowski den ersten Entwurf einer kompletten Gegenstandstheorie seit Christian Wolf. Wie erwähnt, übte sein Konzept auf Meinong, Husserl und natürlich auf seine Schüler – Marian Borowski, Leśniewski und Kotarbiński – Einfluss aus.

Sein Ausgangspunkt war folgender. Alles, was sich im jeweiligen Gegenstand unterscheiden lässt, ist Teil dieses Gegenstandes. Die Teile des Gegenstandes können konkret (tatsächlich unterscheidbar) oder abstrakt (bloß intentional unterscheidbar) sein. Die abstrakten Teile sind Eigenschaften und Relationen, wobei die Eigenschaften die materiellen Teile sind und die Relationen die formalen.

Ein wesentlicher Bestandteil der Twardowskischen Ontologie sind Klassifikationen und Typologien der Gegenstände, die nach verschiedenen Prinzipien erfolgen.

Bezüglich der existenziellen Kategorie teilte Twardowski die Gegenstände wie folgt ein: mögliche und unmögliche, faktische (existente) und intentionale (nichtexistente) sowie wirkliche und unwirkliche. Wirkliche und unwirkliche Gegenstände können faktisch oder intentional sein. Dagegen sind alle unmöglichen Gegenstände intentional.

Weiters teilt Twardowski die Gegenstände in individuelle und generelle, einfache und zusammengesetzte sowie physische und psychische ein. Der individuelle Gegenstand ist ein Gegenstand, der zumindest eine Eigenschaft hat, die nur ihm zusteht. Der generelle Gegenstand ist eine Zusammensetzung von Eigenschaften vieler Gegenstände, die sich als bestimmtes einheitliches Ganzes darstellt. Der einfache Gegenstand ist nicht analysierbar, während man im zusammengesetzten zumindest zwei Teile unterscheiden kann. Der physische Gegenstand schließlich ist ausgedehnt und sinnlich erkennbar – der psychische dagegen ohne räumliche Ausdehnung und einzig via Introspektion zugänglich.

3.3. Die Vorstellungstheorie

Vorstellungen bilden das Grundelement des psychischen Lebens. Auf den Vorstellungen basiert alles Erleben, insbesondere die Urteile. Sich etwas vorzustellen heißt anders: an etwas denken.

Zwei Personen *A* und *B* sprechen miteinander, wobei jeder sich etwas vorstellt (d.i. an etwas denkt). Möge *A* an den Ort denken, an dem Kazimierz Twardowski geboren wurde und *B* an den Ort, wo der Friedenskongress nach den napoleonischen Kriegen stattfand. Die Vorstellungen dieser Personen unterscheiden sich inhaltlich, haben jedoch den gleichen Gegenstand: Wien.

Bei jeder Vorstellung unterscheidet Twardowski zwischen Akt, Inhalt und Gegenstand. Akt, Inhalt und Gegenstand der Vorstellung werden in dem Sinn komplementär dargestellt, dass der Inhalt der Vorstellung, als Produkt des Vorstellungsaktes, im Akt vorgestellt wird und der Gegenstand mittels des Aktes.

Twardowski argumentiert für eine notwendige Unterscheidung von Akt, Inhalt und Gegenstand der Vorstellung wie folgt: Erstens kommt es vor, dass Gegenstand und Inhalt der Vorstellung zu unterschiedlichen ontischen Kategorien gehören: der Inhalt ist etwas Existentes, der Gegenstand wiederum kann etwas Nicht-Existentes oder gar Unmögliches sein. Zweitens ist der Akt stets etwas Wirkliches, der Inhalt wiederum Unwirkliches. Der Gegenstand aber kann wirklich oder unwirklich sein. Drittens können zwei Vorstellungen den gleichen Gegenstand haben, aber verschiedenen Inhalt. Anders gesagt, können die Gedanken auf den jeweiligen Gegenstand mittels Vorstellungen von verschiedenem Inhalt gerichtet sein. Viertens sind, wie bereits Benno Kerry bemerkte, einige Eigenschaften des Vorstellungsgegenstandes nicht Eigenschaften von dessen Inhalt; z.B. ist der goldene Berg – wie der Gegenstand der angemessenen Vorstellung – *ex definitione* golden; aber der Inhalt dieser Vorstellung ist natürlich nicht golden.

In seiner Vorstellungstheorie tritt Twardowski in Brentanos Fußstapfen bzw. nimmt auf Arbeiten des bereits erwähnten Kerry, aber auch auf die Höflers und Meinongs (*Logik,* 1890) Bezug. Bei Brentano erfolgt die Unterscheidung von Gegenstand und Inhalt der Vorstellung nicht so rigoros. Vor allem können einige von Brentanos Formulierungen immanentistisch (sowohl Gegenstand als auch Inhalt der Vorstellung können als immanente Objekte hinsichtlich des Aktes aufgefasst werden) verstanden werden. Dagegen unterscheidet sich nach Twardowski der Gegenstand der Vorstellung vom Inhalt der Vorstellung auch in der Hinsicht, dass er im Gegensatz zum Inhalt immer etwas Transzendentes jenem Subjekt gegenüber ist, das es sich ihn vorstellt. Außerdem merkten Kenner von *Zur Lehre*[7] an, dass Twardowski auch nicht ausreichend für die Transzendenz des Vorstellungsge-

---

7   Vgl. z.B. Jaquette (2006).

genstandes (was zusätzliche ontologische Annahmen erforderlich machen würde) argumentierte, sondern sich bloß auf die natürliche Intuition berief, die man spontan in dieser Hinsicht hätte.

Die Unterscheidung von Akt, Gegenstand und Inhalt der Vorstellung wurde andererseits in den Arbeiten von Kerry, Höfler und Meinong, obwohl sie dort vorkommt, im Gegensatz zu Twardowski nicht in einer kohärenten Theorie entwickelt.

Drei Thesen dieser Theorie sind entscheidend.

Laut erster These kann jeder Gegenstand, sogar der unwirkliche, unmögliche oder intentionale, Gegenstand einer Vorstellung sein.

Die zweite These besagt, dass es keine gegenstandsfreien Vorstellungen gibt. Hier war Twardowski anderer Ansicht als Brentano, der annahm, dass es Vorstellungen des Nichts, oder von Gegenständen mit uneinheitlichen Eigenschaften sowie von solchen Gegenständen geben könne, die außerhalb des Erfahrungsbereiches liegen (wie die Vorstellung des goldenen Berges). Seine Ansicht über die Nichtexistenz gegenstandsloser Vorstellungen begründete Twardowski mit einer entsprechenden Analyse des Wortes *nicht* (*kein*) bzw. indem er darauf verwies, dass, selbst wenn der Gegenstand kontradiktorische Eigenschaften hätte oder einfach kognitiv nicht zugänglich wäre, sich doch etwas über ihn aussagen ließe, z. B. dessen Nichtexistenz.

Gemäß der dritten These – und hier stimmt Twardowski mit Kerry überein – hat jede Vorstellung nicht irgendeinen Gegenstand, sondern genau den einen Gegenstand. Vor allem haben auch allgemeine Vorstellungen einen Gegenstand. Twardowski hat in seinen Überlegungen die allgemeinen Vorstellungen besonders berücksichtigt, da sich die Wissenschaften dieser Gegenstände annehmen (z. B. Geometrie, Biologie, usw.). Nach Twardowski gibt es nur einen Gegenstand allgemeiner Vorstellungen, dafür aber korreliert er mit einer Ansammlung unterschiedlicher Einzelgegenstände. Der spezielle Status eines allgemeinen Gegenstandes besteht darin, dass seine Vorstellung (ähnlich wie die Vorstellung eines kontradiktorischen Gegenstandes) stets einen indirekten, nichtintuitiven Charakter habe.

Die Vorstellungstheorie von Twardowski lässt sich, ähnlich wie seine Urteilstheorie, entpsychologisieren, und zwar mittels des Parallelismus: Vorstellung–Name und Urteil–Satz; daraus wird eine eigene Sprachtheorie.[8] Hier soll daran erinnert werden, dass Twardowski in seinen Schriften semiotische Fragen im eigentlichen Sinn behandelt. Dazu zählen u.a. seine Analyse determinierender und modifizierender Beiwörter sowie die erwähnte

---

8   Vgl. dazu Jadacki (1989).

Analyse der Bedeutung von *nicht/kein*; beides übrigens auf Anregung von
Brentano.

3.4. Die Urteilstheorie

Twardowskis Urteilskonzeption entwickelt sich während der Wiener Jahre.
Ausgangspunkt für ihn war der idiogenische Ansatz von Brentano, den er in
Zur Lehre übernnimmt und zugleich auf dessen Mängel hinweist. Urteilen
(im psychologischen Sinn) besteht in der Anerkennung oder dem Verwerfen der Existenz eines Gegenstandes. Im individuellen Urteil „Ala ist jetzt
hungrig" ist der anzuerkennende Gegenstand die (jetzt) hungrige Ala. Im
allgemeinen Urteil „Jeder Säuger ist ständig hungrig" wird die Existenz des
Säugers verworfen, der nicht ständig hungrig sein kann.

Ähnlich wie im Umfeld der Vorstellungen wird von Twardowski im
Falle des Urteils die Unterscheidung in Inhalt und Gegenstand eingeführt.
Der Urteilsgegenstand ist als existent anerkannt oder als nichtexistent verworfen worden. Der Inhalt eines positiven Urteils ist die Existenz des Gegenstandes, jener des negativen Urteils dessen Nichtexistenz. Jedes Urteil
basiert auf einer bestimmten Vorstellung, der „Substratvorstellung". Sub-
stratvorstellungen von Urteilen, deren existenzielle Paraphrase Urteile wie
„Es gibt eine Stadt, in der Kazimierz Twardowski geboren wurde" sowie
„Es gibt eine Stadt, in welcher der Friedenskongress nach den napoleonischen Kriegen stattfand" sind, haben den gleichen Gegenstand: die Stadt
Wien. Die Urteile unterscheiden sich, da der Inhalt ihrer Substratvorstellung unterschiedlich ist: im ersten Fall wird Wien vorgestellt als Geburtsstadt von Twardowski, im zweiten als Ort der Zusammenkunft für den
Friedenskongress nach den napoleonischen Kriegen.

Die traditionelle idiogenische Theorie stößt hier auf ihre Grenzen. Dies
gilt insbesondere für Urteile über vergangene Gegenstände oder für Urteile
über Relationen. Das Problem mit Urteilen über vergangene Gegenstände
rekonstruiert Twardowski folgendermaßen: Betrachten wir das Urteil „Es
war einmal ein König". Brentano würde dieses Urteil als das Anerkennen
der Existenz eines vergangenen Königs interpretieren. Wenn aber „existieren" soviel bedeutet wie „jetzt sein", und „vergangen" so einen König
bezeichnet, der früher war, jetzt aber nicht mehr ist, dann ergibt sich ein
Widerspruch. Das Ergebnis wäre nämlich das Urteil „Es existiert etwas,
was einmal existierte, aber bereits nicht mehr existiert."[9]

---

9   Twardowski (1894/1895).

In den Vorlesungen zur Logik (1894/1895) skizzierte Twardowski eine bestimmte Modifikation der Urteilstheorie, welche diese Schwierigkeiten vermeidet. Er stellt nämlich zwei Arten von Urteilen einander gegenüber: das existenzielle und das relationale, wobei sich die Bezeichnung „existenzielles Urteil" vom Inhalt ableitet, „relationales Urteil" dagegen vom Urteilsgegenstand stammt. Der Inhalt eines existenziellen Urteils ist nämlich die Existenz, beim relationalen Urteil ist es die Relation.

Beim existenziellen Urteil wird ein gewisser Gegenstand anerkannt (*scil.* angenommen) oder verworfen und der Inhalt so eines Urteils ist die Existenz dieses Gegenstands. Die allgemeine Form so eines Urteils ist also: $\pm A$.

Beim relationalen Urteil wird eine bestimmte Relation anerkannt oder verworfen, und der Inhalt so eines Urteils ist die Subsistenz (*scil.* Vorhandensein, Bestehen). In diesem Fall ist die allgemeine Form so eines Urteils: $\pm bA$, wobei ‚b‘ das Vorhandensein, ‚A‘ dagegen die Relation bezeichnet.[10] Als „Relation" versteht Twardowski dabei die Anordnung der Gegenstände einschließlich dem, was „zwischen ihnen" ist. Der Twardowskische Relationsbegriff entspricht annähernd dem gegenwärtigen Begriff Sachverhalt.[11] Nach Twardowski lässt sich jede Relation auf den Besitz einer bestimmten Eigenschaft seitens eines bestimmten Gegenstandes reduzieren. Jedes relationale Urteil lässt sich also letztlich so darstellen „[Gegenstand] A hat [Eigenschaft] b". Dem Urteil „Gegenstand A ist der Grund für Gegenstand B" – also dem Urteil „Zwischen Gegenstand A und Gegenstand B besteht eine Ursache-Wirkung-Relation" – entspricht folglich das Urteil: „Gegenstand A hat die Eigenschaft. Ursache von Gegenstand B zu sein".

Twardowski betrachtete allgemein kategorische Urteile als relationale Urteile, die, wie erwähnt, von Brentano auf sichere negative Urteile zurückgeführt wurden. So ist z.B. der Urteilsgegenstand „Parallele Geraden schneiden sich nicht" nach Twardowski die entsprechende Relation zwischen parallelen Geraden. Hier geht es nicht, wie bei Brentano, um ein Verwerfen (der Existenz) von parallelen Geraden, die sich überschneiden würden.

Es sei darauf hingewiesen, dass nach Twardowski die Anerkennung (bzw. das Verwerfen) der Subsistenz einer Relation nicht die Anerkennung (oder entsprechend das Verwerfen) der Existenz ihrer Argumente nach sich zieht. Bezeichnend ist hier der Unterschied von Urteilen des Typs „Es gibt

---

10 Twardowski (1894/1895).
11 Vgl. Betti & van der Schaar (2004).

einen Gott" und „Es war einmal ein König". Der Inhalt des ersten Urteils ist die Existenz Gottes. Beim Inhalt des zweiten Urteils ist es das Bestehen einer Zeitgenossenschaftsrelation, die zwischen einem bestimmten König und einer gewissen vergangenen Epoche besteht (anders: das Bestehen einer Besitzrelation zwischen einem bestimmten König und der Eigenschaft zeitgenössisch mit einer gewissen vergangenen Epoche).

In einem Brief vertraute Twardowski Alexius Meinong an, er plane die Ausarbeitung einer detaillierten Urteilskonzeption. Er schrieb:[12]

> Hauptgedanke meiner Ansicht ist: In jedem Urteil ist zu unterscheiden: 1. Akt (Bejahung oder Verneinung) 2. Inhalt: das Existieren, Vorhandensein, Bestehen, 3. Gegenstand (der beurteilte Sachverhalt – entweder ein absolutes Datum oder eine Beziehung oder beides zusammen) Beispiel: „Gott existiert": Gegenstand: Gott; Inhalt: Existenz; Akt: Beziehung. Oder „Zweimal zwei ist vier"; Gegenstand: Gleichheit zwischen dem Produkt aus zweimal zwei und vier; Inhalt: das Existieren (Bestehen) dieser Gleichheit. Akt: Beziehung. – Ich glaube durch eine derartige Auffassung zweierlei zu erreichen: 1. Eine Befreiung aller Urteilslehre von der Unklarheit, welche der Existenzbegriff mit sich zu bringen pflegt; 2. Eine Vereinigung der Brentano-Meinong-Hoeflerschen Theorie mit der Sigwartischen, wo diese drei Momente (Akt, Inhalt, Gegenstand) deutlich auseinandertreten: Akt = Bewusstsein; Inhalt = „objective Giltigkeit", Gegenstand: das, was nach Sigwart in den Vorstellungen „in eins gesetzt" wird.

Letztlich wurden diese Pläne jedoch von Twardowski nicht realisiert, zumindest erschienen sie nicht in gedruckter Form.

3.5. Die Wahrheitstheorie

In der Wahrheitstheorie war Twardowski Absolutist. Diesen Standpunkt vertrat er bereits in *Zur Lehre*. Diesen epistemologischen wie axologischen Absolutismus verteidigte er auch in *Etyka a teoria ewolucji* (Ethik und Evolutionstheorie). In dieser Hinsicht unterschied er sich von Brentano, der als Fundament der Wahrheit die sich mit der Zeit verändernde Relation zwischen Urteil und Gegenstand der Vorstellungen in Wechselbeziehung mit dem Urteil erachtete.

---

12 Kindinger (Hrsg.) (1961), S. 143-144.

Twardowski – und mit ihm Łukasiewicz, Leśniewski und Kotarbiński – knüpfte in der Wahrheitstheorie an einen anderen österreichischen Philosophen an: Bernard Bolzano. Nach Bolzano sind Urteile, die aus den Umständen ihrer Verlautbarung abstrahiert wurden, Wahrheitsträger, als Eigenschaften solcher Urteile ist die Wahrheit eine absolute Eigenschaft und insbesonders zeitunabhängig. Es gibt berechtigte Gründe zur Annahme, dass Twardowski, in Treue zur Brentanoschen Logikkonzeption, auf diesem Gebiet die Bolzano-Rezeption verzögerte.[13] Letztlich aber wurde sie zu einem wichtigen Impuls für die Logiktheorien der Lemberger-Warschauer Schule. An Bolzano knüpft u.a. Łukasiewicz' Wahrscheinlichkeitslogik, Ajdukiewicz' Analytizitätskonzeption und die Konsequenztheorie von Alfred Tarski an.

3.6. Grundlagen der Ethik

Twardowski war auch in axologischer Hinsicht in der Ethik und Ästhetik ein Absolutist. In diesem Geist kritisierte er insbesondere die evolutionistische Ethik, die erklärte, moralische Normen würden sich gemeinsam mit der Menschheit verändern. Tatsache ist, dass Vertreter verschiedener Kulturen unterschiedliche ethische Prinzipien vertreten und dass sogar innerhalb eines Kulturkreises ethische Systeme mit der Zeit Änderungen unterworfen sind. Das ist aber kein Nachweis für eine Evolution ethischer Normen bzw. für eine Evolution, oder Reifung, der Menschheit. Ethische Wahrheiten verändern sich nicht mit der Zeit, einzig die Menschen entdecken sie schrittweise. Ähnlich verhält es sich mit sämtlichen wissenschaftlichen Wahrheiten, inklusive der Gesetze der Logik.

Es ist außerdem nicht wahr, dass es in der Ethik keine festen Grundsätze gäbe, d.h. unerschütterliche, offensichtliche Sätze. Die Spannweite in den ethischen Beurteilungen rührt daher, dass das Erkennen ethischer Wahrheiten, die sich auf Gut und Böse beziehen, besondere Fähigkeiten erfordert: ein reifes Gewissen und ausgebildetes Gefühlsleben. So eine Reife ist weitaus schwieriger zu erlangen als die intellektuelle. Daher ist es nicht verwunderlich, dass logische Grundsätze leichter als ethische erkannt werden. Schließlich:

Wenn es wahr ist, dass Mickiewicz 1798 geboren wurde, wenn es wahr ist, dass man seinen Nächsten lieben soll, wenn es wahr ist, dass Beethoven-Symphonien schön sind, dann sind diese Wahrheiten immer und

---

13 Vgl. Betti (2006).

überall Wahrheiten. Nicht die Wahrheiten durchlaufen immer wieder Entwicklungsschritte [...], sondern die Menschheit verändert sich, entwickelt sich hinsichtlich der Vernunft, des Gewissens und des ästhetischen Geschmacks und daher merzt sie immer mehr Fehler aus. Daher kommt es zu Entdeckungen von immer neuen, bisher unbekannten ewigen Wahrheiten.[14] (S. 562)

Einzig das ethische Genie, als Paradebeispiel sah Twardowski Jesus an, sieht die ethische Wahrheit klar.

Twardowskis Ansicht des Zusammenhangs von ethischer Erkenntnis mit dem Gefühlsleben entsprach der von Brentano. In Polen wurde sie von den Twardowski-Schülern Kazimierz Ajdukiewicz und Tadeusz Czeżowski übernommen – gegenwärtig wird sie etwa von Marian Przełęcki vertreten.

Die Überzeugung, dass man moralische Wahrheiten mittels spezifischer höherer Gefühle entdecken könne – d.h. durch Formung des Gewissens – kann die Grundlage für eine von sämtlichen religiösen Doktrinen unabhängige Ethik werden. Twardowski war lebhaft an Bewegungen interessiert, die damals in Europa und Amerika entstanden und eine unabhängige Ethik propagierten; er kritisierte diese jedoch, wenn vorgeblich religiöse Unabhängigkeit die Formen von Religionsfeindlichkeit annahm. Hier liegt nämlich die Quelle des bekanntesten unabhängigen Ethiksystems in Polen: die Ethik des zuverlässigen Beschützers, wie es von Tadeusz Kotarbiński entworfen wurde. Bei Kotarbiński nimmt, vereinfacht gesagt, der emotionale Faktor von Twardowski den Platz des willentlichen Faktors ein: das Bedürfnis nach Beachtung seitens der achtbaren Menschen.

3.7. Das psychophysische Problem

Das Problemfeld der Seele (des Geistes) und ihrer Unsterblichkeit behandelt, wie oben erwähnt, eine Vorlesungsreihe Twardowskis (handschriftlich erhalten) sowie zwei Artikel im *Przełom*. Twardowski präsentiert hier seine Ansicht vor dem Panorama der Zeitgenossen.

Die Frage nach der Seele-Körper-Beziehung sowie der Unsterblichkeit zählten für ihn zu den ältesten und schwierigsten philosophischen Fragen. Sie gehört in den Bereich der Metaphysik – im Sinne jener allgemeinsten philosophischen Disziplin, die sowohl physische als auch psychische Erscheinungen umfasst. Die Frage nach der Unsterblichkeit weckt dabei Kontroversen und Emotionen, da sie mehrfach mit dem lebensanschaulichen

---

14 Twardowski (1895g), S. 562.

Selbstverständnis – religiös oder antireligiös – verbunden ist. Manche pflegen die Überzeugung von der Unsterblichkeit in Form eines naiven Glaubens, der unreflektiert von der Kirche oder vom Elternhaus übernommen wurde. Andere sehen die Überzeugung von der Unsterblichkeit als Fragment irrationaler religiöser Metaphysik, die von keinem kritischen Geist anerkannt werden sollte. Darüber hinaus wurde das Problem der Unsterblichkeit – manchmal zu Unrecht – mit anderen philosophischen Fragen vermengt, die etwa in den Bereich der Ethik gehören. All das führte dazu, dass das Problem der Unsterblichkeit bis dato nicht zufriedenstellend gelöst wurde. In seinen Überlegungen zu dieser Fragestellung rät Twardowski zur Einhaltung besonderer theoretischer Vorsicht. Er selbst war darum peinlichst bemüht.

3.7.1. *Die Klassifikation des Konzepts* Seele

Unter „Seele" versteht Twardowski ein Subjekt geistiger (heute hieße es eher psychischer) Phänomene. Das Konzept Seele und die Arten der Begründung für ihre Unsterblichkeit ergeben sich aus einer Typologisierung hinsichtlich dreier Kriterien.

Erstens unterscheiden sich die Entwürfe laut Twardowski hinsichtlich der Methode zur Klärung der psycho-physischen Problematik: induktiv (experimentell), deduktiv oder induktiv-deduktiv.

Interessant ist, dass Twardowski den Spiritismus zur experimentellen Methode zählt. Den Spiritisten ginge es „um das Hervorrufen derartiger Erscheinungen, die durch sich selbst, ohne jegliche Theorie, einzig durch die Tatsache ihrer Existenz die Unsterblichkeit [der Seele] beweisen"[15]. (Mit dem Spiritismus kam Twardowski in München in Kontakt. Als Anekdote sei angemerkt, dass angeblich im Hause von Graf Wojciech Dzieduszycki in Jezupol spiritistische Sitzungen stattfanden. Während einer dieser Sitzungen wurde des Geist von Königin Bona herbeigerufen, welche die Kleidung von Gräfin Seweryna Dzieduszycka entworfen hätte …) Twardowski ist sicher dieser Methode gegenüber skeptisch geblieben: zu viele Personen zweifeln an der Lauterkeit solcher spiritistischer Sitzungen.

Der deduktiven Methode bedienen sich jene, die sich nicht auf empirische Daten berufen und eine Lösung der Frage nach der Seele von im Vorhinein festgelegten Annahmen „ableiten". Als Beispiel führt Twardowski die sogenannten ethischen Beweise für die Existenz der Seele an: Diese würden sich einerseits daraus ergeben, dass dem Menschen das Bedürfnis

---

15 Twardowski (1895e), S. 429.

nach ständiger Vervollkommnung angeboren sei, andererseits stünde dem ein starkes Gerechtigkeitsbedürfnis gegenüber. Da diese Bedürfnisse im irdischen Leben nicht gestillt werden können, „muss" die Seele unsterblich sein, um sie zu befriedigen. Der grundsätzliche Nachteil bei dieser Art der Argumentation ist nach Twardowski, dass die Schlussfolgerung bezüglich der Unsterblichkeit auf Wunschdenken (wie wir heute sagen würden) basiert.

Als angemessenste Methode zur Analyse des psycho-physischen Problems sieht Twardowski die induktiv-deduktive Methode, in der man von „einer exakten induktiven Forschung zur Beschaffenheit des Mentalen und der damit zusammenhängenden Erscheinungen" ausgeht.[16] Dabei ist die Methode der Brentano-Schule leicht erkennbar. Twardowski unterstreicht die Ähnlichkeiten zu den Methoden in den Naturwissenschaften.

Die Konzeption der Seele und die Arten der Beweisführung bezüglich ihrer Unsterblichkeit unterscheiden sich zweitens hinsichtlich des jeweiligen Standpunktes bei der Antwort auf die Frage „Was ist die Seele?".

Twardowski zählt hier hauptsächlich Standpunkte auf, welche die Frage richtigstellend beantworten, d.h. die Existenz einer Seele überhaupt in Frage stellen. Solche Repräsentanten wären etwa Locke, Hume und Fechner. Letzterer kennt kein substantielles Fundament eines „Ich": die Hypothese über dessen Existenz diene nur dazu, offensichtliche Abhängigkeiten von bestimmten psychischen Phänomenen zu erklären.

Zu den Anhängern der These von der Existenz einer Seele zählt Twardowski dagegen Materialisten und Idealisten, Monisten und Dualisten sowie Monadologen. Die Materialisten erachten das Subjekt psychischer Phänomene als etwas Materielles – das Gehirn oder das Nervensystem als Ganzes. Idealisten – die Twardowski als Opposition der Materialisten charakterisiert – verlegen sämtliche Phänomene auf das Fundament einer geistigen Substanz. Die Monisten erklären, es „gäbe irgendein Subjekt, das den geistigen und sinnlichen Phänomenom gemein ist"[17] – d.h. eine Substanz mit „zwei Seiten", einer physischen und psychischen; zu den Monisten rechnet Twardowski Spinoza und Hartmann (diese erkennen nur eine einzige Vorsubstanz an) sowie Haeckel (diese eine Vorsubstanz zerfällt in viele individuelle Subjekte). Die Dualisten setzen zwei Arten von Subjekten voraus: ein gesondertes für sinnliche Phänomene und eins für geistige Phänomene – Materie und Geist. Dabei unterscheidet Twardowski radikale (etwa Descartes)

---

16   Twardowski (1895e), S. 430.
17   Twardowski (1895e), S. 433.

und gemäßigte Dualisten (so wie Aristoteles). Schließlich erwähnt er als eigenen Standpunkt die Monadologie, wobei er jene Philosophen zu den Monadologen rechnete, nach denen „die Subjekte sinnlicher Phänomene sich aus ihren kleinsten unteilbaren Teilchen, den Monaden, zusammensetzen, die Subjekte sinnlicher Phänomene sind, anfangs unbewusst, und auf einer höheren Stufe bewusste Monaden"[18]; die Seele ist in der Monadologie eine sehr hoch entwickelte Monade. Verschiede Varianten der Monadologie vertraten nach Twardowskis Ansicht Leibniz, Bolzano und Teichmüller.

Die dritte Typologie bezüglich der Seele führt Twardowski nach dem Verhältnis zur Frage der Unsterblichkeit ein. Hier unterscheidet er dreierlei Standpunkte. Zum einen jene, die sich mit der Unsterblichkeit der Seele nicht in Einklang bringen lassen (Materialismus und der Monismus von Haeckel, die Entwürfe von Hume und Fechner, welche die Existenz einer Seele bestreiten); dann jene, aus denen die Unsterblichkeit der Seele folgt (Monadologie); und schließlich Standpunkte, aus denen weder die Unsterblichkeit noch deren Verneinung abgeleitet werden kann (Dualismus, Monismus von Spinoza).

Der Klassifizierung der Standpunkte zur Seele und der begrifflichen Unklarheiten im Zusammenhang mit dieser widmete Twardowski einen späteren Text: „Zur Klassifikation der Standpunkte zum gegenseitigen Verhältnis von Seele und Körper" („W sprawie klasyfikacji stanowisk na wzajemny stosunek duszy i ciała"). Dort vermerkt er in der Zusammenfassung:

Die Ausdrücke „Monismus" und „Dualismus" haben vier verschiedene Bedeutungen, da sowohl Monismus als auch Art-Dualismus oder numerisch, metaphysisch oder phänomenalistisch sein können. Bei der Beschreibung eines Standpunktes als monistisch oder dualistisch ist gleichzeitig anzugeben, in welcher Bedeutung und für welchen Fall diese Adjektiva eingesetzt werden. So heißt es den Spiritualismus von Leibniz nicht nur als metaphysischen Monismus zu bezeichnen, sondern anzufügen, dass er ein generischer Monismus sei.[19]

---

18 *Ibid.*
19 Twardowski (1965), S. 204.

Kazimierz Twardowski

3.7.2. Seele und Körper

Twardowski hat eine eigene, originäre Analyse des psycho-physischen Problems; nebenbei unterwirft er die oben ausgeführten Entwürfe einer kritischen Analyse.

Der Schlüssel zur Lösung der Frage nach der Unsterblichkeit ist eine detaillierte Analyse bestimmter involvierter Begriffe: das psychische und das physische Phänomen, das Bewusstsein und seine Einheit sowie das Erlebnissubstrat. Außerdem sind einige Hilfsthesen zu klären.

Psychische und physische Phänomene definiert Twardowski in zwei Schritten. Zuerst zählt er Beispiele auf und verweist anschließend auf die distinktiven Eigenschaften von beiden. Beispiele für psychische Phänomene sind: sehen (einer Gestalt), hören (eines Tons), fühlen (warm oder kalt); begreifen (einen allgemeinen Begriff haben), sich erinnern (an etwas), warten (auf etwas), planen (von etwas), schlussfolgern, urteilen (einer Überzeugung sein), vermuten, zweifeln; und schließlich – Freude und Trauer, Rührung und Zorn, Liebe und Hass, Bewunderung und Verachtung, Verlangen und Abscheu, Hoffnung und Resignation, Angst und Mut, Erstaunen und dessen Fehlen. Beispiele für physische Phänomene sind Farbe, Gestalt, Ton, Wärme und Kälte, Geruch, Geschmack – unabhängig davon, ob jemand an diese Phänomene denkt oder sie verspürt.

Er verweist auf diverse Kriterien zur Unterscheidung von physischen und psychischen Phänomenen, wobei keines allgemein und vorbehaltlos akzeptiert wird. Erstens heißt es, dass alle und nur die physischen Phä-

nomene, im Gegensatz zu den psychischen, sich durch Ausdehnung auszeichnen. Zweitens sollen alle psychischen Phänomene, im Gegensatz zu
den physischen, dem inneren Einblick (der Introspektion) zugänglich sein.
Drittens sind zwei psychische Phänomene – die zu einem Subjekt gehören
– nicht gleichzeitig, während physische Phänomene gleichzeitig auftreten
können. Viertens erscheinen alle psychischen Phänomene in der inneren
Wahrnehmung als Elemente eines Ganzen.

Besonderen Platz räumt Twardowski der Frage nach der Einheit der
Seele (respektive des Bewusstseins) ein. Die Einheit der Seele entspricht für
ihn der Zugehörigkeit psychischer Phänomene zu einer Ganzheit. Hierbei
geht es nicht um eine logische Einheit (also das Denken von vielen Gegenständen als einen, also als Bündelung dieser Gegenstände), sondern um eine
reale.

Twardowski spricht sich für die These einer einheitlichen Seele aus. In
der Argumentation zu Gunsten dieser These beruft er sich auf die Ver-
gleichsmöglichkeit psychischer Erlebnisse. Dieses Argument taucht bereits bei Brentano auf, obwohl sich Twardowski in seinen Schriften über
die Seele nicht expressis verbis auf seinen Lehrer bezieht. (Brentano war
auch nicht bereit zu sagen, dass hinter den psychischen Phänomenen ein
substanzielles Subjekt stünde.) Diese Argumentation beruht auf der unbe-
streitbaren Tatsache, dass wir in der Lage sind, gleichzeitig zwei Phänomene
festzustellen. So sieht man etwa ein Kind und hört es gleichzeitig weinen.
Es geht hier also um drei psychische Phänomene: Sehempfindung, Hör-
empfindung und die Aktion ihres Vergleichs. Wenn man jetzt annehmen
würde, die Seele hätte zwei Teile A und B – und den Sehakt übernimmt Teil
A, den Hörakt Teil B, dann könnte die Vergleichsaktion weder Teil A noch
Teil B durchführen, wenn zwischen ihnen keine „Verbindung" bestünde.
Wenn nämlich die Informationen aus A zu B „gelangten" und eben in Teil
B die Vergleichsaktion vonstatten ginge, dann würde eben Teil B als „Seele"
bezeichnet werden. Ähnlich verhielte es sich, wenn der Vergleich in einem
anderen Teil der Seele, z. B. Teil C, ablaufen würde: würden in C die „Informationen" aus den Teilen A und B zusammentreffen, dann müsste eben
dieser Teil C als „Seele" bezeichnet werden.

Twardowski fasst zusammen:

Wir können daher annehmen, dass es innerhalb aller möglichen psychischen Phänomene solche gibt, die eine reale Einheit bilden. In jedem

dieser Phänomene lässt sich, (teils via Introspektion, teils über die Erinnerung) zeigen, dass sie mit den anderen zu einer Einheit gehören.[20]

Nach der Begründung zur These von der Einheit der Seele analysiert Twardowski jene psychischen Prozesse, die das Problem des Substrats ausmachen. Dabei werden jene Standpunkte kritisiert, welche die Existenz eines solchen Substrats negieren (Hume, Fechner, Lotze).

Aus der Analyse ergibt sich der Prozessbegriff. Jeder Prozess benötigt ein Fundament, auf dem er abläuft (das Wesen eines Prozesses ist die Änderung einer Ausgangsrelation in einem Gegenstand). Wer die Existenz einer Seele als Bewusstseinssubstrat verwirft, verwendet den Terminus „Seele" inkonsequent und vielseitig. So erklärt zum Beispiel Fechner richtig die Herkunft des *Begriffs* Seele. Twardowski wirft ihm jedoch einen Fehler non sequitur vor: Fechner meint fälschlicherweise, dass, nachdem klar sei, wie sich der Begriff von Seele bildet, die Seele nicht existiere.

Seine Argumentation gegen Fechner stilisiert Twardowski in einem „Gespräch" mit dem, was bei Fechner die nichtexistente Seele ersetzt, mit „einer Gruppe mentaler Phänomene". Diese Argumentation lässt sich wie folgt zusammenfassen: Gäbe es nicht etwas, was die Phänomene einer gegebenen Gruppe in ein Ganzes zusammenfassen würde – das ist ihr Subjekt –, dann wären Erinnerung und Wissen unmöglich. Hingegen haben wir Überzeugungen gespeichert und verfügen über Wissen. Die Seele ist daher nicht eine „Gruppe von Phänomenen", sondern ihr Subjekt-Fundament.

Und wer dem widerspricht, wer annimmt, dass er wisse, so ein Subjekt würde nicht existieren, der widerspricht sich selbst, weil aus seinem vorgeblichen Wissen die Konsequenz entspringt, er selbst könne kein Wissen besitzen.[21]

Nach Twardowski lässt sich vom asubstrativen Standpunkt aus das Gefühl der Einheit von Bewusstsein/Subjekt in der Zeit nicht erklären. Man versucht diese Einheit dadurch zu erklären, dass das Bewusstsein sich aus ununterbrochenen Reihen aufeinanderfolgender Akte zusammensetze, wo jeder weitere aus einem Vorgänger „entspringe". Diese Hypothese verwirft Twardowski mit dem Hinweis auf das Einfachheitskriterium. Entweder wird die Einheit des Bewusstseins durch die Existenz des Substrats gewähr-

---

20 Twardowski (2009), S. 55.
21 Twardowski (1895f), S. 472.

leistet oder durch eine Reihe aufeinanderfolgender Akte. Wenn es aber die Einheit von aufeinander folgenden Akten sein sollte, müssen auch unbewusste psychische Akte vorausgesetzt werden, welche diese Reihe aufrecht erhalten (etwa während des Schlafes). Die Erklärung des Gefühls einer Einheit des Bewusstseins mittels einer Reihe aufeinanderfolgender psychischer Akte ist komplizierter.

Es gilt nun festzulegen, wie sich jenes Substrat psychischer Prozesse ontologisch darstellt. Zahlreiche Argumente sprechen dafür, dass es sich um das Gehirn oder das gesamte Nervensystem handelt. Bewiesen werden soll dies durch die Ergebnisse der Einzelwissenschaften: der Zusammenhang zwischen der Gehirnentwicklung der Organismen und ihrer Entwicklungsstufe bezüglich der mentalen Möglichkeiten sowie der Zusammenhang zwischen Hirnschäden und dem Auftreten psychischer Störungen. Andererseits zeugen viele Fakten von der Unabhängigkeit der psychischen Zustände vom Gehirnzustand (z. B. erfreuen sich Personen mit weitreichenden Gehirnschäden vollkommener psychischer Gesundheit). Vor allem aber ist das Hirn ein komplexer Gegenstand, während das Substrat psychischer Prozesse einfach ist. Die Hirnzellen sind außerdem Änderungen unterworfen, während die innere Erfahrung lehrt, dass das Subjekt des Erlebens etwas in der Zeit Unveränderliches ist.

Twardowski weist bei dieser Gelegenheit darauf hin, dass die Anhänger des Materialismus nicht eindeutig explizieren, worin die „Überführung" von psychischen in physische Prozesse bestünde, obwohl sie diese annehmen. Es gibt zwei dezidiert materialistische Interpretationen dieses Begriffes. Gemäß des ersten Ansatzes bestehen die Bewusstseinsprozesse einfach in „Gehirnabläufen", nach dem anderen sind sie Folgen der Gehirnprozesse. Obwohl kaum jemand an einem Zusammenhang zwischen physikalischen Prozessen, die im Gehirn ablaufen, und den Bewusstseinsprozessen zweifeln wird, kann keine der rein materialistischen Thesen in der bekannten Formulierung bestehen.

Die Monadologie hat keine Probleme in Verbindung mit dem Materialismus. Nach Leibniz' Theorie, die im 19. Jahrhundert erneut u.a. von Bolzano aufgegriffen wurde, sind die nichtausgedehnten Monaden die Grundbausteine des Kosmos. Die Monaden bilden eine gewisse Hierarchie, die Monadenseelen stehen hierin am höchsten: ihre Aufgabe ist es, die Monadenkörper zu lenken. Um annehmen zu können, die Seelen seien Monaden, müsste es im Inneren einer jeden zu Veränderungen kommen und jede müsste mit anderen Monaden in Verbindung stehen. Die Änderungen in der Monade sind selbstverständlich weder chemische noch organische Prozesse (welche nur in räumlichen und komplexen Gegenständen vorkommen können).

Ein derartiges Verständnis von Monadologie verschwimmt mit einem spezifischen Atomismus im Fechnerschen Sinn, einem Atomismus, der den Elementarteilchen der Materie, also den Atomen, eine Ausdehnung abspricht. Ausdehnung haben einzig Atomverbindungen, die sich aus materiellen Gegenständen zusammensetzen. Twardowski erkennt die Notwendigkeit einer solchen Synthese:

> So also erscheint es nicht nur zulässig und möglich, sondern geradezu notwendig, den psychischen Prozessen die letzten, einfachen, nichträumlichen Bestandteile der Materie zuzuschreiben und derart aus den Atomen Monaden zu machen und aus dem Atomismus Monadologie.[22]

Ein Problem aus einer derart verstandenen Synthese von Monadologie und Atomismus besteht in der Einordnung der lenkenden Monaden (also Seelen). Nach Twardowski lässt sich diese Schwierigkeit jedoch beseitigen, wenn man zustimmt, dass alle nichtausgedehnten Gegenstände – und Seelenmonaden gehören wie alle Monaden dazu – nicht in ein räumliches Verhältnis zu anderen Gegenständen treten können (Solche Gegenstände können etwa auch keine Farbe haben). Die Seelenmonade als eigene Monade kann also nicht physikalischer Bestandteil des Gehirns sein.

3.7.3. Die Unsterblichkeit

Der These von der Unsterblichkeit der Seele werden die Begründungen der Thesen zur Einheit der Seele, zum Besitz eines Substrats seitens psychischer Phänomene sowie zu dessen einfachem und immateriellem Charakter vorangestellt. Twardowski schlussfolgert nämlich wie folgt:

1. Die letzten, einfachen Bestandteile des Kosmos sind unzerstörbar.
2. Die Seele ist der letzte einfache, Bestandteil des Kosmos.

3. Die Seele ist unzerstörbar (also unsterblich).

Die größere Prämisse dieses Syllogismus stammt aus der Naturwissenschaft (und entspricht dem Energieerhaltungssatz); die kleinere entspringt philosophischen Überlegungen. Das Ergebnis beider Prämissen ist die These von der Unsterblichkeit.

---

22 Twardowski (2009), S. 167.

Keine der Prämissen dieses Syllogismus ist natürlich sicher. Beide sind bloß wahrscheinlich und daher ist auch das Ergebnis nur wahrscheinlich. Twardowski erkennt hier eine größere Wahrscheinlichkeit für die größere (aus der Naturwissenschaft stammende) Prämisse. Dabei äußert er die Überzeugung, dass sich kein „stärkerer" Beweis für die Unsterblichkeit aufweisen lasse. Die Unsterblichkeit der Seele wird sich nie in vollkommener Gewissheit zeigen:

> Unsere Lösung für die Frage nach der Unsterblichkeit ist dadurch nur eine wahrscheinliche, nicht aber sicher; eine sichere Antwort kann die Wissenschaft meiner Meinung nach nicht geben. Wir können aber unerschütterlich von der Unsterblichkeit überzeugt sein, wenn wir sie auf ethische oder andere Motive berufen.[23]

Dabei haben jene, die aus moralischen Gründen an die Unsterblichkeit glauben, für gewöhnlich laut Twardowski den größeren ethischen „Mut".

Nachdem er die Argumente wider die Entwürfe, welche de facto die Existenz einer (substanziellen) Seele in Abrede stellen (das sind Seelenkonzepte als Bündel geistiger Phänomene) sowie die Argumente gegen materialistische Entwürfe vorgestellt hatte, erkannte Twardowski jene Standpunkte als „bekämpft", welche sich mit der These von der Unsterblichkeit der Seele nicht vereinbaren lassen. Trotz seiner deutlichen Sympathie für die Monadologie bekennt er, dass es keine entscheidenden Argumente zu Gunsten oder gegen den Dualismus gibt, obwohl bestimmte Argumente für eine positive Entscheidung in der Frage der Unsterblichkeit der Seele sprechen. Nach Meinung von Twardowski kann ein Subjekt psychischer (geistiger) Phänomene, unser „Ich" – als einfacher Gegenstand – nicht als Folge des Wirkens von Naturkräften entstehen. Es kann einzig dank des Wirkens supranatürlicher Kräfte existieren. „Was aber ewig ist, das hat keinen Anfang in der Zeit und kein Ende in der Zeit. Die *Seele* ist, indem sie ewig ist, *unsterblich*."[24]

Die Wahrscheinlichkeit von Monadologie (in der Fassung von Bolzano) und (aristotelischem) Dualismus vergleicht Twardowski dabei unter Anwendung des Umfangs- und Einfachheitskriteriums. Übereinstimmend mit diesen Kriterien ist jene Hypothese wahrscheinlicher, die (a) eine größere Anzahl von Fakten erklärt bzw. (b) weniger Hilfshypothesen bedarf.

---

23 Twardowski (2009), S. 192.
24 Twardowski (1895f), S. 479.

Dabei ist für den Wahrscheinlichkeitsgrad der jeweiligen Hypothese nicht allein die Anzahl, sondern auch die „Qualität" dieser Hilfshypothesen entscheidend. Der aristotelische Dualismus setzt voraus, dass sich die Seelenmonade mit dem Körperkeim verbindet und dann zu existieren beginnt. In der Monadologie spricht man von einer Vorexistenz der Seelenmonade. Die Hilfshypothese im Falle der Monadologie besagt, dass erst die Entwicklung des Keimes die Seele mit Bewusstsein und Erinnerung ausstattet. Der Dualismus braucht so eine Hypothese nicht, setzt aber andererseits einen jeweiligen Schöpfungsakt für den Fall der „Verbindung" von Geist und Körper voraus. In diesem Fall fällt es schwer, die Hilfshypothese zu „berücksichten" und deren Berechtigung zu bewerten: rational verhält sich also, wer sich in dieser Sache klarer Entscheidungen enthält.

Trotz dieser Vorbehalte war Twardowski überzeugt, dass seine Argumentation zu Gunsten der These von der Unsterblichkeit zutrifft. Diesbezüglich schrieb er:

> Mögen mir die Gegner der Unsterblichkeit einen Fehler im *Verständnis,* beim *Weg,* auf dem wir zur Überzeugung von der Unsterblichkeit gelangt sind, nachweisen, anstatt zu rufen, dass die Seele aus diesen und jenen Gründen sterblich sein muss. Eine wissenschaftliche Kritik soll nicht die *Ergebnisse* der Forschung kritisieren, sondern den *Weg,* auf dem man zu diesem Ergebnis kam. Da nun aber in unserem Fall der Weg klar ist, ergeben sich doch die Schlüsse streng logisch aus unbestreitbaren Fakten. Daher schreien jene, denen die Unsterblichkeit nicht passt, dass die Seele sterblich [sei], oder es sie gar nicht gäbe. Solange sie nur vorgebliche Beweise anführen, dass die Seele sterblich sei, solange sie keinen Beweis vorlegen, dass im *Beweis* der Unsterblichkeit ein Fehler steckt, solange haben wir das Recht, sie nicht zu beachten. Solange wir nicht vom schlechten Weg überzeugt werden, solange werden wir glauben, dass wir nicht vom Wege abgekommen sind und das Ziel nicht verfehlt haben.[25]

Ohne urteilen zu wollen, ob Twardowskis *Via* tatsächlich zielführend ist, wollen wir doch die beiden fragwürdigsten Voraussetzungen seiner Argumentation annehmen: Dass für jedes x, wenn x einfach ist, gilt, dass x mit übernatürlichen Kräften geschaffen wurde – und dass für jedes x, wenn x einfach ist, gilt, dass x dann ewig ist. Widersprüchlich scheint außerdem,

---

25   Twardowski (1895f.), S. 481.

Monaden als nichträumliche Bestandteile von Materie zu betrachten und den Seelenmonaden eine räumliche Verortung abzusprechen. Aus Nichtausdehnung folgt jedenfalls nicht das Fehlen einer nichtausgedehnten Verortung. Daraus folgt, dass der Energieerhaltungssatz als Beweis für die Unsterblichkeit zweifelhaft ist.

Wie dem auch sei, Twardowskis Analyse des psychophysischen Problems ist ein origineller Ansatz zur Fragestellung der Unsterblichkeit. Viele dieser Analysen könnten auch heute als Vorlage für die psychophysische Forschung dienen und die neuesten Entdeckungen aus Physik, Chemie, Biologie und Psychologie berücksichtigen.

* * *

Vieles spricht dafür, dass die moderne Philosophie im Wien des 19. und 20. Jahrhunderts geboren wurde. Der junge Twardowski schrieb im Gefühl einer Wende der Philosophie:

> Zum gegenwärtigen Zeitpunkt […] stehen wir am Beginn einer neuen Phase [der Geschichte der Philosophie]. Alles kocht und brodelt. Eine Seite sieht die Erlösung in der dogmatischen Philosophie des Mittelalters, eine andere in der Psychophysik, wieder andere im Positivismus, im Spiritismus, in der völligen Aufhebung der Philosophie und ihrer Verbannung aus den Wissenschaften.[26]

Tatsache ist erstens, dass die Philosophie der Naturwissenschaften im 20. Jahrhundert ihre Wurzeln in Wien hat und dass hier die Phänomenologie ihren Anfang nahm. Nun sind die drei Hauptströmungen der modernen analytischen Philosophie angelsächsisch, österreichisch und polnisch; die erstere ist unzweifelhaft österreichischer Provenienz, und der Urvater von letzterer, Twardowski, war ein Philosoph österreichischer „Herkunft". Daher muss, zweitens, Wien als der Ursprungsort dieser Philosophie angesehen werden.

Daher verwundert es nicht, dass die wesentlichen Merkmale der analytischen Philosophie, wie sie von Twardowski und seinen Schülern betrieben wurde, bereits in der Wiener Phase seiner Aktivität zu Tage traten. Dazu zählen: das Streben nach Genauigkeit, eine detaillierte Begriffsanalyse, das Ausmerzen sämtlicher Unklarheiten, das Offenlegen von Vorurteilen sowie

---

26 Twardowski (1895d), S. 346.

die Berücksichtigung von Forschungsergebnissen anderer Disziplinen, vorzüglich aus den Naturwissenschaften.

Auf das letztgenannte Kennzeichen der twardowskischen Philosophie sei kurz eingegangen: Twardowski ließ bereits im Theresianum ein Interesse an den Naturwissenschaften erkennen und entwickelte sich diesbezüglich während des Studiums weiter. Zahlreiche Belege für seinen aktuellen Wissensstand in Physik, Biologie, auch Medizin bzw. den technischen Neuheiten finden sich in seinen Schriften. Dieses Wissen über den Forschungsstand hinderte ihn nicht, die Eigenständigkeit der Philosophie unter den Einzelwissenschaften zu verteidigen. Er schrieb:

> Die gesamte […] neue evolutionäre Ethik soll uns den Beweis dafür liefern, wie fromm die Naturwissenschaftler vorgehen, wenn sie zu philosophieren anfangen; und wenn es noch eines Beweises dafür bedürfte, dass die Philosophie eine Existenzberechtigung angesichts des enormen Fortschrittes in den Naturwissenschaften, wovon einige die Philosophie zu ersetzen gedenken, hat, so soll als Argument die folgende Bemerkung dienen. Niemand spricht den Naturwissenschaften weder Bedeutung, noch jenen hohen Entwicklungsstand ab, auf dem sie sich gegenwärtig befinden. Aber angesichts dessen bedarf es umso mehr der Philosophie, damit sie unablässig die alte Wahrheit verkünde: „Ne sutor ultra crepidam" (Schuster, bleib bei Deinem Leisten!).[27]

Setzen wir abschließend das Tüpfelchen auf das „i". Der Wiener Twardowski war, im doppelten Sinne, ein reifer Philosoph. Zum einen war seine Art zu denken oftmals seiner Zeit voraus. Andererseits verband er bereits in Wien seine Vielseitigkeit mit Besonnenheit bzw. sein analytisches Talent mit der Fähigkeit, eine kohärente Vision der gesamtheitlichen Realität zu entwerfen – eine wahrhafte Ausnahmeerscheinung für einen Philosophen unter dreißig.

---

27 Twardowski (1895g), S. 563.

Bibliographie

I. Schriften von Kazimierz Twardowski

1. Gedruckte Schriften aus der Wiener Periode

Monographien

(1892) *Idee und Perception. Eine erkenntnis-theoretische Untersuchung aus Descartes*, Konegen, Wien 1892

(1984a) *Zur Lehre vom Inhalt und Gegenstand der Vorstellungen. Eine Psychologische Untersuchung*, Hölder, Wien 1894

Artikel

(1895a) „Fryderyk Nietzsche", *Przełom* I, Nr. 2-3 (8. Juni), S. 71-81

(1895b) „Monista-mistyk", *Przełom* I, Nr. 5 (22. Juni), S. 144-156

(1895c) „Kultura etyczna", *Przełom* I, Nr. 8 (13. Juli), S. 239-248

(1895d) „Franciszek Brentano a historia filozofii", *Przełom* I, Nr. 11 (3. August), S. 335-346

(1895e) „Filozofia współczesna o nieśmiertelności duszy", *Przełom* I, Nr. 14 (24. August), S. 427-438

(1895f) „Metafizyka duszy", *Przełom* I, Nr. 15 (31. August), S. 467-480

(1895g) „Etyka wobec teorii ewolucji", *Przełom* I, Nr. 18 (21. September), S. 551-563.

Übersetzungen

(1895h) Wincenty Lutosławski, *Naród indywidualistyczny* [*Un peuple individualiste*], *Przełom* I, Nr. 8-9 (29. Februar), S. 193-204

(1895i) Josef Clemens Kreibig, *Pokusy św. Antoniego. Legenda psychologiczna*, *Przełom* I, Nr. 17 (14. September), S. 525-538

(1895j) Josef Clemens Kreibig, *Maria Magdalena i trzy stopnie jej miłości*, Przełom I, Nr. 17 (14. September), S. 979-989

Philosophische Beurteilungen

(1893a) Friedrich von Hausegger, *Das Jenseits des Künstlers*, *Fremden-Blatt* XLVII, Nr. 158 (9. Juni), S. 13-14

(1893b) Franz Brentano, *Über die Zukunft der Philosophie* (Wien 1893), *Österreichisches Literaturblatt* II, S. 357-358

(1893c) Aleksander Pechnik, *O reformie tzw. propedeutyki filozofii* (Tarnów 1892), *Österreichisches Literaturblatt* II, S. 647

(1893d) Wladimir Resl, *Das menschliche Ich* (Lemberg 1892), *Österreichisches Literaturblatt* II, S. 647

(1894b) Franz Kiefl, *Pierre Gassendis Erkenntnistheorie* (Fulda 1893), *Österreichisches Literaturblatt* III, S. 295

(1894b) Emanuel Jaeschke, *Seele und Geist in streng wissenschaflicher Auffassung* (Leipzig 1893), *Österreichisches Literaturblatt* III, S. 648

(1895k) Gustav Gerber, *Das Ich als Grundlage unserer Weltanschauung* (Berlin 1893), *Österreichisches Literaturblatt* IV, S. 47-48

(1895l) Constantin Gutberlet, (1) *Die Willensfreiheit und ihre Gegner* (Fulda 1893), (2) *Der mechanische Monismus* (Paderborn 1893), *Österreichisches Literaturblatt* IV, S. 112-113

(1895m) Josef Clemens Kreibig, *Seelenwanderungen* (Dresden 1892), *Österreichisches Literaturblatt* IV, S. 197

(1895n) Julius Bergmann, *Geschichte der Philosophie* (Berlin 1892-1893), *Österreichisches Literaturblatt* IV, S. 335-336

(1895o) Bartholomäus Carneri, *Empfindung und Bewusstsein* (Bonn 1893) , *Österreichisches Literaturblatt* IV, S. 559-560

(1895p) Wilhelm Weygandt, *Entstehung der Träume. Eine psychologische Untersuchung* (Leipzig 1893), *Österreichisches Literaturblatt* IV, S. 560

(1895r) Karl Deichmann, *Das Problem des Raumes in der griechischen Philosophie bis Aristoteles* (Leipzig 1893), *Österreichisches Literaturblatt* IV, S. 589

(1895s) Goswin Karl Uphues, *Psychologie des Erkennens* (Leipzig 1893), *Vossische Zeitung. Die Sonntags-Belage* Nr. 22 (2. Juni), S. 3-6

(1895t) Morgenläudische Philosophie: (1) Paul Deussen, *Allgemaine Geschichte der Philosophie mit besonderer Berücksichtigung der Religionen.* T. I (Leipzig 1894), (2) Richard Garbe, *Samkhya-Philosophie* (Leipzig 1894), (3) Maurycy Straszewski, *Historia filozofii wschodniej* (Kraków 1894), *Wiener Zeitung* Nr. 258 (6. Oktober), S. 2-4 – i Nr. 259 (7 November), S. 2-5. Toż po polsku jako: Nowe książki o filozofii wschodu, *Przełom* II, Nr. 1 (4 Januar 1896), S. 22-32

(1896a) Hans Cornelius, *Versuch einer Theorie der Existentialurteile* (München 1894), *Österreichisches Literaturblatt* V, S. 230-231

(1896b) Franz Brentano, *Die vier Phasen der Philosophie und ihr augenblicklicher Stand* (Stuttgart 1895), *Österreichisches Literaturblatt* V, S. 295

(1896c) Johann Eduard Erdmann und Benno Erdmann, *Grundriss der Ge-*

schichte der Philosophie (Berlin 1896), *Österreichisches Literaturblatt* V, S. 328-329

(1897a) Alois Höfler, *Die metaphysischen Theorien von den Beziehungen zwischen Leib und Seele* (Wien & Prag 1897), *Österreichisches Literaturblatt* VI, S. 391-393

(1897b) Alois Höfler, *Psychologie* (Wien 1897) & *Sieben Thesen zu prof. Dr Fr. v. Liszt's Vortrag: Die strafrechtliche Zurechnungsfähigkeit* (Wien 1897), *Österreichisches Literaturblatt* VI, S. 393.

Musikrezensionen

Österreichischen Musik- und Theaterzeitung. Zeittschrift für Musik Und Theater, Wien. Redacteur für den musikalischen Theil: Gustav Kühle: I (1888/1889): Nr. 7 (1. Januar 1889), S. 7-8; Nr. 7 (1. Januar 1889), S. 8; Nr. 8 (15. Januar 1889), S. 4-6; Nr. 10 (15. Februar 1889), S. 5; Nr. 11 (1. März 1889), S. 4-5; Nr. 13 (1. April 1889), S. 7; VII (1894/1895), Beilage zur Doppel-Nummer 9 und 10 (Februar 1895), S. 9-10

Publizistische Texte

(1887) *Suczawica. Das Kloster der „Schwarzen Mönche"*, *Local-Anzeiger der „Presse"*. Wien, Beilage zu Jahrgang XL, Nr. 190 (12. Juli 1887), S. 9-10

(1896) Aus der Vergangenheit der Kaiser Franzens-Universität in Lemberg, *Akademische Revue. Zeitschrift für das Internationale Hochschulwesen* II, Heft 8, S. 462-464

(1914) Dom akademicki w Wiedniu, *Wiedeński Kurier Polski* I, Nr. 48 (23. November), S. 2

2. Handschriften

Curriculum vitae (1892) – die Aktenmappe von Kazimierz Twardowski, Universitätsarchiv Wien

Curriculum vitae (1895) – die Aktenmappe von Kazimierz Twardowski, *Österreichisches Staatsarchiv*

Vorlesungs-Programm (1895) – die Aktenmappe von Kazimierz Twardowski, *Österreichisches Staatsarchiv*

Tagebücher (25. August 1881 – 6. Februar 1895) – Archiv der Polnischen Akademie der Wissenschaften, die Aktenmappe von Kazimierz Twardowski, Nr. der Sammlung 419/0, die Bezeichnung III-306

Korespondenz – Archiv der Polnischen Akademie der Wissenschaften, die

Aktenmappen von Kazimierz Twardowski, Nr. der Sammlung 419/0, die Bezeichnung III-306

Deutsche und polnische Lyrik – Archiv der Polnischen Akademie der Wissenschaften, die Aktenmappen von Kazimierz Twardowski, Nr. der Sammlung 419/0, die Bezeichnung III-306

Logik. Vorlesung an der Wiener Universität im Wintersemester 1894/1895 – Kazimierz-Twardowski-Archiv in Warschau, AKT_P_04_6

Die Unsgterblicheit. Vorlesung an der Wiener Universität im Sommersemester 1894/1895 – Kazimierz-Twardowski-Archiv in Warschau, AKT_P_04_5.

3. Verwendete später veröffentlichte Arbeiten

(1926) „Autobiografia filozoficzna", *Przegląd Filozoficzny. Nowa Seria* I, Nr. 1, S. 19-33

(1936) „Odpowiedź prof. Kazimierza Twardowskiego", *Dziennik Zarządu Miejskiego w Łodzi* XIII, Nr. 1 (15. November), S. 779

(1965) „W sprawie klasyfikacji poglądów na wzajemny stosunek duszy i ciała", in: *Wybrane pisma filozoficzne*, PWN, Warszawa1965, S. 200-204

(1997) *Dzienniki.* Vol. I-II, Wydawnictwo *Adam Marszałek*, Toruń 1997,

(2005) *Filozofia i muzyka*, Wydawnictwo Naukowe *Semper*, Warszawa 2005

(2009) *Die Unsterblichkeitsfrage*, Wydawnictwo WFiS UW, Warszawa

II. Andere verwendete Arbeiten

Ajdukiewicz, Kazimierz (1923). *Główne kierunki filozofii w wyjątkach z dzieł ich klasycznych* przedstawicieli, K.S. Jakubowski, Lwów

Ajdukiewicz, Kazimierz (1959). „Pozanaukowa działalność Kazimierza Twardowskiego", *Ruch Filozoficzny* XIX, Nr. 1-2, S. 29-35

Albertazzi, Liliana, Libardi, Massimo & Poli, Roberto (hrsg.) (1996). *The School of Franz Brentano*, Kluwer, Dordrecht

Beck, Adolf (1935). *Uniwersytet Jana Kazimierza we Lwowie podczas inwazji rosyjskiej w roku 1914/15*, Senat Akademicki Uniwersytetu Jana Kazimierza, Lwów

Berndt, Friedrich (1881). „Die Logik nach Aristoteles und Kant", in: *Jahres-Bericht über das Gymnasium der k.k. Theresianischen Akademie in Wien für das Schuljahr 1880–1881*, Verlag der Theresianischen Akademie, Wien, S. 3-54

Betti, Arianna, & van der Schaar, Maria (2004), „The road from Vienna to Lvov: Twardowski's Theory of Judgement between 1894 and 1897", *Grazer Philosophische Studien* LXVII, S. 1-20

Betti, Arianna (2006). „The Strange Case of Savanarola and the Painted Fish. On the Bolzanization of Polish Thought", in: Chrudzimski & Łukasiewicz (hrsg..) (2006), S. 55-82

Blackmore, John (1998). „Franz Brentano and the University of Vienna Philosophical Society 1888–1933", in: Poli (hrsg.) (1998), S. 73-92

Blechle, Irene (2002). *Entdecker' der Hochschulpädagogik. Die Universitätsreformer Ernst Berhnheim (1850–1942) und Hans Schmidkunz (1863–1934)*, Shaker Verlag, Aachen

Brentano, Franz (1889). *Vom Ursprung sittlicher Erkenntnis*, Duncker & Humblot, Leipzig. Die polnische Übersetzung: *O źródle poznania moralnego*. PWN, Warszawa 1989

Cackowski, Zdzisław (1987-1988). Archiwalia, *Annales Universitatis Mariae Curie-Skłodowska* XII-XIII, S. 319-332

Chisholm, Roderick & Haller, Rudolph (hrsg.) (1987). *Die Philosophie Franz Brentanos, Rodopi*, Amsterdam

Chłędowski, Kazimierz (1957). *Pamiętniki*. Vol. I-II, *Ossolineum*, Wrocław

Chrudzimski, Arkadiusz & Łukasiewicz, Dariusz (hrsg..) (2006). *Actions, Products and Things. Franz Brentano and Polish Philosophy, Ontos*, Frankfurt

Dąmbska, Izydora (1987). „Françoise Bentano et la pensée philosophique en Pologne. Casimir Twardowski et son école", in: Chisholm & Haller (hrsg.) (1987), S. 117-129

Die österreichisch-ungarische Monarchie (1898). *Die österreichisch-ungarische Monarchie in Wort und Bild. Galizien*, Kaiserlich-Königlichen Hof- und Staatsdruckerei, Wien

Dopierała, Kazimierz (2005). Pius Twardowski, in: Dopierała, Kazimierz (hrsg.), *Encyklopedia polskiej emigracji i Polonii*. Vol. V (S-Ż), Toruń 2005, Oficyna Wydawnicza *Mirosław Jacek Kucharski*, S. 174

Fischerówna, Róża (1931). *Samuel Twardowski jako poeta barokowy*, Kasa im. Mianowskiego, Kraków

Górnik, Wojciech (1995). „Tradycja obchodów pamiątek narodowych przez członków Związku Polaków w Austrii „Strzecha", in: Kucharski (hrsg..) (1995), S. 41-46

Gąsowska, Maria (1881). *Dzienniki*. Archiv der Polnischen Akademie der Wissenschaften, die Aktenmappen von Kazimierz Twardowski, Nr. der Sammlung 419/0, die Bezeichnung III-306

Guglia, Eugen (1996). *Das Theresianum in Wien: Vergangenheit und Gegenwart*,

Bohlau, Wien.

Hueck, Walter von (hrsg.) (2004). *Adelslexikon.* Band XV (Tre-Wee), C.A. Starke Verlag, Limburg an der Lahn

Jadacki, Jacek (1989). „On Kazimierz Twardowski's Descripitive Semiotics and Its Metaphysical Basis", in: Jadacki (2009), S. 175-199

Jadacki, Jacek (1996). „Alexius Meinong and Polish Pilosophy", in: Jadacki (2009), S. 135-154

Jadacki, Jacek (2009). „The Lvov-Warsaw School and its Influence upon Polish Philosophy of the Second Half of the 20th Century", in: Jadacki (2009), S. 78-108

Jadacki, Jacek (2009). *Polish Analytical Philosophy*, Wydawnictwo Naukowe *Semper*, Warszawa

Jadczak, Ryszard (1990). „Wojenny rektorat Kazimierza Twardowskiego", *Studia Historyczne* (Kraków) XXXIII, H. 3-4, S. 423-442

Jadczak, Ryszard (1991). *Kazmierz Twardowski. Nota biograficzna*, Toruń

Jadczak, Ryszard (1993). „O kontaktach naukowych Szkoły Lwowskiej Kazmierza Twardowskiego z filozofią niemiecką", *Acta Universitatis Nicolai Copernici* Nr. 264, S. 29-42

Jahrbuch (1929). *Jahrbuch der Wiener Gesellschaft*

Jahres-Bericht (1885). *Jahres-Bericht über das Gymnasium der k.k. Theresianischen Akademie in Wien für das Schuljahr 1884-1885*, Verlag der Theresianischen Akademie, Wien

Jakubec, Wojciech (2009). *Wojciech Dzieduszycki. Pisarz, estetyk, filozof*, Księgarnia Akademicka, Kraków

Jaquette, Dale (2006). „Twardowski, Brentano's Dilemma and Content-Object Distinction", w: Chrudzimski & Łukasiewicz (hrsg.) (2009), S. 9-32

Kasprowicz-Jarocka, Anna (1958). *Poeta i miłość*, PIW, Warszawa

Kasprowicz-Jarocka, Anna (1966). *Córki mówią …*, PIW, Warszawa

Kindinger, Rudolf (hrsg.) (1961). *Philosophenbriefe aus der Korrespondenz Alexius Meinongs mit Fachgenossen seiner Zeit (1876–1920)*, J.A. Kienreich, Graz

Kluczycki, Jakub (1835). *Pamiątki polskie w Wiedniu i jego okolicach*, Tłocznia Daniela Edwarda Friedleina, Kraków

Kokoszyńska(-Lutmanowa), Maria (1936a). „Syntax, Semantik und Wissenschaftslogik", *Actes du Congrès International de Philosophie Scientifique* III, S. 9-14

Kokoszyńska(-Lutmanowa), Maria (1936b). „Logiczna składnia języka, semantyka i logika wiedzy", *Przegląd Filozoficzny* XXXIX, H. 1, S. 38-49

Kokoszyńska(-Lutmanowa), Maria (1936c). „Rudolf Carnap, *Testability and Meaning*", *Kwartalnik Filozoficzny* XIII, H. 1, S. 55-61

Kokoszyńska(-Lutmanowa), Maria (1936d). „Filozofia nauki w Kole Wiedeńskim", *Kwartalnik Filozoficzny* XIII, H. 2, S. 151-165, H. 3, S. 181-194

Kokoszyńska(-Lutmanowa), Maria (1938a). „W sprawie walki z metafizyką", *Przegląd Filozoficzny* XLI, H. 1, S. 9-24

Kokoszyńska(-Lutmanowa), Maria (1938b). „Friedrich Waismann, *Einführung in das mathematische Denken*", *Kwartalnik Filozoficzny* XV, H. 4, S. 378-383

Kotarbiński, Tadeusz (1959). „Styl pracy Kazimierza Twardowskiego", *Ruch Filozoficzny* XIX, Nr. 1-2, S. 3-4

Księga Pamiątkowa (1927). *Księga pamiątkowa Pierwszego Polskiego Zjazdu Filozoficznego. Lwów, 1923. Przegląd Filozoficzny* XX

Kucharski, Władysław (1994). *Polacy i Polonia w rdzennej Austrii w XIX i XX wieku*, UMCS, Lublin

Kucharski, Władysław (1995). „Sylwetki zasłużonych działaczy Polni austriackiej", *Głos Polonii. Czasopismo Związku Polaków w Austrii „Strzecha"* XVIII (die Jubiläumsausgabe), S. 14-15

Kucharski, Władysław (1996). *Związek Polaków w Austrii „Strzecha": 1894-1994, Norbertinum*, Lublin-Wieden

Kucharski, Władysław (red.) (1995). *Polacy i przyjaciele Polski w Austrii*, Wydawnictwo *Muttico*, Lublin

Libardi, Massimo (1996). „Franz Brentano", in: Albertazzi, Libardi & Poli (hrsg.) (1996), S. 2-80

Łoza, Stanisław (red.) (1938). *Czy wiesz kto to jest?*, Wydawnictwo Głównej Księgarni Wojskowej, Warszawa

Łukasiewicz, Dariusz (2006). „Brentanian Philosophy and Czeżowski's Conception of existence", in: Chrudzimski & Łukasiewicz (hrsg.) (2006), S. 183-217

Michalak, Sławomir (2001). Adolf Beck i jego przyczynek dla stworzenia podstaw neurofizjologii, *Neuroskop* I, Nr. 3. S. 167-171.

Morscher, Edgar (1978). „Brentano and his place in Austrian philosophy", in: Chisholm, Roderick & Haller, Rudolph (hrsg..), *Die Philosophie Franz Brentanos, Rodopi*, Amsterdam, S. 1-10

Nemetchke, Nina & Kugler, Georg (1992). *Lexikon der Wiener Kunst und Kultur*, Ueberreuter, Wien

Nicieja, Stanisław Sławomir (1990). Współtwórca „Cudu nad Wisłą [über der General Tadeusz Rozwadowski], *Opole* XXI, Nr. 7-10, S. 8-11, 22.

Okoń, Jan (1976). „Wstęp", zu: Twardowski, Samuel, *Dafnis drzewem bobkowym, Ossolineum*, Wrocław, S. II-XCV

Okoń, Jan (1980). „Wstęp", zu: S. Twardowski, Samuel, *Nadobna Paskwalina*,

Ossolineum, Wrocław, S. III-XVIII

Pajewski, Janusz (1962). „Z zapisek i korespondencji Juliusza i Kazimierza Twardowskich", *Kwartalnik Historyczny* LXIX, S. 140-143

Poli, Roberto (1996). „Kazimierz Twardowski", in: Albertazzi, Libardi & Poli, Roberto (hrsg.) (1996), S. 207-232

Poli, Roberto (red.) (1998), *The Brentano Puzzle*, Ashgate, Aldershot

Poli, Roberto (1998). „The Brentano Puzzle. An Introduction", in: Poli (hrsg.) (1998), S. 1-14

Przybyszewska, Stanisława (1978). *Listy*. Vol. I, Wydawnictwo Morskie, Gdańsk

Rajgrodzki, Jakub (1936). „Ogólnofilozoficzne i metodologiczne poglądy Ottona Neuratha", *Przegląd Filozoficzny* XXXIX, H. 3, S. 287-297

Sadaj, Ryszard (1993). *Kto był kim w Galicji i Lodomerii*, Wydawnictwo *Miniatura*, Kraków

Semkowiczowa, Jadwiga (1966). „Polskie Archiwum Wojenne (Dzieje instytucji)", *Archeion* XLV, S. 63-74

Siebenter Bericht (1934-1935). *Sibenter Bericht der Philosophischen Gesellschaft an der Universitaet zu Wien*

Słoniewska, Helena (1959). „Rola Kazimierza Twardowskiego w psychologii polskiej". *Zeszyty Naukowe Uniwersytetu Wrocławskiego* Seria A, Nr. 17 (Nauki Pedagogiczne i Psychologia III), S. 3-15

Simons, Peter (1992). *Philosophy and logic in central Europe from Bolzano to Tarski. Selected essays*, Kluwer, Dordrecht

Smith, Barry (1988). „Austrian Origin of Logical Positivism", in: Szaniawski, Klemens (Hrsg.), (1989), *The Vienna Circle and the Lvov-Warsaw School*, Kluwer, Dordrecht, S. 19-44

Smith, Barry (1994). *Austrian Philosophy. The Legacy of Franz Brentano*, Open Court Publishing Company, Chicago and La Salle (Illinois)

Smoliński, Jerzy (2004). *Kościół św. Józefa. Kahlenberg*, Drukarnia Achidjecezjalna, Katowice

Sośnicki, Kazimierz (1959). Działalność pedagogiczna Kazimierza Twardowskiego, *Ruch Filozoficzny* XIX, Nr. 1-2, S. 24-35

Sprawozdanie (1878). *Sprawozdanie Wydziału Stowarzyszenia Akademickiego „Ognisko" w Wiedniu za rok 1877/78*, Wiedeń

Sprawozdanie (1895). *Sprawozdanie Wydziału Stowarzyszenia Akademickiego „Ognisko" w Wiedniu za rok 1894/95*, Wiedeń

Szaniawski, Klemens (Hrsg.) (1989). *The Vienna Circle and the Lvov-Warsaw School*, Kluwer, Dordrecht

Taborski, Roman (1992). *Polacy w Wiedniu, Ossolineum*, Wrocław

Tomczak, Andrzej (1992). „Informacja o archiwum osobistym Kazimierza Twardowskiego", *Ruch Filozoficzny* XLIX, Nr. 3-4, S. 269-272

Tomczak, Andrzej (1997a). „Kasprowicz we wspomnienia i pamiątkach rodziny Twardowskich", in: Kuleczka, Pola (hrsg.), *O Janie Kasprowiczu. W siedemdziesięciolecie zgonu*, Oficyna Podwalańska, Kraków, S. 69-86

Tomczak, Andrzej (1997b). Wspomnienie małego wnuka o jego wielkim Dziadku. *Głos Uczelni. Pismo Uniwersytetu Mikołaja Kopernika* VI, Nr. 9, S. 6

Tomkowski, Zbigniew (1995). „Polskie Stowarzyszenie Akademickie „Ognisko" w Wiedniu w latach niewoli narodowej (1864-1914)", in: Kucharski (hrsg.) (1995), S. 105-136

Twardowski, Jan (2006). *Autobiografia. Myśli nie tylko o sobie.* T. I. *Smak dzieciństwa.* 1915-1959, Wydawnictwo Literackie, Kraków

Twardowski, Juliusz (1895). „Wanger i wagnerianizm", *Przełom* I, Nr. 22 (19. Oktober), S. 680-692

Twardowski, Juliusz (1896a). „Henryk Melcer – nowy kompozytor polski", *Przełom* II, H. 4-5 (30. Januar), S. 122-125

Twardowski, Juliusz (1896b). *Unsere katholische Kirchenmusik von heute. Eine kritische Studie*, Verlag der St. Norbertus, Wien

Twardowski, Juliusz (1933). „Goethe und Polen, Polen und Goethe", *Jahrbuch der Goethe-Gesellschaft* XIX, S. 142-166

Twardowski, Juliusz (1934). *Dr Karl Graf von Brzezie Lanckoroński. Vortrag gehebten in Verein der Museumsfruede zu Wien*, F. Leo & Co., Wien

Twardowski, Pius (1895). „212 rocznica Sobieskiego pod Wiedniem", *Przełom* I, Nr. 16 (7. September), S. 506-512

Twardowski, Samuel (2002). *Wybór poezji*, Wydawnictwo WBP, Poznań

Varoni, Johann & Petrovits, Ladislaus Eugen (1895). *Fünfzig Ansichten von Wien und Umgebung.* C. Gerold's Sohn o. J., Wien

Wachowicz, Barbara (1989). *Czas nasturcji. Śladami Kasprowicza*, Wydawnictwo *Sport i Turystyka*, Warszawa

Woleński, Jan (1985). *Filozoficzna Szkoła Lwowsko-Warszawska*. PWN, Warszawa. Die englische Übersetzung: *Logic and philosophy in the Lvov-Warsaw School*, Kluwer, Dordrecht 1989

Wołoszyn, Małgorzata (2008). *Korzenie tradycji rodzinnej – przeworskie rody mieszczańskie w XVII-XX w.*, Muzeum w Przeworsku, Przeworsk

Zechetner, Franz (1998), *Ruprechtkirche. Wien*, Verlag St Peter, Salzburg

Zięba, Andrzej (1994). *Metropolita Andrzej Szeptycki (Studia i materiały)*, PAU. *Publications de l'Est Européen*, Kraków.

Illustrationsverzeichnis

Abkürzungen: AB – Anna Brożek, KTA – Kazimierz-Twardowski-Archiv, AT – Andrzej Tomczak, BT – Bibliothek am Theresianum, MP – Museum in Przeworsk.

S. 222: Der Altbau der Lemberger Universität – AT-Sammlung

S. 226: Diplom für Kazimierz Twardowski von den Schülern – AB-Sammlung

S. 229: Bronze-Medaille nach einem Entwurf von Władysław Witwicki (1930) – AB-Sammlung

S. 237: Adolf Beck – AB-Sammlung

S. 242: Die Aufrufe 1914 und 1917 betr. Hilfen für die akademische Jugend – KTA

S. 243: Vignette der Propagandapostkarte für das Polnische Kriegsarchiv, Entwurf von Władysław Witwicki – Semkowiczowa (1966)

S. 246: Juliusz Twardowski – AT-Sammlung

S. 255: Franz Brentano – AB-Sammlung

S. 270: Kazimierz Twardowski – AT-Sammlung

S. 293: Das Wappen Twardowskis – AB-Sammlung

Namenregister

Stammbaum von Kazimierz Twardowski[1]

Twardowski
von Skrzypna vom Wappen Ogończyk

Piotr von Twardowo [Twardowski]
×[2] Katarzyna
↓
Bronisz von Gutów
× Barbara von Twardowo [Twardowska]
↓
Marcin vone Skrzypna [Skrzypieński] († etwa 1529)
× Urszula von Twardowo [Twardowska] († etwa 1513)
↓
Mikołaj († etwa 1593)[3]
×[4] Dorota Gniazdowska
↓
Maciej von Skrzypna (1551–1609)[5]
×[6] Agnieszka Zakrzewska
↓
Aleksander von Rokitnica (1610–1671)
× Katarzyna, geb. Kąsinowska vom Wappen Nałęcz
↓
Sebastian von Rokitnica (1640–1700)
× Zofia Da[e?]leszyńska, geb.Radomicka

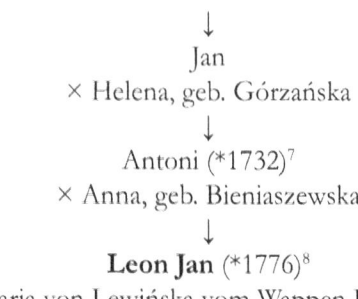

↓
Jan
× Helena, geb. Górzańska
↓
Antoni (*1732)[7]
× Anna, geb. Bieniaszewska
↓
Leon Jan (*1776)[8]
× Maria von Lewińska vom Wappen Brochwicz

- Franciszek[9]
× Zofia Dunin
  - Maria
  - Antonina
  × Hilary Koznakiewicz
  - Cecylia
  - Michalina (†1932)
  × Władysław Niemiłowicz (1863–1904)[10]
    - Helena
    × Kazimierz Jasiński (†1927)
  - Józefa
  - Pius
- Marceli[11]
× Franciszka, geb. Stańkowska
  - Mieczysław (1852–1934)[12]
  × Zofia, geb. Walenta
    - Jadwiga
  - Kornel (*1853)[13]
  - Aniela[14]
  × Józef Dzierżyński
  - Zygmunt
  - Zofia
  - Bolesław Twardowski (1864–1944)[15]
- Wiktoria
× Władysław Kołtunowski
- Agnieszka
× Maciej Postępski
  - Władysław Postępski (*1840)
  × 1° Helena, geb. Łodzińska

× 2° Helena, geb. Kaniewska
- Władysław (1866–1946)[16]
- Mieczysław (1874–1931)[17]
× Zofia (†1920)
- Stanisław (1876–1940)[18]
- Julia
× [?] Werle
  - [die Stieftochter] Antonina (Koznakiewiczowa, die Tochter von Franciszek Twardowski)
- Pius (1828–1906)[19]
×[20] Malwina Adela, geb. Kuhn (1844–1932)[21]
  - Maria (1864–1864)[22]
  - Zofia Amalia Pia (1865–1953)[23]
  ×[24] Józef Krypiakiewicz (1859–1893)[25]
    - Anna Malwina Zofia (1889–po 1976)[26]
    ×[27] Stanisław Fryze (1885–1964)[28]
  - **Kazimierz Adolf Jerzy** (1866–1938)[29]
  ×[30] Kazimierza Wanda Kołodziejska (1862–1945)[31]
    - Helena (1892–1978)[32]
    ×[33] Longin Józef Dudryk–Darlewski (1886–1962)[34]
      - Jan Kazimierz (1925–2009)[35]
      ×[36] Krystyna Julia, geb. Szmyd (*1924)[37]
        - Maria Magdalena (*1954)[38]
        × Witold Turant (*1951)
          - Magdalena
          - Bożena
          - Dorota
          - Joanna
        - Tomasz (*1956)[39]
        × Dagna, geb. Kruszewska
          - Jakub
          - Aleksandra
      - Ewa Anna (*1926)[40]
    - Aniela (1894–1951)[41]
    ×[42] Józef Tomczak (1885–1958)[43]
      - Andrzej Kazimierz (*1922)[44]
      ×[45] Anna Teresa, geb. Śmietanko (*1937)[46]
        - Magdalena Ewa (*1965)[47]
        × Piotr Kołomański (*1961)[48]

- Andrzej Michał (*1995)[49]
- Jerzy Kazimierz (*1925)[50]
×[51] Anna, geb. Walasek (1920–1998)[52]
    - Maria Jolanta (*1954)[53]
    × Jan Hynduła (*1954)[54]
        - Wojciech (*1986)[55]
        - Małgorzata (*1988)[56]
- Maria (1896–1992)[57]
×[58] Kazimierz Ajdukiewicz (1890–1963)[59]
    - Maria Kazimiera Magdalena (1921–1985)[60]
    ×[61] Zbigniew Tadeusz Drzewski (1916–1996)[62]
        - Magdalena Maria (*1946)[63]
        - Maria Helena (*1949)[64]
    - Bronisław (1922–2001)[65]
    × 1° Alison Evans (1923–2001)[66]
        - Joanna Maria (*1951)[67]
        ×[68] Richard Veirbuchen (*1950)[69]
            - Clare (*1983)
            - Richard Alexander (*1985)
            - Susanna (*1991)
        - Aniela Teresa (1*954)[70]
        × Charles McCool
            - Catherine (*1986–)
            - Elizabeth (*1988–)
        - Jeremi Michał (*1959)[71]
        × Johna Gottlieb
            - Lindsay (*1998)
    × 2° [?]
        - Maddalena
        × [?] Guarisco
- Maria[72]
- Juliusz Jan Marian (1874–1945)[73]
×[74] Paulina *vel* Paula, geb. Schwabe, *primo voto* Smolinowa (1868–1950)[75]
    - [der Stiefsohn] Aureliusz Nikodem Julius Paweł Alfred Mariusz Benno Zoepnek (1919–2002)[76]
    ×[77] 1° Eva Hermann (*1923)[78]
        - Wolfgang Aureliusz (*1943)[79]
    ×[80] 2° Waltraud Joham (*1920)[81]
        - Aureli Julek [!] Paweł Józef Maksymilian (*1952)[82]

- Aleksander Helmut Józef Maksymilian (*1952)[83]
- Malwina Joanna Michalina Klementyna Franciszka (1875–1959)[84]
×[85] Władysław Edward Alojzy Spannbauer–Twardowski (1876–1950)[86]
  - Juliusz (1903–1936)[87]
  - Kazimierz (1907–1965)[88]
  × Elinor Henderson
      - Virginia Anna (*1946)[89]
      - Krzysztof (*1953)[90]

Kuhn

Franciszek Kuhn
× Małgorzata, geb. Beer
- Franciszek Ksawery(1801[1798?]–1850?)[91]
×[92] Franciszka, geb. von Burger (1805?–1844)[93]
  - Franciszek (†1836)[94]
  - Emil[95]
  × Olga, geb. Moczarska[96]
  - Juliusz[97]
  × Wanda, geb. Gąsowska (†1920)[98]
      - Władysław (etwa 1852–1930)[99]
      × Emilia
          - Ida
  - Marianna Aleksandra Franciszka (*1838)[100]
  - Maria (1839–1841)[101]
  - Malwina Adela Twardowska → TWARDOWSCY
- Anna (1784?–1872)[102]
× [?] Drenig
  - Ignacy [Ignaz][103]
  - [1. Tochter]
  × [?] Schmidt
      - Hans[104]
      - [1. Tochter]
      - [2. Tochter]
      - [3. Tochter]
  - Emilia (1811–1861?)[105]
  × Klemensiewicz

- Emil
- Józef
- Adolfina (1852–1911)[106]
- × Ernest Till (1846–1926)[107]
  - Maria
  - × Alfred Zgórski
  - Artur (1874–1936)[108]
  - Stanisław (*1875)
  - Jadwiga (1881–1885)
  - Ernest (*1888–?)
  - Adolfina
  - × [?]

Anmerkungen

1 Den vorliegenden Stammbaum ab dem 18. Jh. und zahlreiche Ergänzungen verdanke ich der Arbeit von Fr. Anna Fryze, der Nichte von Kazimierz Twardowski, sowie Hrn. Andrzej Tomczak, dem Enkel, der sie mir freundlicherweise zur Verfügung gestellt hat. Weitere Informationen gaben Fr. Joanna Maria Ajdukiewicz und Fr. Maria Turant, den Urenkelinnen Twardowskis, sowie Materialien aus dem Museum in Przeworsk und Herrn. Jacek Jadackis Simmlung.

2 Die Heirat erfolgte 1463.

3 Er war der Ur-ur-ur-ur-ur-großvater von Kazimierz Twardowski und der Großvater von Samuel Twardowski.

4 Die Heirat erfolgte 1579.

5 Maciej, der Sejmabgeordnete, gehörte der Gemeinschaft der Böhmischen Brüder an. Der Sohn seines Bruders Mikołaj († etwa 1630) und von Katarzyna Ponętowska von Leszczyce war der Dichter Samuel (etwa 1595–1661).

6 Die Heirat erfolgte 1604.

7 Getauft am 26. Oktober 1732 in Sokołówka bei Bóbrka (vormals die Stadt Sieniawa).

8 Geb. in Orynin bei Kamieniec Podolski; lebte später in Niżborg Nowy; starb in Porchowa bei Buczacz. 1866 siedelte sich Gustaw Strawiński (1837–1905) in Niżborg (das dem Majorat der Grafen Baworowski angehörte) an. Er war der Neffe von Helena Strawińska, der Frau von Edward Twardowski Ritter von Ogończyk aus Wieleśnica bei Pińsk, dem Erbbesitz der Twardowskis. Später übersiedelte er nach Szydłowice im Bezirk Husiatyn.

9 Vielleicht identisch mit Franciszek Twardowski –1801 Krakauer Magistratsbeamter?

10 Professor für Pharmakologie in Lemberg.

11 1860–1877 Verwaltungssekretär im Institut *Ossolineum*.

12 In Lemberg wohnhafter Offizier.

13 Geb. am 1. Mai 1853 in Semenów bei Trembowla.

14 Laut Informationen aus den *Tagebüchern* von Kazimierz Twardowski war sie die Tochter von Franciszek Borgiasz, wohnhaft in der Gegend von Lemberg.

15 Geb. 8. Februar 1864 in Lemberg – gest. 22. November 1944 ebenfalls in Lemberg.

16 Geb. 26. Oktober 1866; vielleicht ein Sohn aus erster Ehe?

17 Geb. 12. März 1874, gest. 17. Februar 1931.

18 Geb. 2. Juli 1876. Am 29. November 1941 in Katyń umgekommen. Lehrbeauftragter für Rechnungswesen an der Juristischen Fakultät der Universität Lemberg.

19 Geb. 10. Juli 1828 in Porchowa – gest. 1. August 1906 in Lemberg. Legitimiert in Wien 29. Dezember 1896.

20 Die Heirat erfolgte am 17 Juni 1863 in Wien.

21 Geb. 30. Juni 1844 in Przeworsk – gest. 18. August 1932 in Lemberg. Verwaist, von 1850–1860 in einem Przeworsker Mädchenpensionat erzogen; während dieser Zeit war vermutlich Schwester Onyszkiewicz ihre Präfektin. Nach dem Tod ihres Ehemannes schenkte sie dem *Ossolineum* in Lemberg 300 Werke, darunter 105 zu Jan III. Sobieski. Sie wurde in der Gruft ihres Mannes in Łyczaków bestattet.

22 Geb. und (als dreimonatiger Säugling) in Wien gest..

23 Geb. 27. Juni 1865 in Wien – gest. 5. April 1953 in Gleiwitz.

24 Die Ehe wurde am 17. November 1888 in Lainz (Wien) geschlossen.

25 Geb. 19. August 1859 in Tomaszów bei Sarny – gest. 10. März 1893 in Wien; er starb, nachdem er als einer der ersten Ärzte unter der Leitung von Prof. Edmund Neusser Blutuntersuchungen unter dem Mikroskop vornahm. Er infizierte sich bei einem Patienten mit Typhus. Er war Dr. med. und Psychiater in der Nervenheilanstalt Rosenhügel in Lainz.

26 Geb. 26. September 1889.

27 Die Heirat erfolgte am 23. April1917 in Lemberg.

28 Geb. 1. Dezember.1885 in Krakau – gest. 3. März 1964 in Gleiwitz. Sohn von Stanisław und Maria, geb. Pini. Prof., Dr. rer. nat.

29 Geb. 20. Oktober 1866 in Wien – gest. 11. Februar 1938 in Lemberg.

30 Die Heirat erfolgte am 9.[?] Januar 1892 in Wien.

31 Die Tochter von Walerian Kołodziejski Graf von Ślepowron (Architekt aus Szopienice) (*1828?) und Józefina (*vel* Józefa), geb. Ozajstowicz. Geb. 2. Oktober 1862 in Krakau – gest. 21. August 1945 in Lemberg.

32 Geb. 13. Noveber 1892 in Wien. Mag. pharm.

33 Die Heirat erfolgte am 29. September 1923 in Lemberg.

34 Geb. 24. Februar 1886 in Rudki bei Lemberg – gest. 19. Juni 1962 in Kattowitz. Den Familiennamen „Darlewski" nahm er mit seinen Brüdern und Kindern nach dem Zweiten Weltkrieg an. Ein Bruder von Antoni, Maksymilian (1885–1965), Tadeusz, Teofil, Maria (der Frau von Jan Pirkel) und Stanisława († 1933). Er machte seinen Abschluss an der Fakultät für Mechanik des Lemberger Polytechnikums, war später Direktor der Dampflokomotivenremise der Polnischen Staatsbahn in Lemberg und danach Betriebschef der Regionaldirektion der Staatsbahn [DOKP] in Kattowitz.

35 Geb. 20. Januar 1925 in Lemberg – gest. 24. Juni 2009 in Gleiwitz. Er machte seinen Abschluss an der Fakultät für Mechanik des Danzigers Polytechnikums. Dr. tech. und Dozent am Schlesischen Polytechnikum Gleiwitz.

36 Die Heirat erfolgte am 20. Oktober 1951 in Chorzów.

37   Geb. 24. September.1924 in Smardzewice. Dipl. Ing., schloss Chemie am Polytechnikum Gleiwitz ab.
38   Geb. 25. März 1954 in Chorzów.
39   Geb. 22. September 1956 in Chorzów.
40   Geb. 20. Dezember 1926 in Lemberg. Mag. pharm.
41   Geb. 2. September 1894 in Wien – gest. 9. September 1951 in Biesiekierz bei Łódź. Bekam in Erinnerung an die Paulanerkirche, *Zu den hl. Schutzengeln* (poln. Anioł Stróż), der „Stammpfarre" der Twardowskis, den Vornamen Aniela (Angelika).
42   Die Heirat erfolgte am 10. September 1921 in Lemberg.
43   Geb. 2. März 1885 in Biesiekierz – gest. 26. März 1958 daselbst. Abgeordneter zum Sejm 1922–1927.
44   Geb. 12. September 1922 in Biesiekierz.
45   Die Heirat erfolgte am 30. Januar 1962 in Thorn.
46   Geb. 5. Februar 1937 in Grodna. Geograph.
47   Geb. 17. Februar 1965 in Thorn. Kunstmaler.
48   Geb. 19. Oktober 1961. Kunsmaler.
49   Geb. 17. November 1995.
50   Geb. 18. April 1925 in Lemberg. Ingenieur der Landwirtschaft. Lebte in Łódź.
51   Die Heirat erfolgte 5. Februar 1951 in Warschau.
52   Geb. 4. April 1920 in Łapczyca bei Bochnia. Zahnarzt.
53   Geb. 20. August 1954 in Łódź. Ärztin.
54   Geb. 18. Juni 1954. Maschineningenieur.
55   Geb. 15. Mai 1986.
56   Geb. 5. November 1988.
57   Geb. 6. November 1896 in Lemberg – gest. in Warschau.
58   Die Heirat erfolgte 10. April 1920 in Lemberg.
59   Geb. 12. Dezember 1890 in Tarnopol – gest. 12. April 1963 in Warschau. Der Sohn von Bronisław Marian Ajdukiewicz, geb. am 5. Juni 1853 in Chodorów, und Magdalena (geb. Gärtner), geb. am 26. Februar 1854 in Stronsdorf, Niederösterreich.
60   Geb. 6. Januar 1921 in Lemberg. Dr. med.
61   Die Heirat erfolgte 1. Juli 1945 in Lemberg.
62   Geb. 8. September 1916 in Nowy Targ – gest. 17. Februar 1996. Dr. med., Pionier der Thoraxchirurgie in Polen.
63   Geb. 17. Juni 1945 in Krakau.
64   Geb. 7. Januar 1949 in Krakau.
65   Geb. 21. Juni 1922 in Lemberg – gest. 31. Mai 2001. Chemiker. Lebte zuerst in Kanada und den USA, danach in Italien (Como). Zweimal verheiratet. Hat (mindestens) vier Kinder.
66   Geb. 19. Mai 1923.
67   Geb. 6. Juni 1951 in Dunville (Canada).
68   Die Heirat erfolgte 1981.
69   Geb. 11. Dezember 1950.
70   Geb. 22. April 1954 in Quebec (Canada).
71   Geb. 18. September 1959 in Decatur (USA, Alabama).
72   Geb. in Wien. Geburts- und Sterbedatum unbekannt.
73   Geb. 23. Januar 1874 in Wien – gest. 3. Juni 1945 in Krakau.

74   Die Heirat erfolgte am 9. Januar 1919 in Wien.

75   Geb. 28. Februar 1868 in Berlin – gest. 9. September 1950 in Zürich.

76   Geb. 30. Juli 1919 in Andorf bei Schärding, Oberösterreich – gest. 6. Dezember 2002. Dr. oec. Er benutzte den Familiennamen Zoepnek-Twardowski. Ebenfalls Theresianer (Maturajahr 1937).

77   Die Heirat erfolgte am 10. August 1941 in Salzburg. Scheidung am 16. Mai 1944 in Wien.

78   Geb. 23. Juni 1923 in Wien. Die Tochter von Sänger Theo Hermann und Olga Göttlicher von Bartenthal.

79   Geb. 24. Februar 1943 in Hamburg.

80   Die Heirat erfolgte am 4. September 1947 in Wien. Scheidung am 3. Januar 1963 in Wien.

81   Geb. 18. Mai 1920 in Innsbruck. Die Tochter von Josef Johan i Hermenegilde Capek.

82   Geb. 24. Februar 1952 in London.

83   Geb. 24. Februar 1952 in London (Zwilling).

84   Geb. 17. September 1875 in Weidling bei Wien – gest. 13. September 1959 in Toronto (Kanada).

85   Die Heirat erfolgte am 2. August 1902 in Lemberg. Władysław nahm den Namen seiner Frau an.

86   Geb. 23. Juli 1876 in Lemberg – gest. 12. Februar 1950 in Krakau. Machte am 7. Juli 1864 seinen Abschluss an der Fakultät für Ingenieurwesen am Lemberger Polytechnikum. Ingenieur und Fabrikant. Arbeitete in der Zentrale für den Wiederaufbau Galiziens. Den Familiennamen Twardowski nahm er vor dem Ersten Weltkrieg an.

87   Geb. 19. Juli 1903 in Lemberg – gest. 23. Mai 1936 daselbst. Machte seinen Abschluss an der Fakultät für Land- und Forstwirtschaft in Posen (Spezialgebiet: Pferdezucht). Er gab *Mechanika ruchu konia* (Mechanik der Pferdebewegung) heraus.

88   Geb. 24. August 1907 in Lemberg – gest. in Toronto (Kanada). Navigator, Segelflieger in der Akademia Szybowcowa (Segelflugakademie) in Bezmiechowa. Während des Zweiten Weltkriegs emigrierte er nach Toronto.

89   Geb. 7. Februar 1946 in Toronto.

90   Geb. 27. Februar 1953 in Toronto.

91   Sie wohnten in Przeworsk.

92   Die Heirat erfolgte am 12. Juli 1828 in Przeworsk.

93   Geb. in Przeworsk – gest. 30. Juni 1844 in Przeworsk. Die Tochter von Magdalena, geb. Beer, in erster Ehe mit Georg Kammerer (Franziszeks Stiefbruder war Gregorius Johannes Krammerer, getauft am 23. Dezember 1793), in zweiter Ehe mit Hermann von Burger verheiratet.

94   Gest. 27. April 1836 in Przeworsk.

95   Geb. in Przeworsk. Sie wohnten in Penzing, damals ein Vorort von Wien. Er war Eisenbahningenieur in Wien. Am 25. November verkauften er, sein Bruder Juliusz und die Schwester Malwina das Hau in Przeworsk an Feliks und Tekla Świtalski.

96   Eine Nichte von Olga war Wanda Młodzianowska.

97   Geb. in Przeworsk. Sie wohnet in Sącz. Beamter der Wiener Bahn in Lemberg.

98   Maria Gąsowska (27. Februar 1865, Lemberg – etwa 1885?) – die Tochter von Edward Gąsowski und Joanna (1843–1885), geb. Szöles de Paidly von Tarnów. Edward war Wandas Bruder, der Schwager von Juliusz Kuhn (aus Sącz). Wandas Tante war Zofia Po-

stępska, die Frau von Mieczysław Postępski. Schwestern von Maria waren: Jadwiga (23. Dezember 1869–23. Februar 1927), 1^0 voto Janowa Kasprowiczowa (1893–1905), 2^0 voto Stanisławowa Przybyszewska (von 1905), und Anna Helena (1876, Tarnów–1944, Warschau), 1^0 voto Karolowa Pohoska. Maria heiratete um etwa 1885 Gustaw Grüner, den Sohn des Malers Zygmunt (1816–1890) und Mariana Krywal. Ihr Sohn Zygmunt starb etwa 1905 in München als Medizinstudent.

99   Sie wohnten in Lemberg.

100 Geb. 12. Dezember 1838 in Przeworsk.

101 Gest. 29. März 1841 in Przeworsk.

102 Gest. 15. April 1872 in Krakau im Alter von 88 Jahren; Auf dem Rakowicki-Friedhof beigesetzt.

103 Sie wohnten in Krakau.

104 Oberleutnant der Artillerie.

105 Geb. 2. April 1811 – gest. 25. Mai 1861? in Lemberg.

106 Geb. 3. Juni 1852 – gest. 24. Oktober 1911 in Lemberg. Ignacy (Ignaz) Klemensiewicz – ein Cousin von Kazimierz Twardowski – war Ulan.

107 Geb. 4. Januar 1846 in Brzeżany – gest. 21. März 1926 in Lemberg. Der Sohn von Józef und Maria, geb. Winkler von Seefels (1820–1878). Professor für Recht an der Universität Lemberg.

108 Anwalt.

SpringerPhilosophie

Veröffentlichungen des Instituts Wiener Kreis

K. R. Fischer, F. Stadler (Hrsg.)
„Wahrnehmung und Gegenstandswelt"
Zum Lebenswerk von Egon Brunswik
(1903–1955)

1997. 187 Seiten. 15 Abb. 1 Frontispiz. Text: d/e
Brosch. ▶ € (D) 34,95 | € (A) 35,93 | *sFr 47,00
ISBN 978-3-211-82864-9. Bd. 4

Friedrich Stadler (Hrsg.)
Bausteine wissenschaftlicher Weltauffassung
Lecture Series/Vorträge des
Instituts Wiener Kreis 1992–1995

1997. 231 Seiten. Text: d/e
Brosch. ▶ € (D) 33,00 | € (A) 33,00 | *sFr 44,50
ISBN 978-3-211-82865-6. Bd. 5

Friedrich Stadler (Hrsg.)
Phänomenologie und logischer Empirismus
Zentenarium Felix Kaufmann (1895–1949)

1997. 163 Seiten. 1 Frontispiz. Text: d/e
Brosch. ▶ € (D) 32,95 | € (A) 33,87 | *sFr 44,50
ISBN 978-3-211-82937-0. Bd. 7

Friedrich Stadler (Hrsg.)
Elemente moderner Wissenschaftstheorie
Zur Interaktion von Philosophie,
Geschichte und Theorie
der Wissenschaften

2000. XXVI, 220 Seiten. 16 Abb.
Brosch. ▶ € (D) 44,95 | € (A) 54,44 | € (A) | *sFr 60,50
ISBN 978-3-211-83315-5. Bd. 8

C. Jabloner, F. Stadler (Hrsg.)
Logischer Empirismus und Reine Rechtslehre
Beziehungen zwischen dem
Wiener Kreis und der Hans Kelsen-Schule

2001. XXI, 339 Seiten.
Brosch. ▶ € (D) 66,95 | € (A) 68,83 | *sFr 90,00
ISBN 978-3-211-83586-9. Bd. 10

A. Máté, M. Rédei,
Friedrich Stadler (Hrsg.)
Der Wiener Kreis in Ungarn

2011. 304 Seiten. 9 Abb.
Brosch. (D) 58,32 | € (A) 59,95 | *sFr 78,50
ISBN 978-3-7091-0176-6

SpringerWienNewYork

Wien, Österreich, Fax +43.1.330.24.26, order@springer.at, **springer.at**
Heidelberg, Deutschland, Fax: +49.6221.345-4229, orders-HD-individuals@springer.com
Preisänderungen und Irrtümer vorbehalten. *Unverbindliche Preisempfehlung.

SpringerPhilosophie

Veröffentlichungen des Instituts Wiener Kreis

SpringerWienNewYork

Wien, Österreich, Fax +43.1.330.24.26, order@springer.at, **springer.at**
Heidelberg, Deutschland, Fax: +49.6221.345-4229, orders-HD-individuals@springer.com
Preisänderungen und Irrtümer vorbehalten. *Unverbindliche Preisempfehlung.

The manufacturer's authorised representative in the EU is Springer
Nature Customer Service Centre GmbH, Europaplatz 3, 69115 Heidelberg,
Germany. If you have any concerns regarding our products, please
contact ProductSafety@springernature.com

Printed and bound by CPI Group (UK) Ltd, Croydon, CR0 4YY

24/04/2026

02096346-0004